认知盈余

与最聪明的人共同进化

U0611972

CHEERS

HERE COMES EVERYBODY

CHEERS
湛庐

[美] 玛丽·希迪·柯琴卡 著　吴红进 译
Mary Sheedy Kurcinka, Ed.D.

发现高需求孩子的优势

Raising Your Spirited Child

湖南教育出版社
·长沙·

测一测

你了解高需求孩子吗？

- 马克是个很安静、喜欢听故事的孩子，但他妈妈却是个外向、喜欢聊天的人，这让他们的相处总不合拍。想有效解决这个问题，妈妈可以：（单选题）

  A.完全不理会马克的要求，各玩各的

  B.满足马克的全部需求，抑制自己的喜好

  C.发动家里的其他人代替自己满足马克的需要

  D.先用自己喜爱的方式充电，然后再满足马克的需要

- 每个高需求孩子都是独一无二的，与此同时，他们身上也有很多明显的共同点。比如：（单选题）

  A.容易服从指令

  B.吵闹，表现欲强

  C.容易内化别人的情绪

  D.对环境的变化很快适应

- 敏感型孩子对环境的关注度比别人高很多，这也会分散他们的注意力，使得他们看上去像患有注意缺陷多动障碍。实际上，相比患有注意缺陷多动障碍的孩子，高敏感孩子更能：（单选题）

  A.描述环境

  B.完成下达的指令

  C.耐心听取别人的要求

  D.专注完成感兴趣的任务

扫描左侧二维码查看本书更多测试题

高需求孩子是花园里的玫瑰

每次我拿着一朵玫瑰，似乎只感觉到了她的荆棘满布。

——比利·乔尔（Billy Joel），美国歌手

欢迎翻开这本书！我是玛丽，一名亲子教育的持证教师。我有几个目前已经长大成人的高需求孩子。是的，还有希望！我陪他们度过了不算糟糕的青春期，如今，我非常享受与他们相处的时光，甚至有幸看到我儿子选择了一位有趣的高需求女孩做他的妻子。我实践了本书中的内容和方法，我很开心看到这些方法经受住了时间的考验。

在我最初写这本书的时候，我的几个孩子还很小。那时，我在明尼苏达州早期儿童家庭教育项目中为那些有需求的父母授课。但是我对课程安排很失望，我会偷偷和父母们交流，他们才是知道和高需求孩子生活在一起是什么感受的人。高需求孩子会大哭大闹 45 分钟，就因为他想要三角形的吐司而你给了他长方形的；他死活也不接受父母的拒绝，特别清楚怎样触发你的"爆炸按钮"。然而，市面上的育儿书要么没有提到这类孩子，要么用非常消极的话语来描述他们，我无法接

受这样的情况。

我在第一批高需求孩子培训班上分享了最新的研究报告，以及儿童发展、沟通、个性、气质、性格等方面的研究成果。我翻来覆去地研究这些资料，把书都翻烂了，企图找到能帮助我们的好方法，希望能有办法让这些固执的小孩好好穿衣服、好好吃饭、按时上床睡觉或者安静地逛超市。父母通过分享高需求孩子的故事，得以了解彼此的家庭、学校和邻里环境。他们发现，这些令人担心和崩溃的事情存在相似之处，于是进一步分享了家庭中普遍适用的规则，分享了哪些方法适用、哪些不适用，还有为了能够与高需求孩子建立健康的亲子关系，都能做什么。现在，我可以告诉大家，当时父母通过观察、经验和一点点直觉得到的发现，现在已经得到了神经生物学研究的证实。

在写完《美国儿童睡眠问题报告》（*Sleepless in America*）一书以后，我发现高需求孩子特别容易有睡眠不足的困扰，他们也因此需要更多帮助让身体平静下来，以便入睡。本书中也介绍了很多创新方法，让你的孩子乃至全家都能拥有充足、必要的睡眠。

经常有读者告诉我："我一开始读这本书，就泪流满面。尽管我一直觉得理论上讲应该还有别的父母也像我一样生了个高需求孩子，但我从来没有在现实生活中碰见过，我不禁怀疑我女儿会不会是唯一一个这样的小孩。"这是一场邀请，欢迎你加入养育高需求孩子的大家庭，一起来体验这场充满欢乐又偶有烦恼的旅行，来养育我们平凡却又比别的孩子需要更多关注的高需求孩子。

不得不承认，高需求孩子的父母群体比我想象中要多得多。我从来没有想过《发现高需求孩子的优势》这本书能在全世界范围产生影响，但事实是，这本书已经被翻译成了日语、韩语、捷克语、俄语、西班牙语和希腊语。世界各地的父母把这本书带到了各个角落，并把它当作一个可以随身携带也可以放在床头的"朋友"，一本能答疑解惑、出谋划策的宝藏书。更重要的是，这本书为父母带来了希望。

　　每当有读者说"你怎么这么了解我家孩子"，我都心生敬畏。他们会说你是不是见过我们，或是在我家装了摄像头。看来尽管我们身处不同的国家，拥有不同的文化背景，但我们都不孤独。

　　这本书也确实不负众望，你可以把它推荐给陌生人。在澳大利亚的布里斯班，我听见读者说："在超市排队结账的时候，我不得不咬着牙跟我女儿说'快停下来''趴下''站着别动''从柜台上下来'，与此同时，她却唱着歌，东张西望，蹦蹦跳跳，和每个人聊天，开心得像只百灵鸟。她对周围发生的一切都毫无察觉。我红着脸站着，手足无措。我能感觉到周围的人都投来不满的目光。此时，我前面一位可爱的女士转过身，对我女儿说'你是个高需求的小不点，对不对？'，我女儿笑了。我非常感激她。然后这位女士迅速环顾四周，小声地跟我说'我们都是幸运儿，所以我们应该团结起来'，随后她告诉我哪里能买到《发现高需求孩子的优势》这本书，还给了我她的地址和电话，说如果我有任何需要的话可以打给她。"

　　随着大家的口口相传，全美甚至世界各地的学校、早教中心、父母培训机构、会议活动、企业和家庭对我发出了邀请。每次我都把在工作机构实践过的最可信、最权威的成果带给大家。这些不是枯燥的科学理论，而是经过实践检验的最行之有效的方式。怎样才能更好地了解我们的孩子，关注他们的优点？是什么减轻了我们每天面临高需求孩子时的压力？书中介绍了最新的实用理论和技巧。请你把书中的内容当作指南并行动起来，不只是停留在阅读书本上。选择适合你情况的方法，充分使用，并且享受这个过程，剩下的就不用管了。只有你才最了解自己和孩子到底需要什么。

　　最后，你需要记住本书的格言：**追求进步而非完美。**

　　身为父母，和孩子建立健康的亲子关系是一个永无止境的过程，哪怕孩子已经长大成人。这个过程有开心的瞬间，也有烦恼的时刻，只要我们一直在进步就好，不必期待一个高不可攀又虚无缥缈的结果。我们可以将每一次理解孩子的瞬间、每次激烈抗争的失败、每次紧紧相拥的时刻都视为成功。我们可以善待自己，即使这一天过得并不完美，也可以为每一个安静的片刻和作为父母的高光时刻而喜悦。我们可以原谅自己在焦虑时发火、在生气时暴躁，认识到尽管不应该惩罚孩子，但我们也只是会有情绪的普通人。进步需要时间。改变态度、巩固已经掌握的技巧、学习新的本领，这些事并非一蹴而就。这就是我们需要记住每次点滴的成功的原因。幸运的是，这些点滴的成功就像一片片雪花，会慢慢滚成雪球。点滴的成功积累起来就形成了健康、愉快的亲子关系。我们希望有一天，你们会像之前成功的父母一样说："我开始相信高需求孩子是美妙的礼物了。"

我希望我可以说，在读完这本书以后，你可以永远快乐地生活下去，没有痛苦，没有争论，与你的高需求孩子和谐相处。但是，在这整本书中我一直都非常坦诚，我只与你分享真实的情感和经过实践的技巧。所以我现在也不会骗你。我无法保证读过这本书后你家再也不会有冲突，肯定还是会有。改变需要时间。建立关系是一个持续多年的过程，孩子的每个发展阶段都会带来新的挑战，迫使你去拓展、学习、以不同的方式成长。再次记住，我们的座右铭是追求进步而非完美。

当然，还是又会有这么一刻，你觉得等你适应力不强的孩子是在浪费时间。当你气喘吁吁地拉着绳子准备继续前进时，会感觉被孩子拴住了。有这种感觉时，你可以重读这本书，把它当作一个朋友、一位先行者、一个向导。当你回顾这些文字时，你会发现有些想法在孩子 4 岁时不适用，却在他 6 岁时非常有效。记下来，去实践。

在美好的日子里，拍拍自己，找到并欣赏自己做得好的地方，有时你只需要重复做这些做得好的事，就可以改善你和高需求孩子之间的关系。

不要畏惧孩子追求极致的气质。不要让这种气质吓到你。追求极致是激情、热情和活力。有时你确实会被这种气质弄得筋疲力尽，这时你可以亲亲孩子、跟他暂时告别、出去散散步、休息一下。

你了解高需求孩子的过程，也是了解自己的过程。你可以更多地认识刺激、过渡和新的状态是如何影响你的，更多地认识到你的能量水平、你对生活规律的需要、你对变化的喜悦。

爱你的高需求孩子本来的样子。让他逗你笑，让他和你分享他是如何看到、听到和感受周围的一切的，让他丰富你的生活。因为他能感受到更多，他会带给你更多体验。

高需求孩子就像花园里的玫瑰一样，他们需要更多的关注。给其他花浇一点点水它便会生长，但玫瑰不行，它需要特别对待。它的茁长成长需要修剪和引导。有些花尽管被小孩随意采摘、拉扯，但仍然可以持续盛开好几个星期；但如果你粗暴地对待一朵玫瑰，它会在你手中枯萎，或者刺伤你的手，让你流血。但是没有一种花像花园里的玫瑰一样。它浓郁的芬芳刺激着我的感官，它柔软的花瓣轻触着我的手指，它的花朵如此生机勃勃，让我的灵魂颤动。高需求孩子就像玫瑰一样，他们需要特殊的照顾。有时你必须越过荆棘，才能真正享受他们的美丽。

第三部分

如何与高需求孩子共同生活

第四部分

如何帮助高需求孩子社交

RAISING YOUR SPIRITED CHILD

第一部分

认识高需求孩子

第 1 章

为什么高需求孩子难带

他会让你感到满满的爱，也能让你沮丧和崩溃。他是开切焦虑之源，也是无解之谜。这就是我家的高需求宝宝。

——戴安娜，两个孩子的母亲

有一个词可以用来形容高需求孩子和普通孩子的区别，就是"更多"。高需求孩子只是比普通孩子多一些特质，他们更容易激动、更执拗、更敏感、更有洞察力，以及更难适应环境的变化，等等。其实每个孩子都有这些特质，只是高需求孩子在这些方面尤为突出。这就像房间里堆满了普通皮球，但高需求孩子是超级弹力球。普通皮球一蹦三尺高，而超级弹力球次次都能弹到天花板。

做高需求孩子父母的感受更是难以言表。因为这种感受是不断变化的，每一天，甚至每一刻都不同。怎么描述这种感觉呢？这么说吧，你每天都要经历10次情绪过山车，每天早上8点一睁开眼就会很忐忑，不知道今天到底会过得好还是糟。

孩子状态好的时候是真好，他会用爱的抱抱和湿哒哒的亲吻把你唤醒。他滑稽的样子总会让你忍俊不禁。他会把粘着花生酱的黄油刀藏在手里，一边把黄油凑到狗狗鼻子跟前，一边说："杰西卡是不是个坏孩子呀？"狗狗听得聚精会神。孩子像拿着魔杖一样指挥狗狗上下晃着脑袋，彷佛狗狗在点头说"是"。看到这一幕你总会笑得前仰后合。

孩子会讲些非常深奥的话，拥有超乎年纪的成熟和智慧。他能记得你早已忘记的事，会把你带到窗前，看雨滴像钻石一般滴落。当他状态好的时候，父母会觉得惊喜又愉悦，认为他有趣又幽默，还会时不时带给你难忘的美好回忆。

但是一旦孩子状态不好，那就是另外一番景象了。那时你都怀疑自己是否还能跟他再多待一天。你可以想象一下，当你连袜子都没法给他穿上的时候；当你跟他说的每句话都是责备的时候；当他想吃玉米饼而你给他比萨于是他被惹恼了的时候；当你意识到过去5年里在公共场所和他发火的次数比别的父母一辈子发火次数都多的时候……在这些令人崩溃的时刻，你真的很难做个好父母。

即使孩子出生时你才20多岁，这些情况也会让你觉得疲惫不堪、筋疲力尽，感觉自己老了许多。作为父母，你很难去爱这个让你整夜睡不了觉、让你在商场难堪的高需求孩子。

当高需求孩子状态不好的时候，父母会开始自我怀疑并感到沮丧，虽然费神费力、克服了重重挑战，父母依然会自责。你可能会怀疑自己是不是唯一那个遇到这种情况的父母。你会害怕如果不能早点儿弄明白该怎么做，他到了青春期会变本加厉。

我的孩子怎么了

也许在孕期你就已经能感受到自己的宝宝与众不同了，尽管他很正常，但就是和别的宝宝有些不同。也许从你怀孕的第6个月起，他就总在肚子里踢你，害得你整夜睡不好觉。也许宝宝一出生，护士会充满担忧地把他抱给你，并祝你好运。有可能你一直以为所有孩子都是这样，直到几年后，有了第2个孩子，你才恍然大悟并非如此，原来有的宝宝可以在家庭聚会的时候睡觉而不是哭闹，原来有的宝宝愿意让你给她穿好看的花边裙而不是抗拒地扯烂蕾丝边。也有可能在你亲戚家的宝宝出生后，你发现这个天使宝宝可以在任何地方倒头就睡。别的妈妈骄傲地微笑着，好像自己在育儿方面很有一套似的，而你的宝宝却还在不停地生气吵闹。屋子里所有的人都扭过头来看着你，仿佛在说："你到底怎么搞的，把孩子带成这样？"你的直觉告诉你，无须在意他人的注视和谴责，因为你心里知道，也相信你的宝宝只是由于某些原因更难养育，但你又不完全确信自己的想法。如果你确实是对的，那原因到底是什么呢？

高需求孩子为何需求高

在翻开这本书之前，你可能没听过"高需求孩子"这个词。这不奇怪，因为这个词是我发明的。在我儿子乔书亚出生的时候，市面上没有关于这类精力旺盛孩子的书或者培训班。当时我能查到的描写我儿子这类情况的词都是诸如困难儿童、执拗、难搞、淘气包，等等。但我发现乔书亚其实很像他爸爸，那个我深爱着的男人。他精力旺盛、敏感、细腻、热情又稳重，乔书亚状态好的时候也是这样。于是我试图找到更合适的词来形容我的乔书亚。也就是在那段时间，我意识到他身上那些令我抓狂的个性一旦得到理解和引导，就会变成优点。

《韦氏词典》对"高需求"这个词的解释是"活泼、创造力强、敏锐、内驱力十足、精力旺盛、勇敢无畏、性格坚定"。这些描述听起来很棒，反映了这类孩子的巨大潜能，并且也真实体现了父母面临的挑战。当我们把孩子视为高需求孩子的时候，不仅给孩子也为父母带来了希望，因为这样的归类帮助我们把注意力集中在孩子的优点而非缺点上。这并不是给孩子贴标签，而是希望这些词能成为让父母更好理解这类孩子的工具。

5 个特点识别高需求孩子

每个高需求孩子都是独一无二的，与此同时，他们身上也有很多明显的共同点。虽然并不是每个高需求孩子都具备以下 5 个特点，但哪怕只满足其中一种，就足以让他在人群中脱颖而出了。

追求极致。吵闹、表现欲强的高需求孩子在人群里最显眼。在遇到事情时，他们不哭，而是尖叫。他们无论做什么事动静都很大。他们玩的时候很吵，笑起来很响亮，哪怕在洗澡时都要扯着嗓子唱歌直到把热水用完。

善于观察的安静小孩也可能是高需求孩子。他们在进入每一个新环境之前，都会非常仔细地观察，好像为每一步都制定了策略，考虑得很周全。他们的这种"极致"不是对外的，而是指向自我的。

不肯罢休。一旦高需求孩子产生了某个想法或认准了某件事，这类孩子一定会把这件事"锁定"。他们专注于自己的任务，目标非常明确，并且绝不轻言放弃。让他们改变主意可真是难上加难。他们热衷于辩论，并且丝毫不畏惧阐述自己的观点。

极度敏感。高需求孩子都极度敏锐。他们对很轻微的声音、气味以及光线、衣服布料的变化或者情绪的波动都有非常强烈的反应。他们容易被蜂拥而至的感官刺激压垮。每次父母带他们去逛商场、去嘉年华玩或者参加家庭聚会，仅仅不让他们哭出来，都算功劳显赫。穿衣服对他们来说也是种折磨，一个小线头或者粗糙的布料质地都会让他们难以忍受。他们会把每种情绪和感受都内化，包括父母的情绪。他们会告诉你，你今天过得不好，可能你自己都没有意识到。他们甚至会为你的遭遇忿忿不平。

极富洞察力。父母很难让高需求孩子自己回屋去换衣服。因为在回屋的路上，他们可能会被电视里的广告吸引，忘了自己应该去换衣服。他们从出门到上车可能就得花十来分钟，因为他们会注意周遭的一切：刚滴的油渍、鸟巢里的白色羽毛、蜘蛛网上的露珠，等等。父母总是会责备他们"没带耳朵"，听不见指令。

适应力不强。高需求孩子非常不适应环境的变化。他们不喜欢惊喜、不喜欢改变主意或者打乱计划。如果他们已经明确表示晚饭想吃汉堡，那你回家后千万别提议去饭店吃饭。即便是他们平时很喜欢去的饭店，他们也会表示："我不去，我就要吃汉堡。"对他们而言，要适应变化，哪怕是细微的变化，都是艰巨的任务。为了吃午饭而结束游戏、换季时换衣服、在奶奶家而不是自己家过夜，甚至上车下车这些变动，都会让适应能力较弱的高需求孩子倍感折磨。

除了上述 5 个特点，很多孩子还有另外一些特质，这些特质会让他们的父母面临更大的挑战。

缺乏规律性。 父母每天都像猜谜一样揣测高需求孩子几点睡觉、几点吃饭，因为这些事都毫无规律可言。父母几乎没法为他们安排作息时间。一整晚无人打扰的 8 小时睡眠已成往事，父母只能怀念一下孩子还没出生时的幸福夜晚。

精力旺盛。 我经常听到很多父母描述自己家的高需求孩子会做出一些令人难以置信的"壮举"。比如，一个两周大的婴儿能从床头"爬"到床尾，被爸爸发现时宝宝差点掉下床。又比如小宝宝能打开烤箱门，踩着门爬上柜子，又从柜子爬到冰箱顶上。

当然并不是所有孩子都是攀爬高手，但他们确实一刻都停不下来。从睁开眼睛到入睡这段时间里，他们总是坐不住，喜欢搞破坏、拆东西，或者弄出些新玩意，总之不停在探索。尽管有时你会觉得他们太野了，但他们确实很专注，并且目的性很强。

出人意料的是，并不是所有的高需求孩子都精力旺盛，只是精力旺盛是这类孩子最显著的特点。但你仔细观察就会发现，这些表现更多是因为他们追求极致和不肯罢休。

消极的第一反应。 遇到新事物的第一反应是退缩，也是这类孩子的显著特点。任何新鲜的想法或者陌生的事情、环境和人都会让他们强烈地抗拒，他们会大叫着说"不"，然后躲在你身后或者跑开。他们很慢热，需要时间来慢慢适应情况，才能参与进来。

情绪低落。 这个世界对一些高需求孩子来说是个严肃的地方。他们会对已经发生的事仔细分析，进行复盘，试图找到不足之处，思考应该如何改进。哪怕在足球比赛中踢进了三个球，他们也会纠结于没进的那个球。但是如果他们对某件事感兴趣或者特别喜欢某件礼物，父母可能会注意不到，因为他们不太轻易表达喜悦。

这些额外的特质并非在所有高需求孩子身上都有体现，但如果孩子符合其中任何一点，那你更需要加油了。因为不仅孩子的需求更多，作为父母，你也将体会到养育这类孩子带来的前所未有的疲惫。他们精力实在是太旺盛了，生活作息不规律，对新事物和新环境的抵触情绪很强烈，又很少笑。不过别沮丧，他们仍然潜力无限。

作为高需求孩子的父母，你可能倍感孤独。因为他们的需求过于旺盛，养育普通孩子的指导建议对你来说可能毫无裨益。不要小看孩子的暴脾气。比如，仅仅因为他原本想自己去开门，而你却把门打开了，他就能大吼大叫一个小时。你让他回屋休息一会儿，他能把房子"拆"了。但凡他看到了想要的东西，你就别想把他拉走。哪怕你禁止他靠近电视，他也会爬上爬下、翻越重重障碍爬过去。你会因此而感到崩溃，反思是不是自己哪里做得不好，责备自己让事情失控，觉得全世界只有你的孩子这么难搞。

切尔茜之前也是这样想的，直到她认识了其他高需求孩子的父母。切尔茜是我在家庭教育课程中接触的数千名父母之一。她告诉我，第一次听到"高需求孩子"这个说法的时候，她笑了。我任职的家庭教育中心有个活动空间，给孩子们提供了一个巨大的木制攀爬架、蓝色的蹦床和超大的红色枕头。在家庭教育中心的入口处的白板上，几个大大的蓝色字写着"高需求孩子"。

切尔茜和她三岁的儿子 TJ 第一天来上课的时候就迟到了。后来她告诉我，那天他们之所以迟到，仅仅因为 TJ 袜子上的一根线头。这根线头让穿袜子这件小事变成了长达一刻钟的鏖战。她小心翼翼地把袜子上松了的线头都扯下来，终于把袜子调整到让 TJ 舒服的状态。可没过多久，TJ 又因为毛衣领子上的商标划到脖子，护腕又太紧了，上演了一场哭闹大戏。

两个月过去了，切尔茜的猜测终于得到了证实：高需求孩子确实很"费父母"，而父母养育这样的孩子的确需要付出更多。现在她终于学会了欣赏孩子的敏感，能够预判他的"触发点"。她知道了只要有同理心、技巧和耐心，她是能够管理孩子的脾气的，或许还能乐在其中。

　　和切尔茜一样，我发现自己也在向其他父母学习，和他们一起担心，一起欢笑。我欣赏他们对生命有了发自内心的理解，并且感激他们的支持。这几年来，我积累了很多笔记，也给自己设立了一个目标：记录生活中的点滴信息和技巧，让和高需求孩子在一起的日子变得更有趣、更有意义。

　　我把想提醒高需求孩子父母的注意事项列了下来。对我而言，这些是与高需求孩子相处的法宝，也是建立和培养健康良好的亲子关系的重中之重。我建议你把这些话贴在水箱上，让那些孤军奋战的"糟糕"日子好过些，而在那些母慈子孝的美好日子里，你也可以把它们分享给朋友。

- **你并不孤独。**根据性格测试，全美有 10% ~ 15% 的孩子符合高需求孩子的特征。也就是说，有数以百万的父母会同情你的经历，理解你面临的挑战。高需求孩子不是异类，你也不是全世界最糟糕的父母。

- **孩子的高需求并不是你造成的。**遗传因素有一定的作用，生活中的各种经历也会影响基因作用的发挥。你只是孩子生命中的影响因素之一，其他影响因素还包括亲戚、兄弟姐妹、老师、邻居、朋友，甚至生活阅历，可以说整个世界都在对他产生影响。父母对孩子的影响是很大，但绝不是唯一的影响因素。

- **你并非无所不能。**本书能为你深入了解高需求孩子提供一些建议，你可以好好阅读并加以实践。你可以完善已经掌握的技能，还能学到新技巧。你会少一些烦恼，在绝大多数时候能心平气和地与孩子相处。要记住，我们的目标是追求进步而非完美。

- **你首先需要照顾好自己。**睡个好觉、清静片刻、不被打扰地与朋友交流、享受夫妻间的亲密时刻、放松地泡个澡、悠闲地散个步、做点自己想做的事情……这些真实的需求都合情合理。不要觉得求助朋友、找保姆或是别的亲戚带孩子就是不负责任的表现。你只有先满足了自己的需求，才有足够的能量去满足孩子。

● **学会赞赏和享受高需求孩子的闪光点。**你可以把注意力放在他的优点上，学会看见他温柔的内心，期待他天马行空的故事和出乎意料的行为激发你的想象力。你应该告诉孩子哪些行为是正确的，而不是一味指出他的错误；你应该引导他往好的方向发展而不是因为一个无心的错误就对他横加指责。高需求孩子往往拥有成年人非常珍视的特质。赞美他的优点，越早越好。

高需求孩子长大后普遍很优秀

随着逐渐学会把注意力集中在高需求孩子的优点上，我发现自己身边其实有很多已经长大了的高需求孩子。他们都是我喜欢和崇拜的那类成年人，追求极致又戏剧感十足，就像喜剧演员罗宾·威廉姆斯（Robin Williams）。我太喜欢他了。他小时候也是高需求孩子吗？也许只有他自己和他的父母才真正了解，但如今我眼中的他功成名就。他细致入微的洞察力让我们又哭又笑，他的正能量更是感染着我们每个人。

我强烈怀疑很多历史名人小时候也是高需求孩子。我还记得听到明尼苏达州的公共广播电台向托马斯·爱迪生致敬的时候，我不禁笑出声来。广播里说："爱迪生发明了留声机、电灯泡、电报、电影摄像机和投影仪，他是一个专注发明创造到停不下来的人。"

我想到了爱迪生的父母。不知道有多少次饭菜已经凉了他都没回家吃饭，不知道有多少次他爸爸吼他，让他别再拆家里的东西了。今天，我们能在放松时看场电影，在任何时候都能拿起一本书来阅读，多亏了他的发明。我们真应该赞美爱迪生坚持、专注的精神，并感谢他敏锐的洞察力和内驱力。

同时，我们身边的许多普通人或许也曾是高需求孩子，他们不会出现在电视或广播里，但和我们朝夕相处。比如我丈夫，他总是能注意到生活中的很多小事，把我逗得哈哈大笑。还有我的朋友，她总有精力来帮助我，哪怕很多都不是她责任范围内的事。还有我侄女，她玩"大富翁游戏"的时候从不轻言放弃，坚持打败了我们所有人，而我们其他人早在三轮前就申请破产了。

上面提到的这些人，他们已经学会了接纳自己，扬长避短。他们是普通人，但又不仅仅是普通人，他们都曾是高需求孩子。

如何判断孩子是高需求还是生病了

当看到孩子这么执拗顽固的时候，父母会有些担心，怀疑他是不是有什么其他问题。这也是为什么，经常有人问我一个问题：如何确定你的孩子是高需求还是生病了？孩子这些举动是否是注意缺陷多动障碍（ADHD）造成的？孩子是否有感觉统合失调、对立违抗性障碍、广泛性发育障碍等疾病？

根据我 30 多年接触高需求孩子和他们父母的经验，我认为这类孩子的表现是在正常行为范围之内的，只是表现更突出。

父母在理解和实践了本书提到的方法后，还可以教孩子，让他来掌握和利用自己的特质。你会发现，他会非常专注于手头上的任务，在学校也能表现得很好。对他来说，融入同伴并且和大家一起在操场玩也会变得越来越顺畅。当你让他排队、上车、穿衣服时，绝大多数时候他都能听话做好。你会发现，在你的引导下，你的孩子也能和其他孩子一样，很好地参与日常各类事务，并且承担起应有的责任。更有可能的是，他会表现得更好。

但高需求孩子也可能确实会有健康方面的问题，比如患有唐氏综合征或者语言发育迟缓，或者他的行为反映的是身体状况而不是性格问题。性格问题会有不同程度变化，但孩子的状况从"正常"的范围走向极端时，这可能反映他患有某种发育障碍。

所以，如果你一直在引导孩子，让他管理自己的情绪，给他创造机会，让他实践，但他依然在学校很难集中注意力，难以融入同龄人，甚至无法完成一些简单的指令时，请相信你的直觉。直觉告诉你，他做出这些行为的频率、强度以及持续性都和普通孩子，哪怕是别的高需求孩子不一样。

记录下他令你担忧的表现，和医生或者其他儿童相关的专业人士讨论一下。他们的经验和观点能够帮助你认识到孩子到底是高需求还是有健康问题，或许他的行为已经不是典型的性格问题，他确实已经生病了，需要医疗干预。

如果孩子需要医疗干预，请为他找到合适的方案。早期诊断和治疗至关重要。即便孩子需要医学干预和治疗，你也要继续阅读这本书。除了治疗方案，教孩子如何礼貌地表达自己的感受和需求也同样重要。你仍然可以教会他用怎样的语言和行为来控制自己极端敏感的情绪、应对新情况、与他人合作等。这样一来，你不仅让他接受了治疗，还教会了他有利于积极发展的知识和方法。那么接下来，让我告诉你如何打造一个满足高需求孩子成长的家庭环境。

第 2 章

高需求孩子得天独厚的优势

小时候大家叫我"骗子",长大后人们称我为"作家"。

——艾萨克 · 巴什维斯 · 辛格(Isaac Bashevis Singer),
美国作家,1978 年诺贝尔文学奖获得者我喜欢收集各种标签，喜欢罐头上的标签，也喜欢人们身上的各类标签。中午吃饭的时候，我研究了一下汤罐头商标，亮红色搭配反差极大的白色，明亮又喜人。黄色喷漆标识告诉我这是一罐"鸡肉蔬菜汤"，"鸡肉汤"三个字写得很大，"蔬菜"两个字隐藏其中。我喜欢这种设计，把蔬菜这种"难吃"的食物隐藏起来，而强调了鸡肉。罐头背后贴着成分表，还盖了章，以此证明美国政府认可该食品符合食品安全要求。

这些标签说明了许多事，甚至让我在打开罐头之前就能了解这里都有什么，以及罐头上市是否得到了政府的许可。公司之所以要花大价钱来设计商标，就是要确保产品能夺人眼球。

用负面言语形容孩子，孩子就会展现负面言行

贴在人身上的标签并不总是那么吸引人。它们各式各样，有像"暴脾气""祥林嫂"这样的绰号，或者"懂王""霸总"这样的头衔，又或者"穷鬼""空想家"这样的标签。有些标签听起来明媚绚烂，让人心情很好，比如"滑板少年""小可爱"。有些听起来则很单调沉闷，让人难以启齿，比如"挑剔鬼""暴脾气"。每一个标签都在强调一个人身上某种与众不同的品质和极具辨识度的特征。即便是素未谋面，你听到这些标签也能猜到他的性格。但不好的方面是，这些标签并没有说明程度，比如当我听到"挑剔鬼"的时候，我不知道这个人是只有一点挑剔，还是吹毛求疵。这些标签也没有官方的认可，所以有些是真的，有些不是。

高需求孩子似乎有"吸引标签"的体质，而且往往是不太好的标签。虽然几乎所有的小孩都有绰号，但高需求孩子好像总能"收获"那些令人讨厌的、可悲的、不好的标签。这些标签就像蚊子一样贴在脖子上，在孩子们娇嫩光滑的皮肤上留下一个大包。比如戴安娜家的高需求孩子就总被别人贴标签。每个家庭都有可能遇到戴安娜家这样的情况。

　　戴安娜笑着说："我丈夫说我们应该给孩子起名叫'海伦'①，因为她简直就是轮子杀手。"我听见她三岁大的女儿亚历克西娅正在沙坑里指挥着伙伴们。说实话，我从来没意识到给她贴标签是多么容易，我觉得这已经对她有影响了。她是我们家最小的、最令人意外的宝宝。她和哥哥姐姐的性格完全不同，我们都叫她'小疯子'。昨天我妈妈因为她在沙发上跳来跳去训斥了她，她却很快就给自己找了个台阶下，说：'没关系！姥姥，我本来就是个野孩子'。"

荷兰安塞尔公司（Accel）的简讯里提到："一旦设定了目标，即使它并不精准，目标也会驱使我们的行为逐渐向它靠近。而且神奇的是，预期目标往往最终能达成。"这就是皮格马利翁效应，这一效应已经被研究并充分论证。现实情况是，孩子会从生活中的其他人那里了解自己是谁。想想你认识的那些高需求孩子，你会用哪些词来形容他们？这些词会是广告公司重金打造的漂亮辞藻吗？是很好的词以至于你想多生几个高需求宝宝吗？是能让别人羡慕你养育了高需求宝宝的那种词吗？是能让人感受到温暖、热情的那类标签吗？是能让你身心愉悦、十分骄傲的标签吗？是强调优势的正能量词而不是指责埋怨吗？实事求是地讲，面对这些问题大多数人的回答是否定的。

　　我们给高需求孩子贴的标签，不管是否说出口，都会影响我们对待孩子的看法、态度和行为。如果父母想和高需求孩子建立良好的亲子关系，必须把它们摆在桌面上，好好分析那些让父母和孩子感到不适的刻板印象。这些刻板印象往

① 在希腊神话中，海伦引发了特洛伊之战。——译者注

往蒙蔽了父母的双眼，让他们忽略了高需求孩子的潜力。

高需求孩子身上的标签

每个家庭给孩子贴的标签都不一样，你需要自己重新讨论和设计。不过首先，让我来介绍一下课堂上其他父母说的可怕标签，这样你就知道自己并不是唯一觉得高需求孩子有点糟糕的人了。

我的脑海中首先出现的是各种各样的声音。有美妙的声音，比如兴奋时的尖叫、愉悦的笑声、从滑梯上滑下来或者在蹦床上跳高高的时候大叫"爸爸妈妈快看我"的喊声；还有可怕的声音，比如拒绝的哭喊、拽着父母的腿不让他们好好走路的哭闹、扯着嗓子喊"我不干"的拒绝。14个家长、18个孩子同时来上课，每次都是这样的热闹景象。

每个孩子都有自己的风格。有的孩子在屋里上蹿下跳，动作夸张得像提线木偶；而有的孩子则靠在墙边，谨慎地看着听着周遭的一切，他们在大胆尝试之前会把一切都先内化掉。这些孩子的父母总爱说个不停。大声的嚷嚷、着急的催促、激动的惊呼，这些声音占领了整个房间，完全淹没掉那些温柔的、有些迟疑的父母的声音。后面这类父母不爱说话，他们更善于倾听。

这些家庭在课堂前半个小时里待在一起，随后父母离开孩子去进行分组讨论。今天讨论的主题是孩子身上的标签。每个家长拿到三张卡片，他们要在每张卡片上写下一个词，形容孩子最让他们抓狂的时刻。有些父母马上要求再多给些卡片，三张完全不够写，引得哄堂大笑。很快，大家就填好了卡片。

"谁愿意分享一下自己写的卡片？"我问道。

鸦雀无声。大家动动身体，尴尬地咳嗽，面面相觑。的确，在公共场合分享这些想法会让人有些无法接受。

率先打破沉默的是低调、善于观察的迈克，他是两个孩子的父亲，其中一个是高需求孩子。他说:"爱争论,一点小事就能争论半天。昨天他跟我说,太阳不发光。我又没瞎,太阳当然发光啊。'你看窗外面这是啥?'我问他,'太阳这不正亮着吗?'结果你猜他说什么?他说,'有的地方的太阳现在就不亮'。"

其他人都笑着不停点头,估计是想起了自己家孩子那些没完没了的争辩。笑声刚落,南希翻过自己的卡片读道:"永无尽头。我有 4 个孩子,但这一个孩子就让我不得不 24 小时处于待命状态,从她睁眼到睡着,我一刻不得闲。即便如此,我还得想招数来应对她,好让我能撑到明天。我感到很挫败,我需要喘口气。"

"我能感同身受。"帕蒂表示同意,"伊丽莎白都已经两岁了,晚上还不能睡整觉。我写的词是'捉摸不透',我根本不知道她什么时候睡什么时候醒。"帕蒂羞涩地环顾四周,补充道:"性生活是什么东西?恐怕我已经不记得了,我至少应该享受一次夫妻生活吧!"

其他人不禁为她喝彩,深以为然地点着头。

乔妮提议,她的声音里满是疲惫:"我们需要休息。我爸妈能来帮忙照顾一下两个孩子,所以我和约翰还能单独过个周末。小的那个还好,但老大斯蒂芬妮总会在我们回来以后表现得很糟糕,她会非常生气。这就是我写的词,'生气'。我也很生气,为什么每次我们单独约会回来都要面对大女儿的怒火?塔拉可从来不这样。"

苏珊娜翻过她的卡片,上面用大号加粗的字体写着"攻击性强"这几个字。"我从来没想过自己会告诉别人这件事。我们昨天下午邀请了一位朋友的孩子到家里来玩,彼得表现得特别粗鲁。我不知道他为什么会有这样的表现,平时我们可从来没这样对待过他。你都不知道当我打电话告诉朋友他家孩子被彼得打了的时候,有多么羞愧。我敢肯定以后朋友不会让孩子再来我家玩了。"

　　比尔补充道："听听我的经历你也许能好受点儿，你不是唯一写了'攻击性强'这个词的人。我不仅写了这个词，还写了'易燃易爆炸'。他每天'爆炸'的次数之多快让我受不了了。我感觉压力比职业宇航员还大！"

　　劳拉开玩笑地说道："也许我家孩子没我想象的那么糟，我最受不了的是她实在太挑剔了。煎饼两面烤焦的颜色都必须一样，她的衣服必须很合身。"

家长们写的词填满了一张又一张卡片。

要求高	爱争论
固执	精力旺盛
很吵	捉摸不透
爱管闲事	爱生气
嗓门大	攻击性强
爱发牢骚	容易炸毛
容易受挫	吹毛求疵
疯狂	一根筋
破坏性强	容易厌倦
自我攻击	不招人喜欢
控制欲强	爱走极端

　　这些词真是发人深省，并且出乎大家的意料。每个词都是一个标签，描述了孩子的某种内在个性。当我们听到这些词的时候，绝不会产生想要深入了解他们的念头。我们并不确定这些个性是否符合社会的认可。

负面标签的影响

　　孩子身上贴的标签可能会对他们造成毁灭性的打击。光是读一读上面这些词，你就能感受到孩子们被贴上"固执""爱发脾气""爱争论"这样的标签以后，会有多么难以建立自尊心。不仅孩子受伤，父母也倍感痛苦。面对这些标签时，父母会产生原始而真实的情绪。这些情绪包括：

- **恐惧。**快告诉我，我没有搞砸一切，我不是糟糕的父母。

- **困惑。**在我快撑不住的时候，我先生让我打电话问问我妈妈。她养育了我们兄弟姐妹 6 个人，她是怎么做到的？我不知道我的母亲是怎么做到的，我只知道她经常哭。

- **愤怒。**有时候我会想，为什么是我摊上了这种事？我到底做错了什么要受到惩罚？这时，我妈妈就会笑着说"风水轮流转"，然后深深地叹口气。

- **羞耻。**我想知道自己是不是做错了什么。在他身上我看到了自己的影子，尤其是我的缺点。我们一样固执又没耐心。小时候，我爸妈很喜欢社交，所以我总是被带到各种陌生的地方去。他们让我意识到，"好孩子"是不固执、有耐心的。所以当我的孩子做不到时，我就会很抓狂。

- **难堪。**我没法安然无恙地和这个追求完美、高需求的孩子一起去超市。约翰和我会为谁来推购物车争抢半天，每当这时我发现自己总是怒视着其他顾客，用眼神警告他们少管闲事。我尽量不搭理其他人，但我能想象他们心里在想什么，哪有爸爸在公共场所管不住自己的孩子。

- **筋疲力尽。**我问安娜会不会觉得很累，这位有三个不到 4 岁孩子的妈妈疲惫不堪地告诉我，每天她都在想，孩子什么时候会把她逼疯。她给自己打气，再坚持半个小时孩子的爸爸就回来了，可没想到爸爸打电话告诉她要晚点回来。

- **生气。**自打出生以来马修就格外需要关注。你给的越多，他需求越旺盛。其他孩子都不这样，为什么就他特殊？

可能正在读这本书的你也产生过这些情绪，但你没法和朋友分享，只能独自消化。一想到自己的孩子可能是这世上唯一如此黏人、固执、挑剔、爱管闲事、吵闹的小孩，或者有着其他不讨人喜欢的性格，你肯定也会怀疑，自己是否做错了什么才让孩子变成这样。你会发现他身上的有些标签让你极不舒适、难以启齿。但这些标签潜伏在你的潜意识里，影响着你的感受和言行。它会摧毁你作为父母的信心，影响你对孩子的态度。

马丁·塞利格曼（Martin Seligman）在《真实的幸福》(Authentic Happiness)[①]一书中写道："负能量会激活一种战斗状态的思维模式。每当我们感到伤心、生气、失望或者产生任何负面情绪的时候，大脑就会自动引导我们屏蔽掉这些'痛苦源'，这样反而是种恶性循环。"

父母非常容易陷入给孩子贴标签的陷阱。即便你是个非常乐观积极的人，在遇到孩子问题时，你也会不自觉地陷入负面情绪的旋涡中。也许是因为生活的压力，你往往自己都来不及想清楚。佩格就遇到过这种情况。

> 除了凯茜，我还有三个孩子。我们刚刚搬家，还在适应过程中。事情太多了，我根本忙不过来。我没法有耐心，导致她做的所有事都能把我"逼疯"。在这些负面的词语中，我看到了自己是怎么评价我女儿的。我知道我必须有所改变。

不知不觉中，我们给高需求孩子贴了很多标签，放大了他们的缺点，而忽视了他们的闪光点。这些标签让我们身为父母自觉惭愧，感到厌恶。

我给父母的建议是，从今天开始，停止对孩子使用会有负面影响的词。试着把"吹毛求疵"换成"敏感细腻"，把"惹人讨厌"换成"喜欢夸张"，你会发现这并没有那么困难。仅仅改变用词，你就能改变自己和别人对高需求孩子的

---

① 《真实的幸福》是一本用积极心理学诠释"什么是幸福""如何才能获得幸福"的书，作者是积极心理学之父马丁·塞利格曼。本书简体中文版由湛庐策划并引进，浙江教育出版社出版。——编者注

看法。你可以重塑孩子的形象，使之变得令人舒适，符合社会认可标准。强调孩子优势的第一步就是改变你的用词。就这么简单。

重新定义高需求孩子的标签

现在，你可以拿一张纸，从最左边开始，写下能够描述孩子做过最疯狂、最令人讨厌的事情的词。记住，一定要把最糟糕的词写下来。那些你认为完全不可救药的品质，以及亲戚、朋友、老师用来评价孩子的词，还有你一听就暴跳如雷或者羞愧得想钻地缝的词，仔细想想，都写下来。

接下来，请深呼吸，搜索记忆，勾勒出高需求孩子身上你最喜欢的一面：活泼的双眼、富有感染力的笑容、敏捷的身姿、令人惊喜的提问。记住这些画面，再看看你刚刚写的那些糟糕的标签，这能帮你发现每个词隐藏的潜力。如果你仔细观察，就能体会到这些标签其实反映的是"过了头"的优点。找到对应的优点记录下来。比如，你会发现，只要稍加引导，"具有攻击性"可以是"敢做敢当"，"固执"可以是"目标导向型"。词语变换的可能性是无限的。你的列表可能是这样的：

以前的负面标签	崭新的正向标签
高需求	高标准
善变	能创造性地解决问题
吵闹	热情风趣
喜欢争论	有想法，坚持己见
固执	自信、意志坚定
爱管闲事	好奇心强
疯狂的	精力旺盛
偏激	心地善良
不灵活	传统
控制欲强	有魅力

缺乏耐心	强势
容易焦虑	谨慎
易怒	善变
挑剔	讲究
爱发牢骚	喜欢分析问题
容易分心	感知力强

在每次与孩子交流和立规矩的时候，你就可以使用这些新标签。当你把蹒跚学步的孩子从游乐园拉出来，你可以对他说："你真的很有好奇心，现在让我们去看看厨房的橱柜里藏着什么好东西，怎么样？"当 5 岁的孩子不想穿奶奶买的新衣服时，你可以说："你确实很有自己的时尚品位。"当 8 岁的孩子非要多看一个故事、不肯上床睡觉时，你可以说："你很有自己的坚持。"

新标签带来的感觉和勾勒出的形象与原来那些糟糕的标签完全不一样。做父母的感受也会好转，因为自己的孩子是自信、坚定、精挑细选、有戏剧性、喜欢分析问题、热情并且有魅力的。研究表明，一旦我们开始正向思考问题，行为也会随之改变。我们会变得更开明、更包容、更富创造力，因此也变得更爱笑、更愿意交流、更有耐心。J. J. 古德诺（J. J. Goodnow）的研究表明，如果孩子喜欢社交，他们的父母并不会把孩子偶尔表现出的"争抢"行为视为"攻击性强"的表现，而是归结于某些偶发因素，比如孩子玩的时间长了、累了。这样的话，父母并不会感到生气，而是在心里默默记下，以后在类似的情况出现时，及时叫停，以免他们惹麻烦。这种乐观的心态让父母和孩子能玩到一起。关注优点会让人觉得自己的孩子就是梦寐以求的孩子。

在课堂上完成这个改变用词的练习后，南希表示："看到这些新标签，我意识到这一切都是有意义的。我看到了希望的曙光。我原来一直觉得我儿子身上的品质很糟糕，其实并不是。这个练习让我学会后退一步来观察他，他其实就是在做他自己，我们可以合作而不是对抗。"

萨拉深深叹了口气，陷进椅子里。我看着她，她倒出苦水："我并不指望换几个词就能有所改变。对我来说压力还是很大。就比如今天，我答应他给学校的募捐活动烤 12 打曲奇饼干。但今早我家阿姨临时打电话请假了。真是难以置信，但现在我不得不和阿伦一起做饼干。他总是把东西抓来抓去，爬到柜台上，碍手碍脚。我一让他做某件事，他就会尖叫。"萨拉无奈地摇摇头，似乎仅仅想到这个画面都很让她痛苦。

我问萨拉是否愿意重新来描述一下这个即将到来的下午。尽管可能没什么用，她还是同意了。小组成员们帮助我在一大张纸上重新措辞。我们一起用萨拉的口吻写了段话："今天下午我要和阿伦一起烤饼干。他总是乐于助人，又充满好奇心，所以他总想参与进来，看看进展如何。实际上，他非常善于解决问题。上次他找到一把椅子，然后顺利爬上了柜台。我每次给他布置任务，他也想尽力做好。学会等待对他来说实在有点困难，但是他在努力尝试。"

我们把这张纸叠起来，交给萨拉，让她在和阿伦一起烘焙的时候挂在冰箱上。第二周上课时，我们都非常好奇事情的进展。萨拉感激地笑着说："真是难以置信。在阿伦不出所料地要去抓东西的时候，我咬了咬牙，然后尝试着说'我们阿伦真是充满好奇心，又乐于助人呢'。他一下愣住了，看着我。从那一刻开始他就愿意听我指挥，和我一起干活。那个下午是我们过得最好的一下午。我已经等不及再和他一起烤饼干了。"

研究表明，当我们开心且自己感觉良好的时候，我们会设定更高的目标，表现得更好，在一件事上能坚持得更久。在你改变对孩子的用词后，也许一开始孩子会持怀疑态度，但如果你坚持下去，他一定会相信你说的话，并更愿意接受你的指导。语言确实能改变很多。

正向标签的连锁反应

用"富有创造力""好奇心强""热情"之类的积极词语来描述孩子，有助于他们建立健康的自尊心。这些积极的词像给孩子穿上盔甲一样，给予他们力量，帮助他们改掉不当的习惯，养成好的习惯。换句话说，自爱的孩子才能更加自如。

改变用词带来的最令人激动的变化是能感染和影响到身边的人。罗丝发现自从她用积极词语来形容约翰之后，她的亲戚和约翰的老师也会这样做。

> 每当有人说"约翰可真是太吵了"，我就会说："对啊，我儿子真是很有表现欲，是不是？我们带他到外面去玩吧，他能发挥得更好。"大家听到后都很惊讶，但思考几分钟后都会赞同。如此坚持下来，我终于听见我妈妈说："约翰，你戏剧性的一面又表现出来了，我们放点音乐来唱歌吧。"即便在学校，老师告诉我他很顽固，我也会表示认同地说："我发现他在家也表现得很坚韧。"老师会说："我从来没从这个角度想过！""我觉得情况也没那么糟。"这确实改变了老师对约翰的看法，现在他们的关系似乎更融洽了。

不要让别人用伤害性的标签吓唬你。你需要自己学会用能体现孩子潜力的词来描述孩子的行为，并且教会身边的人也这样做。你都不用费力去争辩，只是影响周围人用更积极的方式去反映他们的想法。

正向标签还能改善成年人的关系

研究人员发现，改善亲子关系的方式也有助于改善成年人的关系。约翰·戈特曼（John Gottman）[1] 在他的《婚姻成败因素》（*Why Marriages Succeed*

---

[1] 约翰·戈特曼是美国华盛顿大学心理学教授、西雅图人际关系研究所所长，从事家庭关系方面的研究长达 40 多年，是享誉世界的婚恋专家。湛庐策划并出版了他另外 7 本著作《爱的沟通》《爱的博弈》《幸福的婚姻》《幸福的家庭》《幸福婚姻的 10 大敌人》《人的七张面孔》《培养高情商的孩子》。——编者注

or Fail）一书中写道："阻止防御性沟通的最重要策略是对伴侣保持积极心态。"认识到这个问题很关键，因为要搞定高需求孩子，你和伴侣最好能团结合作。

那么这些标签是如何促进你和其他成年人关系的呢？我来分享一下，我是如何通过"谨慎"这个词来积极改善我们夫妻关系的。

《韦氏词典》中对"谨慎"这个词的解释是"智慧的，能精明地处理具体问题，谨言慎行"。不得不承认，我又查了查字典，看看"谨言慎行"的定义是什么。定义是仔细的，会考虑所有情况及其可能的后果。这个词改变了我的生活。

我丈夫每当遇到新情况、新想法、新事物的时候就会非常谨慎，他生性如此。这意味着他对待新生事物的态度都有些警惕或者压根儿没反应。我要是问我丈夫去哪里度假，他总是沉默不语。买新车或者换房子更是要用好几个月甚至几年时间考虑。哪怕是像"我们要不要请朋友来吃饭"这样简单的问题，他都要想好几个小时甚至一整天。

我曾经对此特别不爽，对他也没什么耐心。这不光影响到我，他自己对此也大为光火。他想不通，为什么别人做决定就比他容易很多呢？他经常责备自己优柔寡断。

后来，我了解了马丁·塞利格曼的著作《真实的幸福》。我去他的网站上做了"性格优点"测试，并且劝我丈夫也试一试。我丈夫听说我和他一起测试的时候，只想了几个小时就答应了。塞利格曼的测试结果显示，我丈夫为人谨慎、善于分析问题、很明智。

突然，我对我丈夫的"选择困难"有了全新的理解！他并不是优柔寡断，而是做事谨慎！现在我丈夫在"困惑于某个问题"或者"分析问题"时，很少对自己感到恼火了。他甚至会笑着开玩笑："让我好好想想，毕竟我做事谨慎呢。"这份幽默感化解了所有的焦虑，也让我们更团结一心。

我对丈夫的态度和回应也随之变化。以前我对此很苦恼，但现在我学会了欣赏我丈夫，他其实很能为这个家省钱。多亏了他的深思熟虑，我家很少有冲动消费，所有的大笔开支都是经过了周密计划并纳入预算的。而且我仔细想了想，他做的决定通常比我之前想到的更有新意、更周全。

今天如果你问我，我会说做一个行事谨慎的男人的妻子，让我很自豪。我之前的不耐烦已经完全消失，取而代之的是对他深深的尊重。他深思熟虑的分析和充满创意的解决方案都值得等待。"谨慎"，这样一个普通的词，有力地把我们联结得更紧密了。

无论我们是高需求孩子还是成人，都需要一些标签来强化我们的优势和潜力，而不是表现我们的缺点。积极的态度不仅能改变我们的用词，更能改进我们的认知，进而改变我们的行为。从今天开始，你可以向自己承诺，你能关注到每个家人最好的一面。这会改进你们的关系，帮助你保持冷静，让大家更能团结一致、精诚合作。

现在如果你感到有些疲惫，觉得把"攻击性强"说成"敢做敢当"、把"易怒"说成"夸张"对你来说太难了，超出了你的能力范围，那么请继续往后读。在之后的章节中你会学到更多，实现飞跃。

第 3 章

他是高需求孩子吗

闯入我生活的是一个真实的人。既不是编好程
序的机器人，也不是空空如也的白板，而是一
个活生生的人，一个坚持用他自己的方式，扯
着嗓子急切地大声告诉我他的喜好和需求的大
活人。

——苏，三个孩子的妈妈

　　两侧的落地窗让秋日阳光照进房间，整个屋子被染上玫瑰色。在父母带孩子来上课之前，我通常会在白板上写下当天的课程安排，但今天我只写了一个问题："孩子高需求的原因是什么？"父母们悠闲地走进讨论室，手里拿着咖啡，互相交流着，找到位置坐下来。当他们看到了白板上的问题时，发出了抱怨、叹息和紧张的笑声。

　　还没等所有人都坐下，霍莉就喊道："我已经被这个问题困扰三年了。无数个夜晚我躺在床上睡不着觉，回想着我孕期到底吃了什么、做了什么。我还责怪自己在怀孕两个月的时候去玩滑雪，我当时就不应该去。"

　　贾森补充道："我一直在反思塞思出生的事。生产的过程太长太不容易了，早知道我应该剖宫产。"

　　克里斯廷尖叫起来："我还以为就是因为剖宫产呢。"

　　迈克若有所思地说道："我一直在想是不是因为莉莉是早产儿，她提前了 6 周出生，而且刚出生那几天病得很严重。"

　　珍面露难色："我一直觉得是因为我要照顾大宝们，没有照顾好她。但我们家有 4 个孩子，我也分身乏术啊。"

　　我举起手来示意大家暂停。"先等一等！"我几乎要靠吼才能盖住大家讨论的声音，"这不是你们的问题！"大家都转过来看着我，房间里传来一声声如释重负的叹息。

高需求孩子是天生的，基因决定他们敏感好动

性格研究表明，孩子对周围环境的反应受到遗传因素影响。这种最原始、最自然的反应就是"气质类型"。研究表明，一个人的气质类型是指在生物学、神经学和生理状况为基础上，其影响心情、稳定情绪的能力以及活跃水平。

你的孩子比其他孩子更容易心烦，心烦的时间也更长，这并不只是你的想象。根据目前我们掌握的信息，有些孩子天生就更容易情绪激动。高需求孩子遇到意外或者面临潜在威胁的时候更容易受到惊吓，他们会心跳加速、血压升高、应激激素在体内飙升。脑电图成像反映出他们的右脑明显更加活跃。因此，毫无疑问，对高需求孩子来说，他们需要花费更多时间和方法来安抚自己，最终学会处理这些情绪。

面对同样的情境，其他孩子可能毫无反应，他们的心跳不会加速，应激激素不会在体内飙升，引导和帮助他们平静下来要容易很多。研究表明，这些生理反应的差异是由中枢神经系统的调节能力导致的，不是孕期或生产困难、母乳喂养或奶粉喂养的问题，也不取决于孩子的性别或者在家中的排行。恰恰相反，孩子似乎天生就倾向于用特定方式对周遭的人和环境进行反馈。在不同时间和不同情况下，孩子的反应是相对一致的。

20 世纪 50 年代，纽约大学医学中心的教授丝特拉·切斯（Stella Chess）和亚历山大·托马斯（Alexander Thomas）是最早对气质类型进行描述的学者。如今，气质类型仍然是心理学、人类学、生理学和神经生物学领域研究的焦点课题。尽管学者们都认同气质类型的真实存在，以及它在孩子成长过程中发挥的重要作用，但他们还是喜欢用各种名称来描述气质的特征。我更愿意使用切斯和托马斯教授的术语，因为它们更积极正向，让父母更好理解。它们不仅涵盖了孩子普遍的精力状态，还囊括了孩子适应新环境的速度、情绪的强烈程度，以及对视觉、听觉、嗅觉、触觉、味觉的敏感程度等。

气质活跃型孩子不仅好动，而且需要动。让这样一个孩子长时间坐着不动，

如果他愿意的话他也能坐住。但这种感觉就像膀胱满了，却硬要忽视，这种压力是在身体里真实存在的。

父母的养育技巧，能够改变孩子的先天气质

天生的气质类型不能决定命运。根据目前掌握的信息，后天的教养也很重要。**最终，孩子的气质会以什么方式展现出来，取决于他的年龄、经历和所受的教育。**乔治华盛顿大学的儿童精神病学教授戴维·赖斯（David Reiss）表示："基因因素是否影响，以及能在多大程度上影响孩子的行为，取决于他与生命中重要的人之间的关系和互动。"

父母不能选择孩子的天生气质类型，他自己也没法选择，但你确实可以做出改变孩子行为的事。只有你能够帮助孩子理解自己的气质类型，强调他的优点，帮助他恰当地表达自己，然后轻轻地推着他往前走。研究表明，这样可以帮助孩子在大脑中构建一个新路径，从而建立新的反馈和运作方式。所以当你发现孩子反应过激的时候，安抚他、帮他平静下来，最后教会他如何和这些情绪和解。如此一来，你不仅帮助孩子改变了行为，还缓解了他的生理反应。

尽管高需求孩子一直都会精力旺盛，但也会随着时间推移有所改变。在你的引导下，孩子可以学会把精力用在更积极的事情上。比如，他不再在奶奶的沙发上跳来跳去，而是在跳水板上发挥才能。

适应较慢的孩子遇到变化时，仍然会觉得有些不知所措。但在你的引导和支持下，他会学着应对变化。你可以稍微提前告诉他可能发生的事，给他打打预防针，然后你先去做，再让孩子模仿并坚持。这样他就能形成诸如早上起床不磨蹭、抓紧时间吃饭等生活习惯，并且在上车下车时也不会再大发脾气。

你可以改变养育方式来适应孩子的气质类型和行事风格，教会他必需的技能，让他学会和身边的人和谐共处，逐渐成为最好的自己。如果父母无视他过盛

的精力、忘记他在改变之前需要做心理准备，以及忽略他的其他种种气质表现的话，无异于是在告诉他："不要做真实的自己！"

瑞安是两个孩子的爸爸，在他发现这个"奥秘"之前，他们家里随时会不宣而战。瑞安向我倾诉：

> 说实话，我被这种"战争"弄怕了。我平时是个很低调、很安静的人，几乎没有什么事能激怒我。但我 4 岁的儿子却能把我气到升天，这确实令我费解。他确实经常这样，也有本事能把我激怒。
>
> 后来我知道了"气质类型"这个概念，我恍然大悟，原来他不是为了惹我生气。他这么做是有原因的，因为他必须动起来，或者需要更多时间来适应变化。当我意识到这一点以后，我发现我能处理好了。比如，我会提前给幼儿园打电话告诉他，一会回家路上我们要先去一趟商店，而不是等我到了以后再给他个"惊喜"。类似这样的小办法的确很有用。我都不敢相信当我和儿子不打架的时候，我有多喜欢他。你知道吗，他其实是个很可爱的孩子。

发现孩子自身的气质特征就像是给他做了个 X 光扫描一样。这有助于父母认识他的内在性格，以便更好地理解他如何对外部世界做出反应，以及背后的原因。一旦你明白了他行为背后的原因，你就能尝试和他合作，减少很多麻烦，教会他必要的习惯。最重要的是，你可以帮助孩子理解自己的行为，然后好好对待自己。接下来，让我们来勾勒一下高需求孩子的内在影像。

高需求孩子的气质画像

一共有 9 种气质特征，每一种特征都有从轻微到强烈或者由低到高的程度变化。每个人都有自己独特的气质和风格。高需求孩子的气质特征通常都处于

"强烈"程度，但普通孩子也有可能有一两种气质特征接近"强烈"程度。因此，我们必须勾勒出高需求孩子的全貌才能彻底了解他们。要记住，不存在完美的气质。每种气质特征都有优缺点。父母能做的只是帮助孩子以最有利的方式来塑造他们特定的气质。

当你回顾这些气质特征时，想想孩子最典型、最自然的反应。你觉得他会有哪些反应呢？

孩子的情绪反应会有多强烈？他哭笑时是声音洪亮、充满活力的，还是小声、温和的？关于孩子的反应，请参照图 3-1 进行打分。

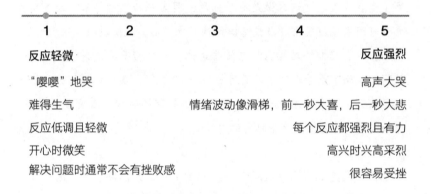

1	2	3	4	5

反应轻微   反应强烈

反应轻微	反应强烈
"嘤嘤"地哭	高声大哭
难得生气	情绪波动像滑梯，前一秒大喜，后一秒大悲
反应低调且轻微	每个反应都强烈且有力
开心时微笑	高兴时兴高采烈
解决问题时通常不会有挫败感	很容易受挫

图 3-1 追求极致反应由弱到强的不同表现

丹尼尔·戈尔曼（Daniel Goleman）曾经在《纽约时报》（*New York Times*）撰文写道："有些人即使面对普通的小事情绪波动都会很大，而有些人即使泰山崩于前也面不改色。研究表明，这些高低起伏的情绪会影响人的一生。人和人之间的区别就算不是刚出生就显现出来，也在童年早期就出现了，而且这些区别会成为他们性格中的主要标志。"

即便是在医院产房的护理中心，婴儿情绪强烈程度的差异也已经很明显。有的宝宝饿了会嘤嘤地抽泣，有的宝宝则是高声大哭，哭声响彻走廊。高需求孩子生来就很极端。家庭聚会上，总会有抽泣的宝宝，和尖叫大哭的高需求宝宝。但尖叫大哭的宝宝没有什么生理问题，只是他的气质特征让他表现出来的行为更加强烈。这并不全是坏事。这意味着这个宝宝更加热情洋溢、精力充沛、开朗有趣。

高需求孩子对所有的情绪和感觉都有着深刻和强烈的体验。他们的心跳有力，肾上腺素涌动，身体的生理反应比其他孩子更强烈。他们安静下来是因为意识到可能会打扰别人，他们吵闹是因为确实太过激动、痛苦或者有其他情绪和感觉。他们确实很极端。这是他们的第一反应，也是最本能的反应。对照图 3-1，如果你圈的是 4 或者 5，那么你可以预测孩子会很容易兴奋，也容易沮丧，很情绪化。一旦你了解了孩子拥有追求极致的气质类型，你就能预估他的反应一定很强烈，并会想办法来帮助孩子恰当地表达或者消化情绪。

如果孩子正在专注地做某件事，你让他停下来的时候，他会听话停下来，还是坚持做下去？请参照图 3-2 进行打分。

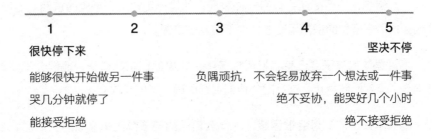

图 3-2　停止动作的反应由弱到强的不同表现

切斯和托马斯的研究发现，有的孩子很容易就能停止一项活动，而高需求孩子哪怕阻碍重重也仍然不肯放弃。他们会"锁定"这件事。如果他们想做某件事，就会立即着手，并且不轻言放弃。

我记得有次去科罗拉多州找一位朋友吃饭，回来的时候天全黑了。11 月的晚上特别寒冷，寒风一阵阵刮在脸上，把围巾都吹飞了。我想都没想，抱起朋友两岁的女儿卡拉就冲进屋里躲避寒风。刚一进去，卡拉就转过身来使劲打我！因为我破坏了她的计划。原来，她非常想自己爬上楼梯。我想哄着她把外套脱了，但她还想着爬楼梯。没那么坚持的孩子也许就妥协了，但卡拉没有。她站在门口尖叫，用拳头使劲砸门，非要打开门出去，其他选项她都不接受。我往后退了退，让她出去，提醒她下次如果还想这样的话，她可以说："我想自己爬楼梯开门，谢谢。"外面的大风差点把她从楼梯上吹下来，但她仍然走大步下台阶，又坚定地走上来，自己关了门以后才肯脱了外套。她不想有人打乱她的计划。

有人建议，当这些孩子因执念而大哭时，不用理会他们。这是非常没用且令人沮丧的笑话。有些孩子可能上床几分钟后就睡着了，但高需求孩子可能会哭上好几个小时，直到父母找到能安抚他们的办法。不肯罢休的孩子只会越哭越大声。高需求孩子可能还会有另一种表现，就是一定要用完手里的东西。比如，他们会把所有桶里的积木用光才会停下游戏去吃饭。

不肯罢休的孩子会全身心投入任务中。如果他们想吃饼干，他们会不停地跑来要，直到吃到为止。这是因为他们目标明确，不轻易放弃。

高需求孩子的父母会很困惑，为什么自己的孩子既固执又敏感？他们怎么能把父母的命令抛到九霄云外，却惦记着非要去十几公里外的肯德基？答案很简单。当高需求孩子对一件事或想法有充分的内驱力或者很感兴趣时，他们就会变得很执着。如果是他们自己的想法，就一定会坚持。如果是父母的想法，则他们可能对其他事更感兴趣。这个世界需要不肯善罢甘休的人，但作为他们的父母，你需要付出更多的精力、掌握更多的方法来争取孩子的配合。

　　孩子对轻微的噪声、情绪、温度、味道、衣服质地的差异有多敏感？他容易对某些食物、衣服上的标签、烦人的噪声和你的压力有所反应吗？请参照图3-3 进行打分。

1	2	3	4	5
不敏感				**非常敏感**
在吵闹的环境中也能睡着				必须在安静的场合睡觉
不介意衣物不适				必须把袜子缝对整齐
不在意奇怪的味道				经常抱怨光线、声音、气味等
不挑食				挑剔
不会注意到你的压力				理解并且表现出你的压力
不过度关心自己的感受				感受无论好坏都非常强烈

图 3-3　敏感程度由弱到强的不同表现

　　高需求孩子天生就自带一套超级敏锐的"感应器"。其他孩子在满是人的屋里能呼呼大睡，但高需求孩子在这样的环境中却一直清醒，倾听每一个声音，感受每一束光线。在酒店或者奶奶家过夜对他们来说是种挑战，他们会觉得床单闻起来怪怪的，枕头感觉也怪怪的。这类孩子对情绪也很敏感，他们是家里的压力量表。当你情绪不好的时候，他们也会表现得不好。

　　对敏感的孩子来说，每种经历都是一次感官"轰炸"。父母和他的兄弟姐妹没有注意到的东西，他都能看到、听见、闻到。有一天在课堂上，迈克给我们讲了他带女儿出去玩的事，正好说明了这个现象。

　　我们当地的电影院正在上演经典剧目。这本该是一次很好的父女之行，只有《睡美人》、梅拉妮和我。我告诉梅拉妮别吃晚饭，我给她买了爆米花和糖果。这些对她来说应该够了。可没想到，等到电影院的灯一关，她突然开始尖叫："爸爸！"她喘着粗气说："太黑了，我什么也看不见！我都起鸡皮疙瘩了！"

电影一开始梅拉妮就跳到我腿上。"太吵了，"她抱怨着，用手捂着耳朵，"我耳朵都要聋了。"

我感觉她快坐不住了。我之前经历过这种情况。所以我把她带到大厅，并对她说："没关系，梅拉妮，我们可以回家。我们不是非要看《睡美人》。"

"不不不，"她抗议道，"我能忍住，我想看完。"于是我们又回到座位，途中不得不经过坐在旁边的观众。我们旁边一家人每个人都十分壮硕。梅拉妮拉起运动衫遮住嘴巴和耳朵，免得太吵。一切似乎都很顺利，直到旁边这家人开始嚼爆米花和花生米。

"爸爸，他们嚼得太大声了。"她抱怨道，"能不能让他们别吵。"我瞥了一眼旁边的家伙，他一看就至少有 200 多斤重，而我只有不到 150 斤重。我实在没勇气让他闭嘴。我决定假装听不见，不去管女儿的抱怨。

梅拉妮没再提要求，她把头使劲埋进衣服。突然，她捂着肚子。"哎呀，爸爸，我闻到爆米花和花生米的味道了，还有谁的口气，味道好重呀，我好难受！"

我拿爆米花盒子给她遮着，但她自己找到了办法，她把衣服拉到鼻子上，只露出两只眼睛。我转过去看电影，心想这下她应该能安心了。

梅拉妮躬着腰，头埋在衣服里，手还捂着耳朵。这时，她叹了口气，我心想她又怎么了。

"我好热。"她小声说着，她的低语在电影院回响着。我穿着外套还拉着拉链都没觉得热。"我快难受死了。"她抱怨着。

梅拉妮想把外套脱了，但脱了又没东西遮鼻子。你见过有人一边挣扎着想把外套脱掉，一边又用外套捂鼻子吗？她扭来扭去，把外套绑在嘴巴和鼻子上，结果不小心胳膊又撞到了我的眼睛。不知道别人看到会觉得这是她自己弄的还是我给她包成这样的。

透过衣服，她问："接下来会发生什么？那个女巫去哪儿了？你觉得王子能找到她吗？要是巫师戳破我的手指，我是不是也会沉睡很久？"

整部电影下来梅拉妮一直在问问题。我们旁边的大块头不时投来责备的目光。我把自己缩到座位里。"嘘！"我警告她。她放低了声音，但还是一直问个不停。

"那个针扎疼她了吗？我要是一直睡着不醒，你会不会很难受？"说实话，她这么说的时候我甚至觉得这主意不错。

后来，旁边那家人走了，他们挤出去的时候整排座椅都在晃动。不过这次，梅拉妮出人意料地没有抱怨。最后，度日如年的我终于熬到了片尾字幕。我累坏了，梅拉妮却蹦蹦跳跳地跑出门，张开双臂。

"我们再看一场吧！"她欢呼着。

永远不要！我心想，再也不要了！

梅拉妮不是存心要为难爸爸，故意破坏他们的专属夜晚。她只是拥有极度敏感的气质类型。周围的声音、气味、光线和衣服的质地，她都会在意并且有所反应。正如迈克所说，"实在不确定哪些刺激会让她有反应"，再加上她总是很极端，所以通常反应很大。

如果孩子拥有敏感型气质，你忽略的一切，他都能听见、闻见、感受到，那你应该知道，任何食物、衣服、拥挤的人群、吵闹的庆祝活动和其他让他倍感压力的活动都会轻易激怒他。因此他并不是要故意调皮捣蛋，而是做出了本能反应，你可以帮助他学会控制情绪。

提到敏感，你可能不知道怎么区分孩子是有敏感型气质还是感觉统合失调。这两者的区别在于表现程度不同。像梅拉妮这种有敏感型气质的孩子，他们会敏锐地注意到环境中的各种感觉，会因此感到很烦躁，但在父母的帮助下，他们能找到应对的办法。因此，即使梅拉妮对衣服、食物、喜欢做的事很挑剔，刚开始做某件事会感到不安，但她不会觉得完全承受不住或者没办法参与其中。

但是感觉统合失调的孩子会坚决摆脱或全身心地投入某种感觉或刺激中。他们的反应通常更大、更强烈。这种"驱动力"的强烈程度会影响日常生活，让他没法参与某些活动。这类孩子可能视觉非常敏感，以至于无法和别人有眼神接触，或者在光线特别强烈的时候会看不见。这类孩子可能会非常渴望某种感觉。他可能会一直跳到别人身上，来体会自己身体受到"压力"的感受，或通过惹祸上身来感受"攻击性"。他的体态也可能会受到影响，比如他的动作会不协调，没办法承受摇晃、旋转或者奔跑这类动作。

不同于敏感型气质的孩子，对于感觉统合失调的孩子而言，他们的情况无法仅仅依靠改变环境来改善。他们需要求助专业的医生，接受专门治疗。

你的孩子会注意到身边的人、颜色、声音和其他东西吗？他经常被别的事吸引而忘记做你交代的事吗？请参照图 3-4 进行打分。

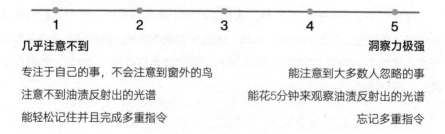

图 3-4   洞察力由弱到强的不同表现

研究发现，个体对周围环境的感知程度区别很大。高需求孩子不仅细腻敏感，洞察力也很强。比如，在高速路上，他能看到 12 米高的灯柱顶上站着一只鹰。散步时，他能发现草丛里一枚硬币在闪闪发光。

超强的洞察力也会对高需求孩子造成困扰，因为这会让人觉得他们不太听话。比如，你让高需求孩子去换衣服，但没一会儿他可能就去做别的事了。过了半小时，你发现他还穿着睡衣，盯着窗外的云，或者在回房间的路上玩起了皮球。从邻居家院子到你家这 10 秒钟的路，他能走 20 多分钟。一路上，他能注意到草上的露珠、苹果树上新搭的鸟窝、花丛中精心编织的蜘蛛网，还会驻足欣赏车库地板上新滴的油渍反射出的彩虹。

敏锐的洞察力造就了这类孩子丰富的想象力。他们会发现地毯上吸尘器留下的痕迹像国王戴的王冠，会用意大利面的酱汁在盘子上摆出字母 B。他们会把自己编织的故事表演出来，还会设计各种奇装异服。

高需求孩子的这类表现，经常容易同注意缺陷多动障碍的情况相混淆。高需求孩子不受控制的洞察力会被视作注意力分散的表现。洞察力强的高需求孩子与患有注意缺陷多动障碍的孩子的区别在于，尽管高需求孩子会注意到身边的各种事，但他能很快处理好这些信息，然后筛选出最重要的信息去处理。因此他对自己感兴趣的事会非常专注，而且完成得很好。患有注意缺陷多动障碍的孩子却没有办法快速处理这些信息。尽管他已经竭尽全力，但仍然没办法区分哪些信息最重要，需要认真听。而且就算是他想做的事，他也没办法全神贯注地完成。

丹尼在幼儿园时期被确诊患有注意缺陷多动障碍。因为我知道他还在上幼儿园，就想多找些机会观察他，以便更好地了解高需求孩子在洞察力方面的表现和患注意缺陷多动障碍的孩子有什么区别。我走进教室时，丹尼和同学们正拿出作业本准备练习字母 C。丹尼按照老师的要求，迅速拿出了铅笔。老师在黑板上画了个大圆圈，按照钟表的顺序在圈里写上了数字。丹尼聚精会神地看着老师。但就像老师反馈的那样，丹尼卡在了开始的地方，不知该怎么办。

"沿着黑线写。"老师一边指导着孩子们，一边在黑板上写了个大大的黄色字母C。老师说得很快，写得也很快，在该提醒学生的地方偶尔停顿一下："沿着虚线写，到底部的黑线时，轻轻地往上提一点点。"

丹尼也听到老师的话了。但每次老师说新内容的时候，他就抬头看黑板，到低头想写的时候却忘了刚刚自己写到哪里了，不得不重新开始。

"好的，现在请大家在作业本上练习。"老师要求大家。

丹尼坐在椅子边上，他每次埋头看作业本的时候，椅子后腿就会抬起来。老师在教室里来回走动，观察21个孩子每个人的情况，在他们需要时帮帮他们，也鼓励一下做得好的孩子。

"写得不错！"老师表扬汤米。

丹尼抬头看看。

"这个C写得非常完美，珍妮弗！"

丹尼又抬头看看。

"右手握笔！"老师提醒蕾切尔。

丹尼又看看自己的手。老师只要一说话，丹尼的注意力就分散了。他只写了三个C，就写不下去了。老师表扬别的小朋友时，他不停地抬头低头，别的孩子都写完了，他还没完成。

丹尼很喜欢他的老师，也非常愿意学习，但他没办法区分哪些信息对他来说是重要的。即使他非常渴望完成作业，他也没办法集中注意力。丹尼确实患有注意缺陷多动障碍。

在同样的情况下，洞察力强的高需求孩子虽然也会注意到老师的动作、要求、对别人的表扬，但他很快就能处理好这些信息，并且专注于最重要的任务，完成作业。因为他要处理这些信息，所以他可能比其他孩子慢一点，但最终能够完成任务。

对于这两类孩子，我们都可以在发出指令时放慢语速、减少环境中的刺激因素，从而帮助他们。对洞察力强的高需求孩子来说，这非常有效。对患有注意缺陷多动障碍的孩子来说，虽然还是很困难，但也能见到一些成效。

根据儿童行为和神经病学博士埃尔莎·夏皮罗（Elsa Shapiro）的观点，注意缺陷是常见的儿童心理和生理疾病的表现，可能会与儿童抑郁症、癫痫、过敏和甲状腺疾病等伴随出现。她说："注意缺陷的感觉就和头疼一样，如果你去看病，和医生说你头疼的话，你会希望医生在开药前能先给你做些检查，比如脑瘤、偏头痛、压力测试等。同样的道理，对患有严重注意缺陷的孩子的父母来说，给孩子做全面检查也很重要，这样才能了解孩子身体和心理上所有可能的情况。"

如果孩子的洞察力处在 4 或 5 的程度，那你应该知道，相较于一般孩子，他和周围世界的交互更深。他需要你的帮助，学习如何接收最重要的信息。

孩子能很快适应计划和作息的调整吗？他如何应对意外事件？请参照图 3-5 进行打分。

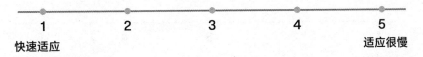

1	2	3	4	5
快速适应				**适应很慢**

能轻松地停止原来的活动，进行新活动	结束原来的活动并开始新活动时大闹
允许日常作息的调整	对调整日常作息会感到不安
遇到意外不会烦恼	遇到意外会感到很不安

图 3-5　适应力由弱到强的不同表现

个体对情况变化的适应能力差别很大。有的孩子几乎注意不到调整和变化，但有的孩子面对任何形式的改变都会倍感压力。**高需求孩子通常对改变适应得很慢。他们不喜欢惊喜，需要时间和提前告知来适应改变。**

你可能会认为"适应力"这个概念很新鲜，你也没有特别留意过孩子对变化的反应。但实际上，适应力的差异可能是造成你和孩子日常矛盾的主要原因之一。适应力弱的孩子遇到某些情况会很崩溃，比如，他原本想要三角形的吐司，结果你切成了正方形；他原本想吃麦当劳，结果你把车停在了汉堡王门前；午休时间、午餐时间、就寝时间、你去幼儿园看他的时间、你去学校接他放学的时间等，这些日常时间的改变对他来说都是不小的挑战。如果校车司机、老师或者幼儿园负责人临时换人了，对高需求孩子来说这一天一定过得很不顺心。出去旅行也会让他很有压力，为了适应新的房间和床，他能折腾到半夜。搬家同样会让他倍感不安，作息改为夏令时对他而言也是麻烦事，换季时不得不换衣服会不可避免地引发争吵。停止游戏去吃饭对他来说更是严重的打扰。甚至别的孩子临时想跟他一起玩也会惹得他号啕大哭。高需求孩子的适应力确实比较差，但是他并不是存心想让你疲惫不堪，他只是需要时间适应。

了解孩子面对变化如何反应是你们能合作的关键。如果孩子适应力较弱，你需要认识到这一点，才能提前帮助他做好准备。

孩子是否规律进食、按时就寝、确保充足的睡眠时间以及在其他身体机能方面很有规律？请参照图 3-6 进行打分。

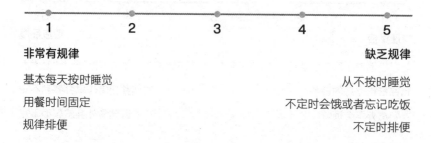

图 3-6 规律性由弱到强的不同表现

研究表明，有的孩子生活非常有规律，按时睡觉、按时吃饭，而有的孩子的生活则没有规律。他们有时候能睡三小时的午觉，有时又完全睡不着，每天还会不定时地说自己饿了。

不是所有高需求孩子都会这样，但很多高需求孩子确实完全没法养成规律的作息，这会让父母筋疲力尽。你根本没办法预测他们什么时候会醒、什么时候需要休息、什么时候肚子饿。

这种不规律还会让孩子们难以掌握吃饭和就寝时间、难以训练如厕，影响他们早上起床、出门旅行和晚上睡觉。让缺乏规律性的孩子养成规律作息实在是件令人崩溃的事。

天生缺乏规律性的高需求孩子也不是故意要惹怒父母的。他们的身体不易形成可预估的模式和节奏，也就难以养成规律作息。如果这项测试孩子的程度达到4 或 5，你需要付出更多的精力才能帮助他。可以想象，孩子有可能在该吃饭的时候说自己不饿，可是一把餐具收走他又饿了。这是他的气质特征造成的，并不是他不尊重你。当你理解了这一点，就能找到你和孩子都能接受的解决方案了。

孩子总是忙个不停、动来动去，还是安静沉默、气定神闲？他是不是需要蹦蹦跳跳或者全身动起来才觉得舒服？请参照图 3-7 进行打分。

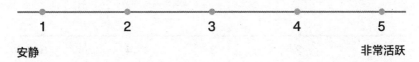

1	2	3	4	5
安静				非常活跃

睡觉的时候待在一个地方不动　　强迫他待在一个地方不动会让他"原地爆炸"
能长时间安静地坐着或玩耍　　　　　　　　　随时需要动起来，坐立不安

图 3-7　精力由弱到强的不同表现

同样，研究也证明了个体在能量水平方面存在差异。有的孩子能安静地坐

很长时间，有的孩子则会一刻不停地动来动去。

　　很多高需求孩子的精力都非常充沛。然而，他们不一定全都爱爬爱跳，他们只是拥有惊人的能量。他们不好好走路，能跑则跑，经过大门的时候非要跳起来摸到门框才行，在学校吃饭的时候甚至经常从椅子上摔下来。这并不是因为他们不遵守规则，他们只是需要动起来。长途旅行对他们来说简直是场噩梦，除非在路上你能够经常停车，让他们下去释放体内的能量。

　　根据夏皮罗博士的观点，精力旺盛也是注意缺陷多动障碍的主要表现之一。但她指出，需要担心的不是他们精力旺盛，而是他们是否能将精力集中于任务本身。例如，如果一个 6 岁的孩子经常在椅子上左摇右摆，但是能够完成作业，那他就属于精力旺盛的高需求宝宝。但在同样情况下，如果这个孩子完成不了作业，那他有可能患有注意缺陷多动障碍。

　　即便是经验丰富的专业人士，也没有办法仅凭观察就能判断孩子是不是患有注意缺陷多动障碍。如果父母怀疑自己的孩子有可能患病，那一定要带孩子去做一套生理和心理的全面检查。如果你的孩子精力旺盛，可以预计的是他会动个不停。那么你可以提前做好准备，以便助他一臂之力。

　　孩子和陌生人见面、尝试新活动或新想法，或者第一次去某个地方时，他的第一反应是什么？请参照图 3-8 进行打分。

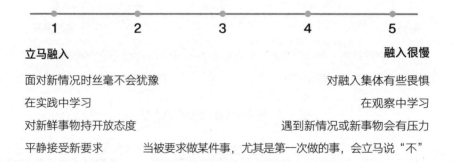

图 3-8　对新事物的接受度由快到慢的不同表现

研究人员发现，每个人对新事物的第一反应都存在差异。有的人面对新变化会毫不犹豫，很快参与进来，在参与的过程中学东西。有的人则会比较保守，畏惧新变化，他们似乎更愿意通过观察来学习。他们在投入精力之前，倾向于先了解并熟悉情况。

高需求孩子在这个问题上的表现通常是五五开。也就是说，一半的孩子会立即投入新情况中，但这也造成了一个问题，因为他们通常不假思索就投入进来，所以也很容易遇到麻烦。另一半孩子面对新情况则会有所保留，拒绝接受新事物。他们会大哭大闹、躺在地板上发泄、又踢又闹。应对后一类孩子对父母来说最具挑战，因为我们的现实环境更推崇外倾型、积极进取的性格。

其实孩子对新事物的反应往往在很小的时候就展现出了苗头。不管是第一次洗澡、第一次上学、尝试新食物、坐上新的安全座椅还是第一次上游泳课，很多高需求孩子都不愿意尝试，并且坚持说自己不喜欢。但请你一定要记住，这只是他们的第一反应，不是最后的决定，因为他们通常会改变主意，慢慢地参与其中。对父母来说，认识到这一点非常重要。

例如，苏珊娜意识到，每次全家讨论外出计划总是变成大型吵架现场，这是因为科里面对新情况的第一反应往往是抗拒。

有一次我计划了一次拜访圣诞老人的旅行。那原本是次特别的明尼阿波利斯之旅。科里那时候才三岁。我特别激动，因为我猜想他那天肯定会玩得很开心，能看见各种各样的装饰物，和圣诞老人聊天，还能吃到我小时候最喜欢的传统姜饼人饼干。一开始我没告诉科里，想给他个惊喜，但等到他得知的时候，他却号啕大哭。科里不愿意穿外套，又把我刚给他戴好的手套摘下来。我只能扛着这个拳打脚踢的家伙上了车。我一直跟他说："这趟旅行肯定很好玩，能看见圣诞老人，你肯定会很喜欢的。"其实，我很不开心，觉得科里破坏了我对这趟旅行期待已久的心情。路上的 30 分钟里他一直在哭，噘着嘴不高兴。我打开收音机，任由他尖叫，假装听不见。我后来回想，应该正是这段时间让他适应了。我们到了以后，他径直穿过展区，直接坐到了圣诞老人的腿上，告诉圣诞老人他想要的所有东西，看上去甜蜜又可爱。后来我发现科里已经是表现非常好的孩子了，因为那里还有别的孩子，他们压根儿不想坐到圣诞老人腿上。活动结束后，我们整整睡了两个小时午觉。我太累了，发誓以后再也不这么干了。

今年科里又问我："妈妈，我们什么时候去看圣诞老人啊？太有意思了。"

你家孩子遇到新事物、见到陌生人有何反应？如果对照图 3-8，你圈的是 4 或 5，那么可以预见你家孩子遇到新情况的时候会犹豫不决。这样一来你就有心理预期了，在他哭闹时也不会觉得很失望，因为你知道只要你能带着他一起努力，说不定他会改变主意的。

你家孩子是高兴、满足的时候多，还是严肃、理性和稳重的时候多？请参照图 3-9 进行打分。

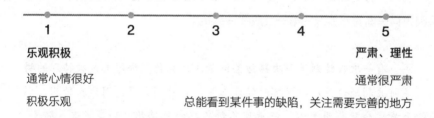

图 3-9　情绪的不同表现

最后这类气质特征描述了孩子不同的情绪状态。根据切斯和托马斯的观察，大多数孩子一般都很开心、乐观、爱笑，另一些孩子则相反，他们更严肃、犹豫，容易发现事物不好的一面。

在我们的课堂上，大约一半的孩子都很乐观、阳光，而另一半孩子对父母来说是种挑战。他们更加严肃、更爱哭，并且总是喜欢对某件事提出改进意见，所以表现得也更消极。父母更容易接受成年人提出的意见，可当一个三岁小孩建议父母讲故事的时候表情要丰富些，或者土豆泥里应该多放点牛奶的时候，父母却不太容易接受。

面对这样的孩子，你问他类似于"今天在学校过得怎么样？"这样的日常问题，他总会回答"无聊""没劲""还行"。他们总说学校里没什么有趣的事，哪怕今天郊游去了他最喜欢的广播站。他们并非故意表现出不欣赏或者没兴趣，只是他们会从更加理性的角度看待世界。

如果孩子拥有理智型气质，可以预见你会从他那里得到的回应是评价性的或者压根得不到回应。这类孩子不会因为一次外出游玩或者一个礼物而狂欢不已，他甚至会对此提出改进建议。当你意识到爱提意见只是他最本能、最自然的反应，而不是故意唱反调或者不尊重别人的时候，你可以教他如何更有技巧地表达意见，如何更照顾别人的感受。

尽管有的孩子拥有理智型气质，但如果他几乎从来没有对当下某件事表现出快乐或者开心的情绪的话，那他可能患有抑郁症。然而，并不是所有的孩子在抑郁的时候都会表现出伤心，他也有可能会易怒、脾气暴躁、发泄情绪而不是自己消化。如果你担心自己的孩子可能患有抑郁症，就带他去做一个全面的医学检查，这有助于确定他不开心的原因。儿童心理学家和医生表示，儿童患抑郁症的情况比我们之前认识到的还要普遍。

下面让我们来回顾一下每种气质特征以及你的答案，你可以参照图 3-10 计算总分。

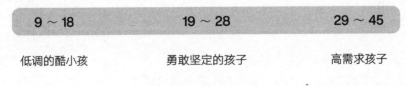

图 3-10　总分与气质特征

　　当然，这不是科学的量表。它只是粗糙地勾勒出孩子大概的气质画像。你可以把它作为一个参考，更好地认识孩子，了解他会带给你哪些惊喜、哪些挑战。它像一张地图，告诉你起点在哪儿、如何规划最佳路线、如何提前避坑。如果孩子拥有追求极致的气质，那么从前文中你已经了解到他对外界的反应可能会非常强烈，你可以帮助他纾解一些情绪，或者引导他正确表达出来。如果你的孩子不喜欢新事物，你就能预料到他的反应，教他一些必要的社交技能来礼貌地表达自己的想法，并且你也需要学习一些技巧帮助他处理自己的情绪。

　　气质是真实的、内在的，它不会在 2 岁、6 岁或者 13 岁之后就消失，而是终身存在的。你和孩子都没有办法选择自身的气质类型，但了解它能够帮助你预判孩子最初的、本能的反应，从而帮助你们走向成功。

第 4 章

你是高需求父母吗

群星闪耀，名片璀璨。我们的光芒不会因他人
而黯淡。

——佚名

帕特总是小组里最后一位发言的家长。在别人发言时，她总是用深邃的目光注视着别人，但自己却很少发表意见。她女儿林赛是那种未见其人、先闻其声的小孩。林赛表现出来的气质并不是帕特期待的。

> 我从来没想过会生个林赛这样的小孩，我以为我会整天搂着她，陪她说话唱歌，但林赛一出生就是个爱踢爱闹腾的孩子。她不喜欢别人抱她，除非是她自己主动要求的。她还是婴儿的时候，喜欢让人把她举高高，看外面的世界。我还记得她 14 个月大的时候，我把她放在腿上，边哭边想，你为什么就不能和别的孩子一样？我为什么就总是做不对，不能把你变成我期望中的孩子那样呢？

> 我也试过和我丈夫讨论这个问题，但我一跟他说这事，他就会生气。对他来说，这不是问题，对我来说却是。我脑海中有个幻想出来的孩子，我能想象出她长什么样子、她会做些什么、我们的关系如何。但现实情况与我的想象大相径庭。

忘掉那个梦想中的小孩吧

如果你和帕特一样，已经先入为主地勾勒出自己孩子未来的样子，那么当你面对孩子呈现出的真实的气质画像时，你就会觉得这和你的期待相去甚远。对你而言，忘掉"梦想中的小孩"会是为人父母最大的挑战之一。你会发现自己在为失去一个根本没有存在过的孩子感到悲伤。现实会让你明白，没有速成方法，没有成功秘籍和捷径，也没有什么完美的惩罚措施能让你的孩子变成你梦想中的小孩。

失落会让你变得盲目，会阻碍你发现孩子独一无二的品质。你会耗费大量的时间和精力拼命改造你的孩子，让他符合你对完美小孩的期待，但其实那个孩子压根不存在。

朱利叶斯·西格尔（Julius Segal）曾在杂志《父母》（Parents）中撰文表示："否认孩子独特的天性就等于否认人类发展的一个核心事实，即从孩子出生那一刻起，他们就拥有巨大的个体差异。"

父母了解自己的先天气质，才能进一步理解孩子

高需求孩子不仅具有独特的生理特征，还具有"高需求"的内在心理特征。我们无法控制孩子天生的气质类型，但我们可以选择如何回应他们。我们可以不再把孩子视作"问题儿童"，而是把精力放在如何更有效地沟通、合作和享受彼此的陪伴上。

哈佛大学心理学教授杰罗姆·卡根（Jerome Kagan）在与我的一次交谈中表示："我们总是试图去改变我们爱的人，一旦失败，就会产生摩擦和冲突。不是所有人都是那么擅长改变的。人类交往中最大的悲剧就是认定'信念'可以改变一切，然而事实并非如此。"

你可以哭泣，也可以为从未实现的梦想伤心。但孩子需要你坚强起来，忘掉那个想象中的小孩，这样你们的亲子关系才不会受影响。现在是时候把注意力放在孩子身上了，学会在日常中与他的独特气质相处，并且发现他气质中美好的一面。

在接下来的章节中，我将帮助你找到日常生活与孩子气质之间的联系。一

旦确定了这些"联系"，你就可以制定策略，学会与不同气质类型的孩子相处。

例如，以前你让孩子来吃饭，他不听，你会觉得他是故意为之，但在你了解了孩子的气质类型之后，你就明白了他不情愿的反应是因为适应力比较弱，并不是故意与你作对或者让你失望。

当从一项活动转换到另一项时，适应力较弱的孩子需要更多时间来转换。他反应慢是有原因的。你只有尊重孩子的气质，才能赢得孩子的合作，一起处理好这些问题。比如，你可以提前 10 分钟告诉他要准备吃晚饭了，给他些时间来适应。或者你也可以让他养成一个固定的习惯，例如把玩具收拾起来或者读会儿书，然后立马开饭，让他习惯某种稳定的作息节奏。这些技巧给了适应力较弱的孩子充分的时间和稳定的规律，让他平稳、轻松地从一项活动转换到另一项。随着他越来越配合，你们的关系也会越来越融洽。

在相互配合的过程中，你也可以教他说一些你希望听到的话，比如"我总是很难停下来""我希望你能再给我一分钟的时间""我马上就来""我们来聊聊今天的计划"，等等。这些表达会使你们的亲子关系更加紧密、健康，因为你是在和孩子的气质和谐相处，而不是试图改变他，与此同时，你也是在教他成功做事的方法。

父母性格"自画像"

当我们讨论高需求孩子的气质特征时，也要考虑父母自身的因素。建立健康的亲子关系需要双方共同努力。你不仅要了解孩子的反应，也必须了解自己的。**有时，并不是孩子的反应导致你们之间相处越来越困难，而是你们给对方的回应不匹配。**了解你自己的气质类型也有助于你和孩子之间相互配合。

在第 3 章中，我们回顾了各种气质类型的特征，以便给孩子做气质画像。现在我需要你画个"自画像"。在下面的图表中，标记你自己各种气质特征的程度。成人的气质特征更不好区分，因为混合了动机、技巧等因素，但请你尽最大努力找到每种场景下你的典型反应。记住，是真实的反应。

你的气质"自画像"画好以后，你就可以拿来和孩子进行对比。你们有哪些相似之处？有哪些不同？在哪些方面你们容易合作，在哪些情况下会剑拔弩张？基于这些认知，你们能够建立更加有效的亲子关系。

关于情绪反应的强烈程度，请参照图 4-1 到图 4-10 进行自测打分。

你的情绪反应有多强烈？你会非常心烦意乱还是反应比较稳定？

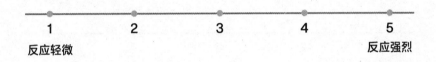

图 4-1　追求极致

如果你正在专注地做某件事，突然需要停下来，你能轻松做到吗？如果一件事不尽如人意，你会很快释然还是会强迫自己继续？

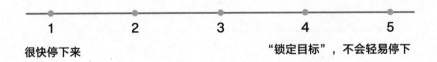

图 4-2　注意力

你对轻微的噪声、情绪、温度、味道、衣服质地的差异有多敏感？你是否容易对某些食物、衣服上的标签、烦人的噪声和压力产生反应？

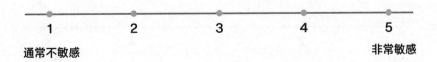

图 4-3　敏感度

你会注意到身边的人、颜色、声音和其他东西吗？你会经常被别的事吸引而忘记做需要做的事吗？

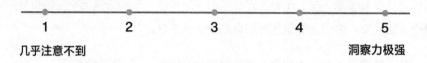

图 4-4 洞察力

你能很快适应计划和作息的调整吗？你如何应对意外事件？

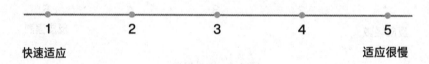

图 4-5 适应力

你是否规律进食、按时就寝、确保充足的睡眠时间以及在其他身体机能维持方面很有规律？

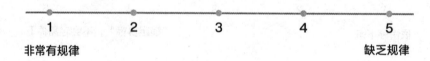

图 4-6 规律性

你总是忙个不停、动来动去，还是安静沉默、气定神闲？你是不是需要蹦蹦跳跳或者全身动起来才觉得舒服？

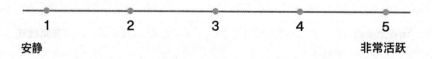

图 4-7 能量

当你和陌生人见面、尝试新活动或新想法，或者第一次去某个地方时，你的第一反应是什么？

1
2
3
4
5
立马融入
拒绝

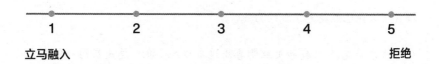

图 4-8　第一反应

你是高兴、满足的时候多，还是严肃、理性和稳重的时候多？

1
2
3
4
5
通常乐观积极
更加严肃、理性

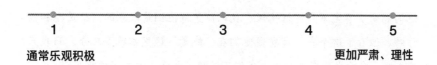

图 4-9　情绪

请计算总分。

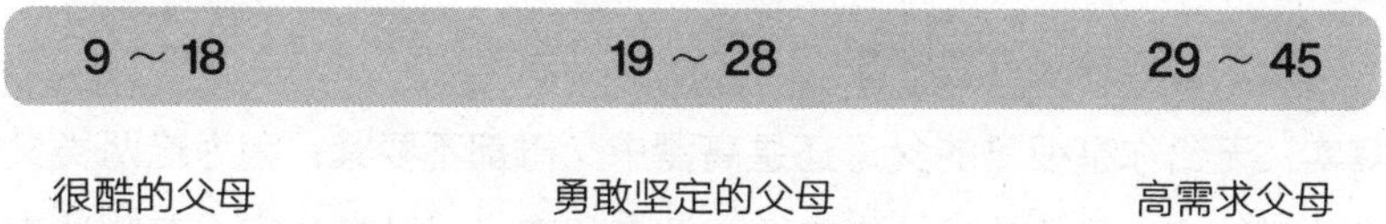

9 ～ 18
19 ～ 28
29 ～ 45
很酷的父母
勇敢坚定的父母
高需求父母

图 4-10　总分

现在你的气质“自画像”新鲜出炉啦！把这个结果和孩子的结果对比一下，你能看到什么问题？

约翰在课堂上做完测评之后说道：“看得出来，埃米非常敏感，但我不是。难怪我不能理解她会因为衣服不舒服而发火，我无法想象她当时的感受。”

萨拉表示："看起来我们都非常敏感。我们确实很熟悉彼此的感受，但与此同时，这也意味着让他心烦的噪声同样也在摧残我。他需要我帮助他冷静下来，但我自己也没有多余的精力来帮助他了，让我自己冷静下来就已经花光了我的力气。"

吉尔补充道："我和贝丝都喜欢追求极致。我们总是在同一件事上失控。"

珍妮特强调："也许就是气质特征的差异导致我们总是在饭桌上闹矛盾。在我们家，坐下来一起吃晚饭是一天中的重要时刻，我非常重视。但是保罗，还有我们儿子泰勒，总是喜欢在厨房一边站着闲聊一边吃饭。他们都受不了坐下来好好吃饭。我以前觉得他们是故意的，就是要和我作对。但看了这个表，我发现他们在'能量'这里都填了 5 分，而我只有 1 分，我才发现在这一点上我们不匹配，也许这才是问题所在。"

保罗点点头，表示赞同："上班压力很大，都在办公室坐一天了，我实在受不了回家还要继续坐着。我必须得活动活动。但珍妮特就是无法理解这一点。"

其实，无论你是很酷的父母还是高需求父母都不要紧，因为这两类父母都有各自的优缺点。重要的是，你需要了解你和孩子以及其他家人在哪些方面相似，又在哪些方面不同，了解哪些事会激怒你，以及什么时候你发现无法理解彼此的反应。充分了解这些问题以后，你才能更加有效地回应孩子。

一周后，保罗和珍妮特高兴地来上课。珍妮特笑着问："猜猜我们都做了什么。"

我耸了耸肩："完全想不到。"

"我们买了一套新的餐椅，"她解释道，"椅子又能摇摆又能旋转滚动。现在保罗和泰勒都能尽情动起来了，但他们仍然坐在桌子前，真是皆大欢喜！"

在了解彼此气质特征的差异以后，珍妮特和保罗尊重了彼此的需求，并且找到了让大家都满意的回应方式。一场"信念"的较量变成了富有创造力的解决方案，他们找到了更有效的相处方式。

你也能和高需求孩子建立更牢固的关系，你也能够学会技巧，和他人更好地相处。这样你就能真正放下那个"想象中的孩子"，和真正与你生活在一起的孩子享受美好时光。

顺便说一下，如果你在"第一反应"这一项得了 4 分或者 5 分的话，那么你可能需要付出更多努力来改善你和孩子的关系。因为这就是你的气质类型，你对于新想法和新事物比较谨慎。记住，给你自己一些时间来反思。你的第一反应可能并非你的最终决定。请三思而后行。

RAISING YOUR SPIRITED CHILD

第二部分

不再让高需求孩子失控

第 5 章

找准孩子的能量来源

当我独自在家照顾三个孩子的时候,我意识到仅仅只要一个电话,一次能和成年人交流的机会,就能让我多保持好几个小时的耐心。

——卡特里娜,三个不到 4 岁孩子的母亲校车从家门口呼啸而过，在站点停住，孩子们一个个跑下来。我走到家门口，打开门，期待着我的高需求儿子和活力四射的女儿冲进来。乔希是我的大儿子，他长得更壮，跑得也更快，第一个从车上冲了下来。他冲进家门，把书包扔在走廊，一如既往地没注意到衣柜上的挂钩，嚷嚷着："我今天好不容易拿到了唱片的签名！"然后他就下楼，一头钻进了休息室，看他最喜欢的电视节目去了。

克里斯蒂娜比她哥哥晚了一会儿到家。进门之后过了好久，她才从书包里拿出试卷，朝我扔来。"我今天还被迫爬上了屋顶。"她一边说一边跟着我进了办公房间。

"今天真是有重大发现的一天，"她说道，"我本来准备去看创意戏剧的，但后来我改了主意。所以我们三个跟着道格爬上了房顶，跟着工程师看锅炉房里的机器。那些机器每天都需要检查，哪怕是周末，哪怕道格病倒了，都需要去检查，不然我们学校的厨房就会爆炸！"

还没等我喘口气，她又拿着试卷凑近到我眼前。"我有数学作业要做，所以我得先给你读书。听着，妈妈，我现在就要给你读书。哦，妈妈，我能不能和凯伦一起玩会儿啊？我和她说好了去她家呢。我能去吗？对了，妈妈，我们一会儿吃什么呀？"

还没等我回答，她又抛出了下一个问题。她回家才 15 分钟，我就知道了她这一天发生的所有事，包括她的老师心情如何、她感觉怎么样、明天有什么安排，等等。

我冲出去看乔希的情况，我问他："你们无线电课都学了些什么？"

"没学什么。"他嘟囔着，全神贯注地看着电视。

"你是现在说，还是我等着你一会儿说？"

"你得等会儿了，妈妈。"他回答道。为了满足我想与他亲近的需求，他同意我亲亲他的脸蛋，然后又回去看电视了，只字不提他这一天过得如何。我的两个孩子，在一天快结束的时候，用了两种截然不同的方式来给自己充电。

克里斯蒂娜属于外倾型人格。她不仅在和我说话，还在从我身上获取能量。她喜欢通过和人聊天、分享她的想法和经历等方式融入周遭世界。如果我不花时间来跟她交流，她就会变得很暴躁，甚至提出更多要求，否则她就失去了动力。一旦我让她从我这里充电，她就没事了。

但乔希属于内倾型人格。他既不顽固，也不孤僻。他在"向外输出"之前更愿意先"向内沟通"，反复琢磨自己的想法之后再与别人分享。他通过和自己独处来充电。如果他充好电了，他会和别的小朋友玩得很愉快，也会很配合我。但如果他没做到，就会变得很烦躁，甚至有些令人讨厌。

找准孩子是外倾型还是内倾型

外倾型和内倾型指的是我们获取能量的方式，也是个性发展的重要维度。高需求孩子需要能量来满足他们强烈的需求。对他们来说，需要付出很多努力才能把追求极致的气质改造为充满自信而不是富有攻击性；需要很努力才能平稳转换到下一个阶段、适应新情况；需要很努力才能在挤满了人的嘈杂房间里保持冷静。这些事对他们来说都很难。当能量水平很低的时候，高需求孩子是搞不定这些状况的，因为他们没有力气来纠正自己的行为。但当他们能量充足的时候，就会有更多的力量展现自己的能力。

获取能量的方式受到基因因素的影响，我们无法选择。高需求孩子可能属于外倾型也可能属于内倾型，这都不要紧。重要的是，父母要了解孩子属于哪一类。因为就像乔希和克里斯蒂娜一样，一个内倾型、一个外倾型，他们需要用不同的方式、在不同的时刻给自己充电。了解孩子属于哪种类型，有助于你了解他如何获取能量，以便教他在能量耗尽之前给自己充上电。高需求孩子越能以他喜欢的方式获取能量，他就会越从容、越开心。

在一次课上，巴布解释道：

我一直不明白为什么在大家都开开心心地聚在一起的时候，利娅会跑到自己房间里待着。后来我了解了外倾型和内倾型性格，我才明白是怎么回事。她就是内倾型孩子，她需要独处来给自己充电。昨天我就实践了一次。我正在照顾一个和她年龄相仿的小孩，利娅刚起床，看起来不想说话也不想玩。通常情况下我会跟她说："我们有客人来啦，你不和她说话也不陪她玩，很没有礼貌哟。"但这次我尊重了利娅的感受，我告诉我的朋友，她刚刚睡醒，需要时间缓一缓才能过来玩。但在那之前，她可以先和我一起吃早餐。30 分钟后，我去她房间告诉她可以出来和小朋友玩了。那时候她已经准备好了，后来她们玩得非常愉快。

内倾型孩子——愿意开口时，父母必须马上倾听，否则就会错过

内倾型孩子在"向外输出"之前更愿意先"向内沟通"，反复琢磨自己的想

法之后再与别人分享。即使在做喜欢的户外活动时，他们也需要休息。如果能休息好，他们就能和别的孩子玩得很好，也更愿意配合。但如果没休息好，他们就会疲惫不堪，表现也不好。

内倾型孩子在不同年龄阶段有不同的表现：在婴儿时期，他们会在家庭聚会时感到压力很大；在学步期，他们会在跟爷爷奶奶亲昵一阵后就表现得如同"关机"一样；上学之后，他们会在朋友来做客时突然"消失"。在学校待了一天，他们已经受够了人群，他们需要休息，需要空间和安静的环境来充电。与人交流，尤其是和不熟悉的朋友交流，会消耗他们大量的精力。通常他们放学后会看会儿电视或者玩会儿游戏，因为他们知道做这些事的时候别人不会来打扰自己。但不幸的是，长期来看，这些方法并不能有效充电，这一点我们稍后再讨论。

也许要等到睡觉前，内倾型孩子才会愿意跟你讲他今天的高光时刻。你只能不断提问，他们才会告诉你昨天甚至好几天前那件事的后续。在他们零零碎碎地道出自己的担忧和顾虑时，你必须仔细倾听，不然就会漏掉某些信息。如果你在孩子当天睡觉前就知道他这一天过得如何，说明你做得还不错，因为通常你都需要等好几天甚至好几个礼拜，然后你会从别人那里，通常是更外倾型朋友那里，知道孩子好早以前做过的事。

外倾型孩子——父母要多花时间倾听孩子说话

外倾型孩子从别人身上获取能量。他们喜欢通过和人聊天、分享他们的想法和经历等方式来融入周遭世界。他们喜欢追求刺激和活力，所以他们很难慢下来。如果外倾型孩子没有机会说话，他们会变得很暴躁，甚至提出更多要求，否则他们就失去了动力。如果他们能从别人那里充上电，情况就会好很多。

外倾型孩子在不同年龄阶段也有不同的表现。在婴儿时期，他们喜欢让别人把他们高高举起来看周围的世界，还会哼哼哈哈地和周围人"聊天"；在学步期，他们会咿咿呀呀地说个不停，哪怕没人听得懂他们在说什么；在上学后，他们会马上冲出校车，一进家门就迫不及待地告诉你这一天发生的所有事。他们需要在这些事还热乎的时候和你分享。他们会跟在你身后，在家里转来转去，需要你竖起耳朵听他们讲，以此来从你身上获取能量。你甚至没办法去上厕所，因为他们会一直跟着你，自顾自地说个不停。如果你提醒他们，你需要一点隐私，他们会表现得很惊讶，然后后退到门口，站在你还能听见他们说话的地方，继续跟你分享这一天发生的所有事。他们可以连着说 20 分钟都不带喘气的。不过幸运的是，他们很快就会想去找朋友玩。可是如果他的朋友没空，陪他玩游戏的人就只能是你了，在这个过程中他会继续从你身上获取能量。

外倾型高需求孩子会让父母很崩溃。他们从一睁眼就开始喋喋不休。家里如果有其他孩子可能会觉得受到了冷落，因为外倾型高需求孩子的嘴就像发动机，他已经占据了父母所有的注意力。

外倾型和内倾型孩子有各自的优缺点，没有好坏之分。我们社会中大约有1/3 的人属于内倾型。通常，他们会被误解因为外界的压力而重塑自己。这对内倾型高需求孩子来说很难，来自团队的压力对他们来说更不利，因为他们没有机会通过独处来充电。能量越低，他们的表现就会越糟糕。

认识气质研究理论

外倾型与内倾型概念源于几十年前瑞士心理学家卡尔·荣格（Carl Gustav Jung）提出的心理类型理论。他主张，人的行为可以分为几种可预测的类型或倾向。他在丝特拉·切斯（Stella Chess）和亚历山大·托马斯（Alexander Thomas）的气质研究成果的基础上，提出了个性发展过程中的不同维度。然而，与其他研究气质的心理学家一样，荣格认为人类天生就具备了反映基因和早期生活经历的性格倾向。

奥托·克劳格（Otto Kroeger）[1]、珍妮特·M. 苏森（Janet M. Thuesen）和希尔·特莱奇（Hile Rutledge）在《赢在性格》（Type Talk at work）一书中写道："荣格相信，健康的人格发展是基于对自身倾向的终身滋养，而不是锲而不舍地去改造它。"[2]

如今，除了以上这些心理学理论以外，我们还拥有精确的科学仪器和技术，例如核磁共振成像，来呈现内倾型和外倾型孩子在大脑构造上的差别。对双胞胎的长期研究显示，随着时间的推移，内倾型和外倾型是最容易被预测的气质特质。

每个家庭都可能有内倾型和外倾型成员。了解我们自身的气质特质和彼此的差异能够帮助我们为外倾型家人创造更好的社交环境，为内倾型家人营造他需要的安静氛围。当孩子能量充足、沟通技巧运用得当时，他就不会再做出不良行为了。

内倾型孩子行为 vs 外倾型孩子行为

对父母来说，即使不做专业的心理学人格类型测试，只要仔细观察和认真倾听，你也能从孩子的表现中得到答案。请阅读以下关于外倾型和内倾型描述，找出每组中你赞成的描述。注意，如果孩子既有内倾型表现又有外倾型表现，你需要选出他更倾向于哪类，选出你最常看见的孩子的行为表现。

外倾型孩子可能会有以下表现：

● 非常慷慨外倾型。注意，不要把孩子正常的发展和外倾型、内倾型倾向

---

[1] 奥托·克劳格，演说家、培训师和作家，是将 MBTI® 性格测试推向市场的主要推手之一。——编者注

[2] 受到荣格的启发，凯瑟琳·布里格斯（Katherine Briggs）和她的女儿伊莎贝尔·布里格斯·迈尔斯（Isabel Briggs Myers）经过 20 多年的研究，编制出了迈尔斯 - 布里格斯类型指标（Myers-Briggs Type Indicator，MBTI®），对荣格提出的性格倾向进行了归类区分。——编者注

相混淆。当有陌生人去抱孩子的时候，孩子哭泣或者抗议都是很正常的，尤其是 9 个月到两岁半的孩子。在同样情况下，外倾型孩子也许比内倾型孩子更容易平静下来，但两种类型的孩子都会哭。

- 喜欢和人待在一起。和很多人待在一起不会让他感到压力满满，而是精力旺盛，而且他还想和很多人玩。

- 想要立刻与人分享他的想法和经历。

- 用说话来帮助思考。他会一边满屋找东西一边说："我的书包去哪了呢？"或者"我在找我的毯子。"他需要用说出来的方式帮助自己做决定。

- 比起倾听，更喜欢表达。会因为打断别人说话而惹麻烦。

- 不喜欢把自己关在屋里独处。

- 不理解为什么会有人想自己待着，总是去找你，试图让你也"兴奋起来"。

- 让你知道他的所思所感。

- 需要很多肯定。你甚至怀疑他是否自尊心偏高，因为他总让你表扬他，或者让你说你有多么喜欢他送给你的礼物。

内倾型孩子可能会有以下表现：

- 在参与一件事之前更喜欢先观察和倾听。

- 喜欢自己做事，或者和一两个特别好的朋友、家人一起做。

- 和人待久了，特别是和一群人在一起待久了会抱怨。

- 和陌生人待在一起会比和朋友、家人待在一起更消耗精力。

- 不想聊当天发生的事，需要等到当天晚些时候，甚至几天、几周之后才想聊。有很强的个人空间意识，不喜欢别人坐得太近或者进入他的房间。会和人群保持适当的距离。

- 他更喜欢回自己屋里坐着。

- 让他分享自己的感受似乎有点困难。

- 觉得家里来的客人"有侵略性"。

- 和家人在一起很健谈，但和外人在一起时很安静。

数数每组描述里你认同的表述有多少。

如果看了上面的描述你仍然不确定孩子属于哪种倾向的话，那么你需要在未来的几天或几周里更仔细地观察和倾听。你也可以想想孩子以前的表现是否更贴近对某种类型的描述。

在梳理这些表现的过程中，也许你会发现孩子是典型的外倾型或者内倾型人格，或者在两种类型中都不太典型。这都没有关系。人格可以既具备外倾型特征也具备内倾型特征，虽然我们会更倾向其中一种。我一个朋友的女儿是个内倾型高需求孩子，她跟我分享了她女儿的人格表现是怎么兼而有之的。

> 有一次，杰茜卡邀请一位朋友来玩。此前我们聊到过外倾型和内倾型人格，她已有所了解。她说："我的外倾型人格说我想和朋友一起玩，但我的内倾型人格说只想玩一会儿。"

和杰茜卡一样，如果孩子属于内倾型人格，他依然可以利用和享受人格中外倾型那一面。否则他永远都不会成为外倾型孩子。反之亦然。

在传统意义上，我们把"内倾型"的人描述为"害羞、社交能力弱"。但需要注意的是，在心理学范畴中，外倾型和内倾型并不说明社交能力，它们只是描述了人们获取能量的方式。这两种人格的人都能很好地与人相处。你的孩子可能是外倾型社交达人，也可能是内倾型社交高手，只是他们事后的反应不同。内倾型人在社交后会感觉筋疲力尽，需要睡一会儿、安静一下或者自己独自做点什么；而外倾型人会觉得很兴奋，还想参加更多活动。

这个世界既需要外倾型人格也需要内倾型人格。事实上，正是人与人之间的差异为世界维持了健康的平衡，也为我们的生活带来了很多乐趣。你只需要记住，内倾型人更喜欢利用内在能量为自己充电，而外倾型人从外界获取能量。

4 个方法，让内倾型孩子情绪稳定

让孩子的"能量银行"库存满满更有利于他取得成功。美国内倾型性格研究的权威人士之一马蒂·奥尔森·莱尼（Marti Olsen Laney）在《发掘内倾型孩子的优势》（*The Hidden Gifts of the Introverted Child*）一书中写道："内倾型人格需要了解自己的思想、感受和知觉，才能获得活力和平衡感。活动、噪声、聊天等过多的外部刺激会消耗他的能量。"尽管每个人都有自己独特的充电方式，但是在这里，我还是为大家提供了几种内倾型高需求孩子常见的能量来源。

给独处留出时间

内倾型孩子在人群中会觉得被吸干了能量。加入团体意味着他们要被迫用外倾的方法表现自己，这对他们来说很难做到。在社交的过程中，他们的能量会慢慢耗尽。如果孩子放学回来以后脾气变得暴躁，那他一定是内倾型孩子，需要自己独处的时间。

"我开了一所家庭托儿所，"卡伦在一次晚间小组讨论会上说道，"我女儿一进门就开始捉弄其他孩子，仿佛是在求我把她关进自己的房间。"

内倾型孩子需要自己的私人时间。由于社会压力，他们很难从团体中抽身出来单独玩耍。他们不知道，当自己心情不好的时候，其实需要单独待会儿。他们只知道和大家待在一起会让自己感觉很烦躁，所以他们会去惹恼别的孩子，直到父母把他们送回自己房间。这也是为什么他们会突然不想和朋友玩，甚至还大声喊："我讨厌你！快滚回家去！"没有意识到自己需要独处的时间，是内倾型高需求孩子发脾气、和兄弟姐妹打架生气的最主要原因之一。

塞思是一个 5 岁的内倾型高需求孩子。他在婴幼儿家庭教育课上和其他孩子玩得非常好，但是到下课时，他会感到很疲惫，需要到他喜欢的"能量银行"支取些能量。不幸的是，他刚来上课的时候，并不知道自己应该如何处理情绪，于是就到处打人来争取独处的时间。刚开始，老师不知道他在做什么，对他的行为非常生气。后来，经过仔细观察，老师发现塞思每天这个时候都需要属于内倾型孩子的快速"充电"。现在，当老师注意到塞思开始表现不好，或者听到他抱怨别的小朋友离他太近打扰到了他的时候，就会说："塞思，我觉得你需要休息一会儿。拿上你的外套和我一起去大厅，咱们一起帮其他小朋友来收拾玩具吧。"

塞思只要远离人群和活动 5 分钟，休息一下，就能充上电，这些"电量"足够支撑他从学校回到家。塞思的老师说，希望在不久的将来，塞思能学会自己主动要求休息，而不是通过打人的方式来获取休息的机会。

如果孩子是内倾型人格，你需要告诉他，他需要独处时间来充电。当他开始不耐烦的时候，你可以说："我觉得你的身体想让你自己单独待会儿。"如果他正在和别的小朋友玩，你可以教他如何委婉地表达"我玩得很开心，但我需要休息一会儿"，或者让他学会先离开去喝口水、去趟厕所。通过这些方式，他会慢慢学会如何恰当地从活动中抽离出来，得到他需要的休息。

孩子有很多种休息的方式。有些孩子喜欢找一个安静的角落待着，有些孩子会让自己适度地从学校的社交圈子中抽离出来，给自己更多私人空间。读书、散步、小憩或者独自在房间里安静地玩耍，都是社会能够接受的内倾型孩子自我充电的方式。年纪更小一点的内倾型孩子往往不喜欢自己待着，他们会找一个远离喧嚣的地方，和妈妈或者其他喜欢的家人依偎在一起。他们需要休息，但需要带一个"保镖"一起去。

在安妮结束了高需求孩子课程 4 年以后，我又遇到了她。她告诉我：

我一直想给你打电话，你还记得我的儿子汤米吗？就是那个内倾型孩子，和其他小朋友玩着玩着突然就烦了，非得和别人打架的那个孩子。

真是太尴尬了。当时我在课堂上学会了怎么引导他发现自己需要暂时休息一下。现在他都已经 8 岁了，昨天他和哥哥们玩了整整一天。他们踢足球、捉迷藏、打橄榄球，玩得不亦乐乎。我发现汤米在玩耍时会时不时走出来单独待一会儿。比如他会跑出来喝点水，坐下来翻翻体育画报杂志，10 分钟后他又回去和大家一起玩了。90 分钟以后，他上了个厕所，进屋和他的玩偶玩了几分钟，然后又出去了。他这样玩了一整天，都没有情绪失控。他真的已经学会了怎么给自己充电。

内倾型孩子长大以后就变成了内倾型成年人。成年人也需要通过独处给自己充电，但采用的方式不一样。成年人想喘口气的时候会拿本书捂住脸，散个步，午餐时找个借口出去办事以便能自己吃饭，或者在热闹的机场里埋头看书。独处能让他们的"能量银行"得以恢复库存，为下次与人接触储蓄能量。

外倾型孩子需要克制自己的热情，不要非得把内倾型孩子往人群中拉。几分钟的独处对内倾型孩子来说意义重大，能把一个小气鬼变成通情达理、侃侃而谈的小君子。内倾型孩子是自己最好的朋友，他们和自己相处得很愉快。这对外倾型孩子来说是难以理解的。

正如你会为孩子打造营养计划一样，你也应该为孩子打造能量计划。在邻居下次邀请你去动物园玩的时候，请你先想想你家的内倾型孩子。如此漫长的社交日，他该如何为自己的"能量银行"充电呢？你是不是可以自己开车带着他出去，这样他就能在路上休息一会儿了？能不能在动物园和大家分开一会儿，带他到安静的角落看看猴子？

如果你实在没有机会让他充电，或许这次你们可以只去动物园而不参加聚餐。确保有一项活动顺利进行要好过全部活动都参加但最后都搞砸了。记住，内倾型孩子并不想成为派对终结者，他也喜欢和大家待在一起，他只是需要一些独处的时间来给自己充电。所以你每次安排活动的时候，注意不要透支内倾型孩子的"能量银行"。

保持身体空间

对内倾型孩子来说，保持一定的身体空间非常重要。一旦他们的身体空间受到挤压，他们就会变得很疲惫。我最近接到了一位 4 岁孩子母亲的电话，她说她儿子在幼儿园遇到些麻烦，因为他总是在排队的时候推人，在大家坐在桌子前时咬邻座的孩子。我问她，孩子有没有跟她讲过这样做的原因。

　　她说："他觉得坐在他旁边的小孩不应该坐在那里。"

　　"我觉得你儿子没什么问题。"我回答。

　　"你说什么？"这位妈妈很疑惑。

　　"内倾型孩子需要他们自己的空间，而你儿子的空间受到了侵犯，所以他咬人了。咬人是一种快速清理空间的办法，虽然这种方法不被大家接受，却快速有效。对内倾型孩子来说，和别人分享空间非常消耗能量。他们在疲惫的时候就处理不好这类情况。你儿子需要了解自己需要一定的空间。他可以自己选择坐在哪里以及排队时站在哪里，来让自己拥有更多空间。他也可以学会说'请挪一挪'或者'如果我有更多空间我会觉得舒服一些'。仅仅意识到和别人分享空间会让他筋疲力尽这一点，就可以帮助他了解自己此时'电量不足'，需要充电了。"

孩子需要身体空间的表现形式有很多种。有的孩子必须在车里有自己的座位，不然就会抱怨有人碰他的腿、朝他脸上吹气或者话说太多。有的 2 岁孩子会因为你摘下他的帽子或者脱了他的毛衣而大发雷霆，不仅是因为 2 岁左右的孩子会比较喜欢自己动手脱衣服，还因为他感觉你侵犯了他的个人空间。还有一些 6 岁的孩子会在沙发中间放一根跳绳来划清界限，标记自己的地盘。除此以外，有的孩子会表示不愿意和别人分享房间，或者在门口贴上"禁止擅闯"的纸条，以此来表明空间对维持他的情绪稳定和能量储备非常重要。还有上文中提到的孩子在学校排队时推人或者集体活动时不愿意坐下的例子。

对外倾型孩子来说，他们很难理解内倾型孩子对身体空间的需求。外倾型孩子乐于助人，喜欢和人群待在一起。有没有身体空间对他们来说无所谓。但他们需要了解，坐得很近、站得很近、在对方不想被触摸时的接触、在没打招呼的情况下走进私人房间，这些情况都会让内倾型孩子非常难受、精疲力尽。内倾型孩子不是因为自私，也不是因为想拥有自己的空间而拒绝他人，而是获取空间对他们来说就是获取能量。即使内倾型孩子还在蹒跚学步，你也应该让他们了解自己对空间的需求，并且教会他们用更有创造性和技巧的方式来表达自己的诉求。

当 2 岁的塞思第一次到新的早教班上课时，每次别的孩子跑过来跟他打招呼，他都会大声尖叫。大家都很开心见到他，但塞思是内倾型孩子，他需要自己的空间，尤其是第一次进入一个集体时。幸运的是，他的老师发现了问题，于是拿出了 5 个呼啦圈，让每个孩子用呼啦圈来"圈定"自己的空间。每个孩子都照做了。但是塞思选择把呼啦圈放了衣架钩旁边。

每天早上来上课的时候，塞思爸爸会帮他把衣服挂起来，然后找一个地方，让他坐在自己的呼啦圈里面。在呼啦圈里，塞思会带着小毯子和安抚奶嘴，安安静静地玩好几分钟他钟爱的玩具。此时，老师会告诉其他小朋友，塞思需要一些准备时间和空间才能和大家一起玩。这些刚会走路的小朋友尊重这种情况，并且耐心等待。

老师同时也告诉塞思，当他准备好走出来和大家一起玩的时候，他可以表达出来。过了 10 ～ 15 分钟，塞思会让老师帮他把呼啦圈收起来，他要和大家一起玩耍了。这样的情况持续了三周，塞思已经了解到只要他需要，就可以拥有"圈定空间"，再加上他对周围环境已经熟悉起来，再来上课的时候，他会直接走进教室，短暂停留，观察一会儿大家都在干什么，之后就会玩起来。现在，他已经可以偶尔小声但坚定地告诉其他孩子："我需要空间！"其他人理解并尊重他对空间的需求，这也让塞思得以更好地融入集体。

给反应留足时间

内倾型孩子遇到问题喜欢先思考再表达。莱尼认为："内倾型孩子需要更长的脑回路来整合无意识和复杂的信息。因此，他们也需要更多时间来处理信息。好处是，在面对新情况时，他们能够整合更多感性和理性信息。"

外倾型孩子喜欢讨论问题，并且能快速做出反应。但这可能会引起冲突。外倾型孩子如果强迫内倾型孩子"谈论"问题，可能会让内倾型孩子打起退堂鼓，内倾型孩子希望有自己思考问题的空间，而这一举动会让外倾型孩子感到非常沮丧。在有机会思考前，内倾型孩子不会分享自己的观点。然而，外倾型孩子越是沮丧于内倾型孩子没有热情参与讨论，越会让内倾型孩子消耗精力、试图逃避。其实只要内倾型孩子有机会独自思考，他们是非常愿意谈论话题的。

然而，对于边思考边表达，恨不得什么都要马上说出来的外倾型孩子来说，给内倾型孩子一些思考时间真是太难了。

我的一位朋友给我讲了她为内倾型老公准备 40 岁生日的故事。

> 我问我家先生想要怎么过 40 岁生日，他没回答我。我等了一会儿又问他，以为他刚才没有听到我的问题，结果他还是没回答我。"难道你不想为自己的生日做点什么吗？"我很费解，他竟然不想好好庆祝一下自己的 40 岁生日。
>
> "我正想着，给我点儿时间让我想想。"我家先生说。

外倾型人一定要记住，对内倾型人来说，停顿或者迟疑不代表"没有思考"。你要允许内倾型孩子在给出答案之前有所停顿，他其实是在思考和反应，这能为他带来能量。请你不要想着他能一回家就告诉你学校或者幼儿园发生的事。他需要自己先消化一下，再跟大家分享。他并非固执，也不是在隐瞒信息。内倾型孩子都很聪明，他其实早就知道答案，我们只是需要多等他一会儿。你可以教他说

"我需要一点时间来想想"或者"我稍后回复你",或者教他简单"哈哈"两声让对方知道你听见他说话了。

如果你发现自己总是因为孩子没有回答你的问题而感到沮丧,那很有可能是因为他是内倾型孩子。你可以试试跟他说:"我很想听你说说你们野餐的事。你想什么时候跟我分享就告诉我一声。"如果你是外倾型父母,不想等这么长时间,你可以说:"我们晚饭以后聊聊吧。"这样内倾型孩子有了思考的时间,外倾型父母也能知道你们能聊会儿天。

如果内倾型孩子在睡觉前找你聊天,你可别觉得奇怪。这看起来好像是他在拖延时间,但事实是他刚有时间回顾这一天,才准备好跟你分享。一定要确保每日的"睡前一谈"成为你们的生活习惯。

拥有不被打扰的工作时间

对内倾型孩子来说,被打断会非常消耗他们的精力。如果你曾经奇怪为什么孩子从来不在你下班回家时间候一声,很有可能是因为他是内倾型孩子,他在保护自己的"能量银行"。如果他们正在忙着自己的事,他们会不希望你来跟他打招呼,更不愿跟你聊两句。实际上,就算你想跟他打招呼,也见不到人,除非你自己去找他。如果你想让内倾型孩子在社交时礼貌一些,你可以告诉他们要先和别人打个招呼,然后再去做自己的事。通过这样的方式,你也表达了对他的"能量银行"的尊重。

帮助内倾型孩子往"能量银行"里存钱,是培养他们良好行为的关键环节。知道如何充电的孩子才有精力最大限度地发挥自己的优势。在他下一次表现不好的时候,你可以检查一下他的"能量账户"。他是不是和很多人在一起?他是不是不得不与别人分享空间?他是不是被要求赶紧给出答案?他的个人时间是不是总是被人打断?如果这些问题的答案都是肯定的,那么给他点儿时间来充充电,那个"小太阳"就又回来了。高需求孩子只有在能量充足的时候才会表现得好。

3 个方法，让外倾型孩子情绪稳定

外倾型孩子的能量来源与内倾型孩子完全不同。内倾型孩子非常渴望的安静和独处，外倾型孩子都不喜欢。同样地，尽管每个外倾型孩子都是独一无二的个体，但我还是在这里为大家列出了他们常见的能量来源。

保持与人交往

外倾型孩子从外部世界获取能量。他们不仅喜欢和人待在一起，而且非常需要有人在他身边。让外倾型孩子保持谈话的状态、分享所见所闻、表达感受，这些事能让他们充满能量。他们在看电影、看电视和看报纸的时候都会说个不停。他们会第一时间讨论各种刚发生的事情，即时分享想法，有时和人当面聊天，有时会打电话聊。你一回家他们就会来问候你。不管他们和你离得多远，他们都会冲上来跟你打声招呼。他们不会喋喋不休，也不会表现得很"轻浮"，他们只是需要通过与人交往来给自己充电。

外倾型高需求孩子在与人交往的时候最开心、表现最好。强迫他们待在家里，或者让他们独自玩很长时间，都会消耗外倾型孩子很多能量。对他们的父母来说，非常重要的一点是要充分利用一切资源。因为仅仅只有一位家长，尤其是内倾型家长，是没办法满足外倾型高需求孩子的互动需求的。

你可以教他打电话给亲戚朋友或者邀请其他小朋友来玩，以此填满他的"能量银行"，这样你自己也能放松一会儿。你也可以让他参加社区活动、运动队或者其他丰富多彩的活动。任何能让他与其他孩子互动的活动都能帮助外倾型孩子补充能量。

有时，由于外倾型孩子过于需要陪伴，父母会担心他们不够独立。凯茜就是这样想的：

> 萨拉是我家唯一的外倾型孩子。我们总是搞不懂为什么她那么需

要有朋友来找她玩，我很担心她会有过多的同龄人压力。我们甚至在想是不是哪里做得不好伤害了她的自尊心，因为她看起来太需要别人陪伴了。我们试着告诉她要学会自己玩，以此让她"变得坚强"，但实际上这只会让她变得更加烦躁不安。现在我知道她到底是怎么了，也能更好地鼓励她了。现在的她更开心，也比以前表现得更好了。

外倾型孩子有很多朋友，也需要朋友，他们无法想象没有朋友要怎么才能玩得开心。和朋友在一起给外倾型孩子带来了很多能量。你要确保你家外倾型孩子有机会与人交往，从而为自己充电。

如果你真的需要让他们独自玩耍或者工作一段时间，可以先让他们做些需要亲自操作的事，然后再走开一会儿。你要确保自己在能听见他们的地方，以便在他们叫你时你能回应，这样他们也能够及时补充能量。

获得肯定的反馈

要想保持较高的能量水平，外倾型孩子需要得到反馈，爱的反馈，无穷无尽的反馈。几句正能量的表扬，就能让他们高兴得"飘"起来。内倾型孩子可能很难理解为什么外倾型孩子需要如此多的肯定。

我是个典型的外倾型人，我就需要内倾型丈夫给我很多肯定。我们约定情人节不再交换礼物，而是为彼此做些什么。但我的丈夫非常了解我，在他去上班后不久，我就在橱柜上发现了一张卡片，上面写着他爱我。一个小时以后我又在电脑键盘上发现一张卡片，再一次确认了他对我的爱。做饭的时候，我又在冰箱里找到一张卡片。我很激动，但最棒的是床上放的那张卡片，封面上用渐变的彩虹色写着："我爱你、我爱你、我爱你……"我打开卡片，里面写着："现在感到满足了吗？情人节快乐！"后面是他潦草的签名。他仅仅用这 4 张卡片就满足了我的需求！

你家的外倾型高需求孩子需要得到反馈来给自己充电。在他需要你的肯定或答复时，不要觉得他唠叨。他需要你的鼓励也不是缺乏自尊的表现，反馈能给他的"能量银行"充电。

但是，持续为外倾型高需求孩子提供足够的反馈会非常令人疲惫。你需要告诉孩子，他可以向爸爸妈妈、爷爷奶奶、朋友、老师和邻居等人寻求关注和回应。因为你也需要保护自己的"能量银行"不透支。

求助他人帮助思考

外倾型人通过交流来思考。为了解决问题或者缓解压力，他们需要与愿意听他们说话的人交流。很多时候，他们甚至不需要倾听者有所回应。他们只要有机会把想法表达出来就能解决问题。一定要给外倾型孩子说话的机会来让他们倾诉自己的担忧和关切。他们不仅是在闲聊，更是在思考。

通过交流来思考的这种方式有时会让外倾型孩子在学校遇到麻烦。因为他们有时说话不守规矩。老师在课堂上提问，希望孩子们举手回答。但外倾型孩子一听到提问，就会把答案脱口而出，直接跳过举手这一步。他们的思考会以言语方式呈现出来。

让孩子意识到外倾型人不说话就很难思考，你可以帮助孩子在回答问题时稍加停顿。在表扬他积极思考的同时，你也可以告诉孩子，在课堂上要等老师叫到自己再回答问题。更好的方案是，老师可以把孩子分成不同的小组，这样每个人都有机会表达，不举手也没有问题。关于这一点我们会在第 20 章详细阐述。

你还可以告诉孩子，可以让别人知道他只是在"思考"或者是在把头脑风暴的内容说出来，但说出来的并不是他的最终决定。否则他很容易激怒别人，让人觉得他又"改变主意"了，出尔反尔。

你是外倾型父母，还是内倾型父母

确定孩子的能量来源对于维持他们健康和良好的行为至关重要。他们需要你的帮助。这也是为什么你也需要了解自己的倾向。这样你就能意识到你们的共性和差异所在，求同存异让每个人的能量得以维持在高水平。如果你忽略了这些差异，你们的关系可能就会不协调。吉尔她儿子马克就遇到了这种情况。

> 马克总是在不合适的时候提要求。他放学回家的时候，我想跟他聊会儿天，但他不想。当他想聊的时候，我又在准备晚饭。我不想停下手头的事去给他读书、陪他玩，因为我饿了，我想吃饭。吃过饭他又不想聊天了。睡觉前，我已经精疲力竭，而他却说："妈妈，给我读书吧！""妈妈，我想和你说说我的想法。"而此刻，我只能疲惫不堪地重复着一句话："马克，上床睡觉。"

> "你从来都不给我读书，"他抱怨着，"求求你了，就很短的一本书，好吗？"

> 然后我就会失控尖叫："别拖延时间了！快上床睡觉！"一天就这样结束了。我筋疲力尽，而他也没有听到故事，或者分享自己的一天。我们从来没有合拍过。其实我和儿子都愿意分享，却总凑不到一起。我不知道该怎么办。

吉尔和她的儿子总是"错过"彼此，因为他们以不同的方式获取能量和分享信息。作为外倾型父母，吉尔希望儿子一回家就能和她聊天，但马克是内倾型孩子，他需要独处一会儿来给自己充上电，才有精力和别人交流。吉尔觉得儿子忽视了她，马克则觉得是妈妈在逼他，于是躲得更远了。可是等到马克想交流的时候，吉尔已经被自己的愤怒耗光了电量。疲惫和之前被拒绝的伤害让她失去了倾听的耐心。

　　在交流的过程中，我告诉了吉尔内倾型和外倾型人格的差异。一旦她了解了他们之间不同的能量来源，她才能找到解决问题的办法。她决定，在马克刚回家的时候不拉着他聊天了，她可以给朋友打电话聊会儿天。聊天能让她的能量银行补充库存。随后，当马克准备好聊天时，吉尔得益于之前的聊天会变得能量满满，她不会因为生气而能量耗尽，因为此刻她已经明白马克只是在为自己充电，并不是要将她拒之千里。

　　如果我们独自生活，人格类型就不那么重要了。正是因为我们需要搭建人与人之间的关系，才需要了解彼此的人格类型，从而找到合作的方式，更好地分享观点、解决问题、进行充电，而不是消耗彼此的能量。

父母如何给自己充电

　　在了解高需求孩子能量来源的同时，你也需要了解你自己。你的能量来自哪里？你的喜好有哪些？当你了解了这些以后，就可以为彼此找到更契合的模式。

　　为了帮助你找到自己的人格类型，我准备了如下几个问题。请你通读这些问题，选出每组中与你相符的选项。你可能会发现自己兼有内倾型和外倾型特质，这是因为我们能够同时运用这两种倾向。仔细阅读，认真思考，哪种情况让你最自在舒服，你的第一直觉是什么，不要选择大多数人认为正确的选项，而要选择最符合你自身情况的选项。很多内倾型人格没有意识到自己更符合内倾型而非外倾型，是因为外界认为内倾型是不合群的表现。有的人为了取悦别人而努力抑制住自己的喜好，以至于丢失了自我。作为高需求孩子的父母，要想保持能量充足，你必须找到自己真正的能量来源。

外倾型父母可能会有以下表现：

● 想在繁忙的一天结束时和人聊聊天。

- 总是很快地回答问题。

- 周五晚上想要邀请朋友来玩。

- 乐于重复别人说的话。

- 需要并且喜欢得到别人的喜爱和对你工作的认可。

- 一开始只想邀请几位朋友来做客，结果发现自己邀请了快一屋子的人了。

- 会要求家里的内倾型孩子从屋里走出来，并且喜欢给朋友们打电话。

- 通过和别人交流来解决问题。

- 聊天的时候感到舒服。

- 会请保姆。

- 不介意透露自己的私人事情。

- 经常在离开派对时责备自己说得太多、听得太少。

- 享受并需要与他人互动，自己独处或者独自带孩子的时候会感到疲惫。

- 喜欢立即与他人分享新的想法和经历，并且在分享的时候感到愉快且能量满满。

内倾型父母可能会有以下表现：

- 在忙碌了一天后，会坐下来读会儿书或者看会儿电视。

- 如果有人提议请保姆，你情愿做任何事，甚至打扫厕所，也要拒绝这个提议。

- 没法想象周五晚上会邀请一大群人到家里来。

- 和很多人长时间待在一起会很疲惫。

- 只和非常亲密的人分享自己的事情。认识很久的朋友会惊呼："我从来不知道你是这样的人！"这种情况对你来说并不罕见。

- 回答问题前考虑再三，经常责备自己没有分享知道的答案。

- 外倾型人经常反复问你问题，因为他们会把你思考时的停顿当作没听懂问题。

- 更喜欢和家人或者特别要好的朋友共进晚餐，而不是和不太熟悉的人一起吃饭。

- 一家人聚会时，经常躲在洗手间或者卧室里。
- 解决问题时，会先自己思考清楚，再和别人讨论。
- 不会主动赞扬别人，也不会主动表达自己的欣赏与喜欢。

接着，请你算一下在每组描述中你有多少个同意。如果外倾型同意多，说明你的能量来自外界；如果内倾型同意多，说明你的能量来自内在。

确保你的能量银行库存充足

了解自己的人格类型可以帮助你理解要如何对孩子的行为做出反应，也有助于满足自己的需求。

萨拉在意识到自己是内倾型人格之后，给自己设立了私人空间。"我之前一直不知道为什么我女儿每次跟我说话的时候都会爬到我身上，还喜欢把脸贴在我脸上。现在我知道了，这是因为她是外倾型孩子。她喜欢和人亲近。而我是内倾型人格，需要自己的空间。我以前觉得把她推开特别不好，但现在我会告诉她，我很爱她，但是我需要自己的空间。"

对戴维来说，认识到自己的人格类型让他的愧疚感变弱了："这是我这辈子第一次觉得自己不'反家庭'。我属于内倾型人格，需要时间独处。我之前一直对此很有负罪感，因为这听起来太'反家庭'了。现在我终于知道为什么我需要独处的时间了。我妻子也不再抱怨了，因为她知道我还会回归家庭活动，而且会变得更开心、更专注。"

而梅甘终于知道，为什么尽管自己很喜欢和孩子们待在家里，但一天下来还是精疲力竭了。"我是非常典型的外倾型人格，我需要与人交往，我之前不知道只与孩子交往并不能满足我的需求。但是我确实喜欢和孩子们待在家里，我还不想改变这一点。不过我已经开始准备多和别的妈妈出去活动，多和其他人打电话聊天了。这样一来，我的能量水平提升了不少。我先生发现了我的改变，还夸了我呢。"

精力管理大师唐纳德·图布辛（Donald Tubesing）在《改掉你的压力习惯》（*Kicking Your Stress Habits*）一书中写道："如果只吃一块牛肉、喝一桶水就能满足一个月的营养需求就太好了，但事实上这行不通。我们需要通过每日饮食来摄入营养。"我们对能量的需求也是如此。如果你属于内倾型人格，可以每天给自己安排一些独处的时间。比如去幼儿园接孩子的时候，你可以在前一个街区就把车停下，享受一会儿喜欢的音乐；独自或者约个好朋友去散散步。周六下午给自己一点午休时间，别着急去超市采购，哪怕你晚上又要吃花生酱三明治。

如果你属于外倾型人格，你可以确保还有别的成年人能和你聊天。比如在午休时间，你可以给朋友们打个电话，不要独自在家收拾衣服。或者每天在孩子睡觉的时候，你可以和伴侣或者其他人约定好一起聊聊天。

这些事都能让你疲惫的大脑和身体得到片刻休息，能滋养你，进而滋养你的孩子。对高需求孩子的父母来说，这些是必须要做的事。

如果你不记得你上一次享受 20 分钟的泡泡浴，或者把孩子交给保姆、和朋友出去约会是什么时候的事，那么是时候给自己充电了。如果你发现自己甚至没办法从沙发上站起来照顾你的高需求孩子，这意味着你的能量银行账户已经透支，你需要充电了！

学会欣赏两种人格

补充能量的重要一步就是要学会欣赏内倾型和外倾型两种人格。当我们学会欣赏真正的自我，我们就更容易理解自己、尊重他人。接下来，请你找张纸，我们来试着做个练习。

如果你属于外倾型人格，回答这个问题：外倾型人格有什么优势？

如果你属于内倾型人格，回答这个问题：内倾型人格有什么优势？

写下你的答案之后，看看其他外倾型和内倾型人都是怎么回答的。

当我在课堂上邀请父母来做这个练习时，所有外倾型父母吵吵闹闹地围成一团，开始了长篇大论。他们互相看着别人写的回答，然后大笑着表示赞同。他们会互相靠在一起，手舞足蹈地讨论。

而内倾型父母在老师的鼓励下，一小群人围在了一起，有时会是两三个人一组，并没有更大规模的小组了。他们互相给彼此空间，安静地讨论答案，给出了一份比外倾型父母更为简洁明了的表单。他们沉思着，偶尔露出疑虑的表情。突然一句冷幽默会打破原本平静的气氛。

外倾型父母列出的回答：

- 外倾型人格擅长让话题持续。
- 如果这个世界没有我们，将会变得非常沉闷，什么也无法完成。
- 我们精力充沛。
- 我们风趣幽默。
- 我们决策果断。
- 其他人能知道我们的想法。
- 我们谦逊随和。
- 我们善于表达。
- 我们朋友众多。
- 我们能言善辩。

内倾型父母列出的回答：

- 内倾型人格擅长维系深厚、持久的关系。
- 我们善于与自我相处。
- 我们三思而后行。
- 我们谨慎决策。
- 我们善于倾听，所以能学到更多。
- 如果引用《玛丽·波平斯阿姨》(*Mary Poppins*) 这部电影中的台词，那就是"我们在各方面都非常完美"。
- 我们擅长给出谨慎简短的回答。
- 我们可以不和别人商量就自己做出决定。

当你认识到这两种类型人格的优势之后，你就更容易接受自己和孩子的性格特质。你可以更频繁、更舒服地运用你的能量银行。你们既不会麻烦对方，也不会打扰对方。能量开始保持在高水准，好日子开始比糟糕的日子多了。

内倾型人格与
外倾型人格

关于内倾型人格

内倾型人格通过独处或者与一两位知己相处来获得能量。他们在与别人分享观点和看法之前，更愿意先自行回顾这些想法，使之内化。他们利用安静的时间和空间来重塑自我。只要拥有独处的机会，他们在准备好后，就会和其他孩子玩得很好，而且非常愿意配合。但如果他们得不到独处的机会，就会变得非常易怒。

内倾型孩子需要听到：

你说话前喜欢先想一想。

你喜欢自己独处。

你需要自己的时间和空间来充电。

你擅长经营深厚而持久的关系。

父母需要这样做：

确保内倾型孩子能从活动中抽身出来，独处一会儿来给自己充电。

帮助你的孩子了解自己需要独处的时间，他可以提出请求，而不用把别的小朋友推开。

允许内倾型孩子反应一会儿再回答你的问题。

在他做事的时候不要打断他。

如果父母也属于内倾型人格：

认识到你自己也需要独处时间来充电。

让别人知道你在回答问题之前需要时间思考。

欣赏自己善于观察的能力。

关于外倾型人格

外倾型人格善于从别人身上获取能量。他们喜欢通过与人交流、分享观点和经历来参与外部世界。如果他们没有机会发表意见，他们会因为没有动力而变得非常暴躁，会不断提出新要求。

外倾型孩子需要听到：

你喜欢和大家待在一起。

你善于分享自己的观点和感受。

你喜欢充实起来。

你让别人感到很舒服。

父母需要这样做：

外倾型孩子需要别人的帮助来充电。

给予他充分的反馈。

花时间和他交流，帮助他思考问题。

理解他不是出于自卑才需要与人相处和渴望别人的反馈。

如果父母也属于内倾型人格：

不要让自己和孩子一直在家。每天安排时间与其他父母和孩子出去走走。

意识到自己也需要与其他成年人相处来充电。

在做决定之前，花时间和别人讨论一下。

让别人知道你需要得到大家的反馈，而不是独断专行。

第 6 章

孩子的情绪风暴说来就来，怎么办

我不知道为什么自己爱走极端，要么往左要么往右，没有中间地带。

——比利·乔尔

我记得有一次在威斯康星州的海滩上欣赏国庆节烟火。"砰"的一声，烟花绽开，红色、金色、蓝色的光让我眼花缭乱。兴奋感使我的皮肤都有些刺痛，我正期待着下一次烟花绽放。结果，意料之外的事发生了。突然传来一阵爆炸声，火球冲向人群。尖叫声划破了夜空，人们此前的兴奋变为此刻的惊恐。人们逃跑时激起的灼热沙砾划破了我的脸。地上放着的所有烟花都爆炸了。能量被错误地激发和引导之后，美好盛景转眼变成了灾难。

这多么像高需求孩子追求极致的气质。追求极致是他们强烈反应的内在驱动力。正是这种看不见的冲击力使得高需求孩子的每个反应都迅速且剧烈。但是一旦得到合适的引导，这种追求极致的气质能够带给高需求的孩子深刻而喜悦的情感，这是别人很少能体验到的。然而，这种气质也可能带来严重破坏。因此，它成了最具挑战、需要学会管理的气质特征之一。

高需求孩子并不了解自己身上追求极致的气质。他们不知道自己为什么会尖叫得把人耳朵震聋；他们不知道为何家里的狗狗去世都已经两年了，自己还会为此哭泣；他们不知道为何自己会因为对别人而言微不足道的事情而失去理智。但他们自己就是会这样。

父母不需要担心。虽然他们的反应看上去完全无法预测，但实际上还是有迹可循的。绝大多数时候父母能够观察到情绪聚积的过程，并且能在爆发前通过制定有效的策略来化解。父母可以帮助高需求孩子理解并且欣赏他们追求极致的这股力量，教他们学会控制这种气质，而不是让气质来控制他们。那么，首先，我们要从了解"红区"与"绿区"的区别开始。

认识情绪研究理论

在一天当中，你和孩子的身体会经历不同的压力阶段。你们能否轻松地保持冷静、互相配合，取决于你们所处的"区域"。根据罗伯特·塞耶（Robert Thayer）[①]教授的观点，情绪有两种关键区域——红区与绿区。

现在，你可以想象自己正在排队。往右一步，你会进入红区。在这里，你的身体处于一种紧张的状态。警告机制让你的身体"发动"起来，产生压力激素，所有的系统都亮起了红灯。在这种情况下，你与周围的世界脱离，听不见别人说话，避免与他人眼神接触，也不想让别人碰你。生理反应让身心都压力倍增。就这样，情绪失控了。

"上车！"你跟女儿说，她没理你。"快上车！"你又一次叫她。但她有别的事想做。很明显，上车不在她的计划之内。你知道如果继续叫她，又一场激战会爆发。

突然，你觉得自己畏畏缩缩，一边希望她能上车，一边又气她不听话，你感觉自己像个胆小鬼。你的大脑开始向整个身体系统咆哮，肾上腺素迅速飙升。"保持警惕，你正在遭受袭击！"你的脉搏随之加速，血液涌入肌肉，让你做好战斗或者逃跑的准备。而这，正是你此刻想做的。

你无法忍受再次在公共场所爆发冲突，于是你站在原地等待，开始默数 10 下。这并不奏效，你发现自己越发深陷情绪旋涡，仿佛快要被淹没。紧接着，一句没有经过大脑的话脱口而出："赶紧给我上车！"与此同时，女儿也开始尖叫。你们正在同步迈入红区。

但向左一步，你就进入了拥有平静能量的绿色区域。你的整个身心都很平静。在这个区域，你和孩子都会感受到自己的心脏正在胸腔深处缓慢跳动，脉搏

[①] 罗伯特·塞耶是国际公认的情绪研究专家，他开创性地研究了情绪的生物学基础，并开发了与情绪相关的测量方法。——编者注

稳定。你们专注于彼此，并能享受彼此的存在。在绿区，情绪更容易得到控制。

当你处于绿区时，在同样的情况下，你让女儿上车，她要么会简单照办，要么就直接拒绝。这样你就有足够的思考时间，你可以蹲下身来，和她保持平视，与她共情，告诉她不能继续活动真让人失望，然后再帮她找个台阶下，让她上车。此时你们二人都能保持冷静，互相倾听，互相配合，彼此之间完全没有较劲。保持在绿区是我们的目标，尽管这不可能是常态，但我们可以增加处于绿区的概率。

现实的挑战在于，每次孩子在面对失望、挫折或者其他任何强烈的情绪时，他都经历着是在绿区保持平衡还是跌入红区的挣扎。从基因的角度来看，孩子的神经结构让他更容易陷入疯狂的红区。但基因不能决定命运。研究证明，在细致积极的关照之下，高需求孩子能够找到平衡，克服基因构造导致的情绪失控倾向。

尤其当你也是高需求父母的时候，这一点就非常关键。如果你能在情绪"小"且更容易管理的时候注意到它，就会更容易保持在绿区。但要做到这一点，你需要从发现苗头开始。

4 个步骤，化解孩子的情绪风暴

发现孩子身上的情绪火苗

每次我和丈夫去逛商场都有一种爱恨交加的感觉。我到店里挑了 5 套衣服试穿，结果一套也不喜欢。我丈夫在商场里来回踱步等我。在我试完 5 套衣服都不满意之后，他会指着一套衣服说："试试这套。"不出意外，他挑的这套衣服特别适合我，也很亮眼。按理说我应该感到高兴，但我却为自己挑选不到合适的衣服而感到沮丧。我选不出那种别致的套装。我已经观察我丈夫好多年了，但一直没学会他挑衣服的技巧。最近我坚持让他告诉我其中的奥妙。我问他："你是怎么找的？""你感受到了什么？""是什么让你觉得那件衣服最适合我的？"对他来说仿佛选对衣服是手到擒来的事，我发现他会注意到一些特别的"线索"，关注到我一直忽略的要素，比如衣服的质地、颜色、设计，等等，这些都是我自己也可以掌握的明确原则。

我意识到为人父母也存在同样的情况。孩子情绪失控了，我们却摸不着头绪。我观察了其他高需求孩子的父母，他们似乎知道一些我们不知道的事情，这使得他们能在孩子跨出边界之前及时干预。我明白一定有些微妙的、无法描述的苗头，父母可以学习如何捕捉。这些苗头会告诉你，孩子正在走向极端。不同的孩子追求极致的表现方式各有不同，但他们都表现出了可以识别的苗头，暗示着他们正要走进红区。这些苗头是你可以看见、听见或者感觉到的。通过学习捕捉苗头，你可以在孩子失控前及时采取预防措施。那么这些苗头长什么样呢？一些父母是这样告诉我的：

- 戴蒙开始在房子里四处乱逛，看什么都不满意。
- 卡罗琳变得非常活跃，失去耐心。
- 贾森的协调性开始变差。他不再专心做手头的事，有时甚至还会摔倒。
- 5 个月大的乔安娜没法自如地转动手脚，动作也变得僵硬和急促。
- 乔伊开始喜欢缠着我了。
- 瑞安才 18 个月大。他开始尝试越界，故意忘记规矩。
- 珍妮会大声说话。我会在厨房突然听见她的声音。
- 安娜在情绪快要爆发的时候会变得很专横。她要指挥身边所有的人。谁说话都不好使，她也不听我的。
- 马修会开始装傻，举止怪异，胡言乱语，还会侵占其他孩子的地盘。

以上种种行为，无论是兴奋过度、提高嗓门、试图越界、举棋不定，还是协调性变差，等等，都是高需求孩子在提醒你，他们又要开始变得极端了。你不需要等到他们哭得收不住时才察觉到他们的悲伤，或者在他们愤怒地尖叫时才发现他们很生气。当孩子情绪处于比较平稳的状态时更容易接受引导。

你可能凭着直觉已经感受到了孩子情绪变化的苗头，却因为太累或者忙着去某地而忽视了这些苗头。也许你认为对这些苗头做出反应会强化孩子的不良行为。但察觉到这些苗头就像闻到烟味一样，如果你能马上行动，在大火吞没你之前就能把火扑灭，至少能免遭一小时的折磨。

想想你的孩子。他以前表现出过哪些苗头？他的身体动作有什么变化？他的音调有什么变化？哪些事在他平静的时候不会激怒他，却突然让他暴躁了？记录下这些变化，并且牢记在心里。下次你的孩子开始表现出这些行为时，你要辨认出这些是信号，迅速干预，在他失去控制之前引导他重返绿区。

教会孩子辨认自己的情绪苗头

当你发现这些苗头时，你可以同步告诉孩子。一次，我在教室巡视的时候，听见纳尔逊老师对一个 4 岁的孩子说："我的天，我感觉你今天在学校的压力好大。你看你的肩膀。"小姑娘郑重地点了点头，低声说道："哦，纳尔逊老师，我还以为我以后会一直这样。"

我们的最终目的是想让孩子发现自己情绪爆发的苗头，然后通过内在力量而非外界干涉来控制住情绪。你可以告诉他们如何表达情绪，这样等到孩子三岁半或者 4 岁的时候，我们就可以期待听到他说"妈妈，我感觉自己要碰壁了，帮帮我""爸爸，我真的很兴奋"或者"我今早过得很糟糕"。

> 凯茜是我们班上一个孩子的妈妈，当我提出这个建议时，她沮丧地摇了摇头。她说："说得委婉一些，孩子 9 岁了，我从未发现她有过做好准备讨论自己的情绪状态。我不太相信你说的话。"

凯茜说得对。你没法在孩子的情绪正处于红区时，教他新的表达方式或者让他发现自己情绪变化的苗头。你得等他平静下来以后，再告诉他你的观察。然后，下一次你可以告诉他："戴蒙，我发现你一旦开始在屋里走来走去，我就知道你需要找个安静的地方独自待会儿了。"或者你可以说："约翰，如果你遇到举棋不定的情况，你可以稍微暂停一会儿。"说一次还不够，你需要一直不停地讲给他听。你的任务是强化、引导，然后让他自己练习，而你静待花开。

> 帕蒂笑着对凯茜说："你只需要花 4 年时间。康纳 4 岁的时候，他是个生气时会说伤人的话，还会打他弟弟的小孩。现在他 8 岁了。我昨天看见他时，他正在和兄弟们一起玩，我意识到他要开始不耐烦了。他也知道我在看他。但他没有情绪失控，而是离开了人群，在经过我的时候边摇头边嘟囔'我正烦着呢'。接着他在跑步机上跑了几分钟。这段时间足够他平复情绪，返回绿区。后来他又和兄弟们玩了半个小时捉迷藏。他现在已经完全学会了发现自己情绪的苗头。"

让孩子学会用语言表达情绪

让高需求孩子学会用语言而不是行动来表达他们强烈的反应是至关重要的。如果他们可以直接说出"我很生气"，就不用通过踢人来表达了。他们在积累自己词汇的过程中，会用到父母用来描述和解释他们追求极致的气质的词语，也就是当年我们给他们贴上的标签。

> 三岁的阿尔是个有着一头蓬松金发的"迷你小旋风"。"我很有激情。"他告诉我，"我爸爸说做事有激情非常好，只是不要伤害到别人。"
>
> "我精力充沛，"一个 5 岁的孩子分享道，"和我爷爷一样。"
>
> "我妈妈会和我玩悄悄话游戏，帮助我练习低声说话。因为我平时都太夸张了。"6 岁的克丽茜说道。
>
> "我的反应很有爆发力。"8 岁的克里告诉我。

这些还很小的孩子能够理解自己追求极致的气质，并且良好地接纳了自己。没有人说他们是"野蛮的、有攻击性的、讨厌的"，而是以积极的语言着重描述他们的精力、活力和能量。正是这些语言帮助他们正视自己追求极致的气质，而不会让他们感到难堪或者恐惧。这样一来，在绝大多数时候他们不需要通过撒野、尖叫、打人、扔东西等行为来表达自己，而是用语言来描述。

语言发育的过程就像冰山一样，大部分内容潜藏在水面之下。三分之二的语言发展都在大脑内部发生，我们是看不见的。在孩子们开始用自己的语言交流的几个月，甚至几年以前，他就能听懂人类的语言了。

能很好地控制自己情绪的高需求孩子，他们的父母会谈论并且告诉他们这些情绪都是什么。面对哭泣的宝宝，父母会安慰他，理解他在等奶加热的过程中的焦急。父母会告诉刚学会走路的孩子，他们理解他因为不能继续在外面玩了，要回家而感到不开心。很快，孩子们也能自己学会这样表达。当然，他们不是一夜之间就学会的，但总能学会的。约翰·戈特曼（John Gottman）的研究表明，孩子在接受这种类型的信息时是在接受情绪训练，经过这样的训练他们更有办法安抚自己和集中注意力。因此，他们在学校和同龄人中表现得更好，很少有行为问题，也会展现出更积极的情绪。

情绪训练从什么时候开始都不晚。年龄大点的孩子如果没有听过这些话，那么现在就可以让他们多听到。语言能够控制冲动，如果不会适当地表达，孩子们就失去了能减缓行为冲动的保护装置。

经常有人问我："和孩子谈论他们追求极致的行为不是在引火上身吗？难道不是在向他们灌输一些他们原本不知道的想法和词语吗？"根据我的经验、观察和调查，不管你告不告诉他们，高需求孩子极端起来都是一样的。忽略问题不会让问题消失。问问孩子们他们的身体有什么感觉，他们会告诉你，他们能感受到血液在血管里汩汩流淌，或者像马蜂从身体里嗡鸣着飞过。如果没有人告诉他们，其他人也有过同样的感受，如果没有人帮助他们了解这些感受叫什么，比如焦虑、沮丧、兴奋和欢喜，他们会被这些感受吓到。有的孩子会担心自己是不是生病了，有的孩子会觉得怪异，还有的孩子会情绪失控。交流既能证明这些情绪存在的合理性，也能让孩子坦然地接受它们。此外，语言还能帮助孩子们了解如何处理情绪、怎样反应、怎样控制自己追求极致的气质。最重要的是，给这些情绪冠之以名，还能降低孩子的心跳速度，让他们更快地回到绿区。

教导孩子管理自己追求极致的气质，就像教他骑双轮自行车。当他失去重心的时候，你需要伸手扶他一把。这样一来，孩子最终会掌握保持平衡的能力。处理情绪问题也是一样的道理。美国医学研究者托马斯·刘易斯（Thomas Lewis）博士等在《爱的起源》（*A General Theory of Love*）一书中写道："婴儿在心烦意乱的时候会去找妈妈，因为善解人意的妈妈会安抚他，而小宝宝没办法自己平静下来。通过无数次这样的互动，孩子会逐渐学会自己安抚自己。就像学会保持自行车平衡一样，这些知识是隐秘的、看不见的、无法言表的，也是不可否认的。"

父母是孩子的向导，是他们需要帮助时的援手。迈克尔是位一岁孩子的爸爸，他非常认同这个观点。

> 交流、交流、交流，这就是我们能做的一切。我总能找到一个词来描述一种感觉，或者告诉他某个肢体动作是要发生问题的明确信号。有时候我真是受够了交流，但这确实管用！

下面是我总结出的一些表达，你可以说给孩子听，为他们提供需要的工具。

追求极致的高需求孩子需要听见这样的话：

- 你很热情。
- 你很擅长表达，很活泼。
- 这真让人沮丧。
- 你很焦虑，但你很擅长解决问题，你会找到解决方案的。

- 追求极致并不意味着攻击性强。
- 我在想你是不是很焦虑、生气、难受（或者有任何其他情绪），你的肢体看起来很兴奋。
- 当孩子一次次听到父母这样说的时候，他们就会把这些信息转化为自己的语言。

追求极致的高需求孩子可以学着这样告诉自己：

- 我开始有些不安。
- 我正在进入红区。
- 我可以在生气时不伤害任何人。
- 我好兴奋。
- 我喜欢热情满满。
- 我感觉血往头上涌，我需要出去一会儿。
- 我感觉自己很容易生气。
- 我经历了非常强烈的情绪，但我不必让它们压垮我。

你可以花几分钟时间，写下孩子在情绪紧张时用来描述自己的词语。你也可以问问他在生气或者不安的时候身体有什么感觉，下次在他有同样感觉的时候，对他使用积极的词语。让他知道你会仔细倾听，并且在他情绪失控前帮他赶走坏心情。

进行舒缓或镇静情绪的活动

对我们来说，仅仅能发现孩子情绪爆发的苗头和用恰当的语言描述追求极致的气质是不够的。一旦孩子情绪爆发，父母必须知道要怎么应对，以及如何在第一时间采取预防措施。追求极致的高需求孩子可以把父母一下带入他们的状态里。在不知不觉中，父母不仅没有让他们的情绪降温，反而会让他们表现得更加激烈，因为父母也会被他们影响。父母能感受到他们的能量，于是播放强烈节奏的音乐，组织更多的活动，或者鼓励他们在走廊里跑上跑下，父母会认为他们需要这样的刺激，或者我们能把他们的电量耗尽。但事实上，他们只会越来越亢奋。他们真正需要父母做的，是安排一些舒缓、安静的活动，帮助他们排解极端的情绪。当你发现孩子出现了情绪激动的苗头，或者孩子告诉你他感觉坏情绪又来了的时候，你可以通过以下这类活动帮助他控制情绪。

方法 1：确保充足的晚上睡眠和午觉时间。 随着高需求孩子自己情绪强烈程度的增加，身体反应也会越来越强烈。因此，他们的大脑需要做更多努力来控制和调整方向。但是这样，孩子的疲劳感会增加。高需求孩子很容易变得不知所措。这就是为什么确保孩子晚上睡觉和白天午睡是如此重要。

心理学和脑科学教授约翰·贝茨（John Bates）发现，缺觉对所有孩子都有影响，对高需求孩子来说尤为显著。他告诉我们："睡眠对于那些精神整天紧绷的孩子来说尤其重要。"

你可能会认为，在精疲力竭的一天之后，高需求孩子会很容易入睡。一些孩子确实是这样的，但大多数孩子会不愿意睡觉。你可能会因此认为，他们比同龄孩子需要更少的睡眠。事实上，他们反而需要更多。睡眠不足本身就是压力的来源，会使身体进入警戒状态。因此当孩子没有睡足时，实际上他会更难放慢节奏、进入梦乡。他睡不着是因为他没办法睡着。因此，他会陷入疲劳、行为恶化和拒绝睡眠的恶性循环中。

在通常情况下，婴儿一天平均需要 14 ～ 18 小时的睡眠；幼儿需要 13 小时；学龄前儿童需要 12 小时；学龄儿童需要 10 小时；青少年需要 9.25 小时；成人需要 8.25 小时。高需求孩子比其他孩子更需要父母来保障他们的睡眠。

在讨论完休息的重要性之后，理查德在课堂上和大家分享了他和 5 岁儿子是如何在旅行过程中实践这一理论的。

当时我参加了一个会议，会议中有一个儿童项目，所以我就带他一起去了。我们得坐飞机，然后开两个小时的车才能到会场。那天晚上有一个欢迎会，所以我知道他会玩到比较晚，而且一切对他来说都很新鲜。所以临出发前，我告诉他，一旦我们开车上了州际公路，他就应该睡一会儿。他照做了，一直睡到离度假村不到三公里的地方。他醒来以后，我们在一家小超市前停了下来，上了洗手间，还买了一些健康的小零食。那天晚上，尽管他不认识其他孩子，也玩得很好，没有抱怨食物不好吃，而且回到房间后很快就上床睡觉了。我知道是路上的小睡帮他很好地应付了晚上的活动。

让高需求孩子把睡眠放在优先位置，不要忘记午睡或打个盹儿。他休息得越好，就会越平静。为了更好地帮到你，本书第 15 章专门对此进行了阐述。

方法 2：亲近水。无论是热水还是凉水，对高需求孩子来说，水都是一种非常舒缓的东西。将身体浸泡在温暖舒适的浴缸中，将水从一个容器倒到另一个容器里，或者仅仅让水从他们指间流过，都会帮助他们让情绪舒缓下来，将自己拉回绿区。

水的好处在于，它能抚慰任何年龄阶段的人。我的朋友蕾切尔总是用"有趣的沐浴"来安抚她 3 岁的高需求女儿。直到最近的母亲节，她才意识到洗澡对杰米来说有多重要。杰米手里会拿着一瓶浴盐，坚持让妈妈也去洗澡。浴缸里满是水和泡泡，她就跑去拿妈妈最喜欢的书。当蕾切尔躺在浴缸里，泡泡挠着她的下巴时，杰米还会"念书"给她听。然后她跳了起来往楼下走，回来时手里拿着一盘花生酱饼干和一杯牛奶。"母亲节快乐！"杰米大声地说。她很高兴能让母亲享受了这样一个舒缓的活动。

　　贝茨解释道："当克里斯开始要失控的时候，我就让他进浴缸待会儿，有几天，这孩子看起来像颗小葡萄干，因为他已经进去过三次了，但都被刺激得跳了出来。我还有两个孩子，他们不像克里斯那样需要进浴缸待着，但如果有必要，我也会把他们和他一起放进浴缸。克里斯需要这样，也很享受。"

薇姬说："凯莉还是婴儿的时候，我就开始把她放在浴缸里安慰她，现在每天晚上 10 点，当她结束了一天辛苦的学习回到家，都会径直走向浴缸，在里面躺一个多小时，看书、唱歌、自言自语。之后她就会重获新生。"

安妮特补充道："水对塞思来说确实很管用。我们不在家的时候，只要在他额头上放一块凉的湿毛巾，他就会感到舒服平静。"

拉娜说："珍妮弗不喜欢泡在浴缸里，但如果我让她在我做饭的时候在水槽边玩儿，她就会慢慢平静下来。她尤其喜欢我让她洗干净做饭要用的土豆和胡萝卜。"

虽然许多人都认为在睡前给孩子洗澡有助于孩子放松入睡，但高需求孩子可能需要提前至少 90 分钟去洗澡。人在睡觉前体温会下降。但是高需求孩子可能对温度非常敏感，睡前洗个热水澡会让他的体温升高，难以入睡。所以，你可以引导高需求孩子在白天洗澡，避开快要就寝的时间。

方法 3：依靠想象力。大多数高需求孩子都有丰富的想象力。你可以利用这一点来帮助他们调整情绪。

"装扮游戏"是一个富有想象力的游戏，可以随时随地安抚情绪紧张的孩子。让你的孩子假装要去参加一个优雅的舞会或者化妆派对，然后为他们"盛装打扮"。让他们站在你面前或者坐在你的膝盖上。首先假装给他们洗头、按摩头部，用手指沿着他们的头皮像流水一般划过。如果孩子是女孩，你可以假装给她们带上钻石耳环或者戒指。如果她们的幻想包括化妆，你就用轻柔的指尖扫过她们的脸颊、眉毛、鼻梁和嘴唇。温柔的抚摸会使她们平静下来。如果孩子是男孩，你可以假装给他们刮胡子，在他们的脸颊上刷上剃须膏，然后用你的指尖假装剃刀划过他们的脸。

你还可以假装用手指在脖子上给他们戴上一条金项链或丝绸领带。用手指沿着他们的脊背装作拉上拉链，或者绕着他们的腰缠一条魔法腰带。也别忘了用手从他们的脚趾上滑过，沿着脚踝甚至小腿向上拉，假装为他们套上长筒袜。

戒指和手镯是最后的润色。每个手指都戴上一枚戒指，从指尖到指根，先戴红宝石戒指，然后再戴钻戒，最后再戴一枚金尾戒。最后，再为他们在手腕上戴上手表或者金镯子。这时，孩子们已经准备好去参加舞会派对，心情也好了许多。

创造性的戏剧表演也是很有用的方式。

我看过一位音乐老师给一群小朋友上课。她想教孩子们强弱的概念。她让孩子们假装自己是树叶，当她弹奏强音时，风吹来，"树叶"会在空中翩翩起舞。随着音乐渐渐弱下来，风渐渐平息，"树叶"也纷纷落地。

下课时，一个高需求孩子还在风中跳舞。"我觉得你的身体里还有很多风在吹，"老师对她说，"深呼吸，把那股风吹出去。"孩子鼓起脸颊，不断地吹气，随着空气减少，她的胸膛才明显缩小。

"好了，"老师回应道，"你觉得树叶都在你身体里落下了吗？它们堆成一堆，睡着了。"

孩子点了点头，安静地走了出去。她丰富的想象力帮助孩子以积极的方式释放了精力和能量。

方法 4：调动感官活动。高需求孩子是非常感性的。他们喜欢那些能够触摸、闻到、品尝、听到或者看见各种事物的活动。这些感官活动能让他们平静下来。

大一点的孩子可以通过听他们最喜欢的音乐、嚼口香糖、吸吮吸管、捏他们最喜欢的毯子或毛绒玩具、用他们最爱闻的薰衣草味沐浴液，来帮助自己平静下来。另外提一句，不用要求高需求孩子戒掉他们心爱的毯子或者毛绒玩具，他们可以私下使用。

　　传统的学前教育项目通常会有一两种感官活动。但对于高需求孩子而言，我们会安排多达 5 个。我会鼓励老师使用大量的感官材料，因为普通孩子喜欢这些材料，而高需求孩子更需要它们。重要的一点是，你需要在家里准备好这些材料，因为它们是分散强烈情绪的绝佳方法。

　　玩橡皮泥是所有年龄段的孩子最喜欢的感官活动。因为橡皮泥没有固定的使用方法，2 岁的孩子可以拉、揉、扯橡皮泥，8 岁的孩子可以用橡皮泥搭木屋、做成想象的食物或者其他任何东西。很多高需求孩子的父母都会在家中柜子里放着培乐多橡皮泥，以便随时在需要的时候拿出来。

　　每个比较好的学前培训机构都有一张感官统合桌。通常它只是一个中空的桌子，这样中间就可以嵌入一个大浴缸。浴缸里会装满水、沙子、燕麦片、玉米粉、雪、碎纸或者其他任何老师选择的东西。高需求孩子总是会被我们教室里的这张桌子吸引。你也可以自己做一个。不用找空心的桌子，你只需要准备一个塑料盆或者浴缸就可以。你可以在浴缸下面放一块塑料桌布，以防水溅到地板上。在浴缸里装满温热的肥皂水，确保里面有洗澡小鸭和海绵，这样孩子就可以愉快地玩耍了。如果孩子玩腻了，还可以让他们洗盘子或者玩最喜欢的玩具和洋娃娃。如果你不想用水，还可以试试沙子、燕麦片或者玉米粉。再给孩子准备一些杯子、勺子、漏斗和其他各种各样的容器，这能让他们高兴地玩上好几个小时。

　　用剃须膏画手指画也是一种能让孩子放松的活动。他们画完以后还可以洗掉。

　　在背上画画或者写数字也是一种舒缓、放松的消磨时间的方式。它可以让你和孩子专注于彼此，享受健康的触摸，从而缓解他们追求极致的情绪。

　　有时孩子需要一种压力感。这时，紧紧的拥抱可能正是他所需要的。你可以给他穿上加重背心，或是晚上睡觉时用一床厚厚的被子裹紧他。身上的压力感也能舒缓他的情绪。

　　如果孩子还太小，没办法用感官统合桌或者盖厚毯子，那他可能只需要你抱一抱他。加拿大的研究人员发现，婴儿与母亲的肢体接触越多，就越容易平静下来。你和孩子的肌肤之亲能帮助他调整好自己的身体。你也可以通过抚触、按摩、给他播放轻柔的摇篮曲或者带他外出散步来舒缓孩子的情绪。有时，如果房间里的光线太亮，你也可以调暗灯光。这些都是实用的方法。

　　对高需求孩子来说，通常情况下，任何感官活动都对他们充满了吸引力，并且能让他们平静下来。

　　方法 5：坚持体育锻炼和重复性运动。 运动，尤其是重复性运动，会在体内产生天然舒缓剂，让孩子更容易保持在绿区。你可以在孩子每天的日程里安排这项活动，就像一日三餐一样规律。如果可以的话，你们可以早上起来到外面去，尽量创造机会去跑步、攀岩、骑自行车、荡秋千或者玩轮滑。也可以鼓励他做些"繁重的运动"，比如拉、推或搬运物品，但不要太重。

　　如果没办法出去，你可以建议他在阅读时坐在转椅上，骑运动自行车，或者在迷你蹦床上蹦一会儿。没办法让他活动大肌肉群时，你可以给他准备一些动来动去的小玩具，比如螺旋弹簧或者手指拼图，让他活动小肌肉群。所有这些体力活动都会提高他的身体自然产生"镇静剂"的水平。

　　方法 6：坚持阅读。 如果你陷入困境，没有任何可用的水，感官活动和想象力游戏也没有效果，而且外面还在下雨的话，那就试试阅读吧。许多高需求孩子的父母发现，只要拿出一本书，让孩子坐在父母的腿上或者挨着父母，特别是让孩子坐在摇椅或者滑梯上，就可以缓解孩子逐渐升级的情绪。通过阅读，你的孩子不仅获得了控制自己情绪的力量，还了解了书籍的奇妙之处。一项关于阅读的研究表明，坐在父母腿上共读长大的孩子，成年后也会成为最好、最狂热的书迷。你可以去当地图书馆或者旧书市场看看。无论孩子多大，都要把他最喜欢的书放在他的手边。

　　方法 7：学会幽默。 要想充分理解我家这个故事，你需要先稍微了解一下我的丈夫。他身高 1.75 米，体重 70 千克，非常高需求。他喜欢看那种小人物逆袭成功的电影，每一个上门推销东西的年轻人都能在他这里得逞。但他还有另一面。我丈夫的父亲在苏必利尔湖的码头上长大，喜欢讲自己的三明治被水手扔到湖里，然后他从货船上跳到湖里的故事来逗我们开心。我相信他说的，尽管没有人能证实他的话。我感觉这种男子气概影响了他的儿子，也就是我的丈夫有时表达自己的方式。

有一天，我儿子放学回家，推开门，冲进厨房，把书包扔在地上，就开始使劲踢冰箱。"停下，"我命令道，"你怎么了？"

"操场上的那个老太太冤枉我打架，可我压根没有！"他吼道。

"那一定很尴尬。"我说。

"这并不尴尬。"他纠正我。

"嗯，那一定感觉很糟糕。"我回答说。

"愚蠢的老太太，"他吼道，"她一定是瞎了。"

我快没有耐心了，但还在试图说教。"下次找地方玩的时候可得小心点。"我说道。然而，我的话只会让他更生气。

他继续发狂，直到我丈夫回家。

"他怎么了？"丈夫问道，他注意到家里厨房还冒着气。我很快把事情的来龙去脉告诉了他，希望他知道该怎么办。当他大步走向乔希时，我注意到他的胸口有些起伏，我知道他要做些什么。

"没什么大不了。"他宣布。

乔希震惊地抬起头来问他："你什么意思？"他有些结结巴巴。

丈夫继续说："下次你只要对那位女士说，'嘿，这位女士，地上有血吗？'"然后他拍了拍自己的胸膛宣称："要是打架的是我，地上肯定有血！"

乔希瞪大了眼睛。而我差点晕过去。这么多年的反暴力教育就这样付之东流。我已经开始想象孩子回到学校，到处跟人讲他爸爸的聪明办法，然后被学校休学一年的场面了。

"你不能教他这么说！"我倒吸了一口凉气。

然而这时，他俩都在哈哈大笑。乔希已经完全意识到他爸爸是在开玩笑。强烈的愤怒情绪被幽默化解了。幽默就像催化剂一般转变了孩子的反应。后来，当大家都平静下来时，我们讨论了在操场上如何更有效地应对冲突。

对于正在学习如何更好地控制自己情绪的高需求孩子而言，幽默是家中常客。不是讽刺或者嘲笑，而是鼓起勇气、尽情欢笑和开心。尽情享受幽默感，让它来缓解紧张的情绪，让家人更加亲密。

鲍勃笑着说："有时候我会做一些完全出乎意料的事情。昨晚我听到布雷特和他妹妹打架。我当时心情很好，所以我手脚并用地爬到拐角处，像狗一样对他们咆哮。他们非常惊讶，开始咯咯地笑。他们跳到我背上，把我当马骑，这场战斗就这样结束了。"

薇姬则用幽默来摆脱亲子间的较劲。薇姬阐述了下面这样一个故事。

"特蕾西真的在帮我准备晚餐。她摆好了桌子，撕了生菜，还洗了做饭时用的几个盘子。但是晚饭后，我让她把自己的盘子放到水槽里，她却有点犹豫。于是我说：'哎呀，你今天的确做了太久的好孩子了。'她愣住了，沉默了一会儿。

'是的。'她笑着回答，然后把盘子拿到了厨房。"

幽默，真是缓解紧张情绪的好帮手。

方法 8：使用暂停作为手段。 休息是成年人最常见的让自己平静下来的方法之一。不幸的是，对于孩子们来说，父母已经把暂停变成了一种惩罚。当父母说暂停的时候，并没有邀请孩子去休息一下，重新控制一下情绪，而是把它变成了可怕的命令。"回你的房间去，在我叫你之前不要出来！"或者"你给我坐在椅子上别动！"父母会觉得这是在教他们吃一堑、长一智。如果他们用尖叫或怒吼来表达痛苦，父母甚至还会感觉更好。但是，当父母努力让他们待在房间里或者坐在椅子上，而他们费尽力气去踢门、往墙上扔砖块的时候，父母就失去了一次让他们修复自己情绪的机会。把暂停作为惩罚，会让每个人都觉得自己很失败。

我建议高需求孩子的父母可以想想篮球教练在比赛中叫的暂停，那是一次得以休息的机会，能让身体恢复能量，重新制订比赛计划。仔细观察一下篮球队。当球员们在场上比分胶着时，球飞起来，在篮筐边旋转，然后又弹了回来，队员们的肘部猛击或双手抓球，此时就会爆发混乱。"暂停！"教练大声喊道。运动员们小跑到球场边线。教练会把他们紧紧地拉在一起，指着膝盖上的指挥板。队员们开始点头，拳头渐渐松开，甚至脸上出现了一丝微笑。叫个暂停，休息一分钟，有机会重新规划比赛方案，这就是体育运动中的暂停。

纪律训练中的暂停与体育运动中的暂停相比，似乎存在缺陷。大多数 3～8 岁的孩子，尤其是高需求孩子，在被叫暂停时，通常不会轻易听话地小跑到场边，在调整玩耍计划时，他们也不会专心听。相反，当你试图与他们交谈时，他们可能会躺倒、踢人、尖叫，并用手捂住耳朵。那么，这时父母该怎么做呢？

你可以先提醒孩子，他们感到"我累了"或"我有点不堪重负了"时身体会发出什么样的信号。你要帮助孩子意识到，肌肉紧绷或者感到血液流过静脉是他们需要暂停的信号。如果你告诉孩子，暂停是一个暂时抽离比赛的休息机会，能让他们的情绪回到绿区，而不是一种需要忍受的惩罚，那么他们会觉得可以轻松地休息一下。休息意味着找一个安静舒适的地方，可以是卧室或者厨房的角落。首先，你需要温柔地帮他们找到自己的位置，让他们从活动和刺激中抽离出来。然后轻声细语地跟他们说话，帮助他们学会倾听和感受这种安静。他们能够感受愤怒或沮丧的情绪慢慢离开他们的身体，心率渐渐放缓。

孩子需要知道，放松下来的身体是怎样的。他们需要明白，一直到那种平静的感觉充满他们的身体、心跳减慢，暂停才算结束。这就是为什么你不能把孩子单独送回房间。你必须和他们在一起，轻声和他们交流。如果孩子愿意的话，你也可以揉揉他们的背。直到他们感到一种玫瑰色的、美好的感觉充满身体，呼吸也放缓的时候，才是重返"赛场"之时。

此刻你可能发现自己正叫苦不迭，不知道怎么搞定一个饿得嗷嗷大哭的婴儿，或者一个挂在你腿上不肯下来的蹒跚学步的孩子，更可怕的是，这时正好有人打电话找你。那么让我告诉你怎么做。请你忘记手机，把孩子放在婴儿床上几分钟，或者带上蹒跚学步的孩子，把他放在一个安全的地方，帮助你的高需求孩子度过这个"暂停"时间。你会发现，很快高需求孩子就不再需要你了，或者需要你的时间变得越来越短。因此，为了让自己保持冷静，你在发脾气之前可以先叫暂停。

如果暂停本身是一个放松的机会，你又用什么方式来惩罚孩子呢？记住，如果孩子在发脾气之前学会了暂停、休息，就不会做出需要受到惩罚的不当行为了。

一旦孩子学会了对身体发出的信号做出反应，并且理解了暂停是缓解压力的一种良性方式，那么他们就可以自己要求暂停了。事实上，你可能会看到你的孩子原本玩得好好的，突然就从人群中溜出来了，独自跑到自己的房间稍事休息。这是他们根据直觉把自己带回绿区的表现。如果仅仅靠暂停不足以让游戏恢复正常的话，那么这时你可以做一个牌子，上面写着"我需要拥抱"或者"我需要你的关注"，把牌子放在屋里，孩子就可以把它交给父母，这种方式的效果尤其好。因为这样，即使 3 岁的孩子也会开始懂得运用语言的力量，而不是靠发脾气来满足自己的需求。

当高需求孩子进入青春期以后，学会用暂停来安抚和平静自己的情绪至关重要。随着他们体内激素分泌越来越旺盛，控制追求极致的情绪的难度也越来越大。与此同时，他们的个子也会越来越高，你根本没办法强迫他们暂停。他们必须自己选择去做。如果他们对暂停感到满意，以后就会充分利用暂停，从而成功地管理自己的情绪。

当孩子理解了自己的情绪，认识到自己可以控制它，并且可以通过运动、创意和其他适当渠道来引导情绪时，他们的感受会变好，脾气彻底爆发的次数也会急剧减少。这是一种预防性纪律训练。它教会孩子们用"正确"的行为方式确保自己处在绿区。在那里他们更容易管理情绪，让"战斗"在开始之前就偃旗息鼓。

所有这一切的挑战在于，作为父母，我们能否在孩子需要时伸出援手。为此，我们必须首先控制好自己的情绪。

认识情绪，表达情绪，舒缓情绪

追求极致是高需求孩子强烈反应的源动力。正是这种看不见的冲击力使高需求孩子的每一个反应都迅速且强烈。如果加以引导，追求极致的气质能够让高需求孩子感受到他人很少体验到的情感深度和愉悦程度。然而，这种气质既具有创造性，也具有破坏性，于是它成为需要加以引导的最具挑战性的气质特征之一。

追求极致的高需求孩子需要听到：

你做任何事都充满热情、活力、能量和热忱。

你热情洋溢、表现力强、充满活力。

你追求极致的气质可以使你成为一名优秀的运动员、领导者、表演者……

你会很容易感到沮丧。

追求极致并不意味着咄咄逼人。

父母需要这样做：

帮助孩子学会在压力过大之前意识到自己逐渐强烈的情绪。

为孩子安排舒适平静的活动，如温水浴、讲故事和安静的想象力游戏。

用幽默来缓解强烈的反应。

保证孩子有充足的睡眠。

安排锻炼时间。

教会孩子选择暂停是让自己平静下来的一种方式。

如果父母也有追求极致的气质：

不要害怕孩子也有追求极致的气质。

在帮助孩子之前，先缓解你自己容易爆发的情绪。

深呼吸，远离麻烦，确保自己睡眠充足，或者寻求帮助来应对你的情绪。

在脑海中回顾因为追求极致而收到的反馈信息。忘掉那些否定这一气质价值或者让你感觉无力的内容。

第 7 章

面对情绪风暴，你该如何
保持冷静

我终于明白了，有时候人只是需要一只伸出的
援手和一颗能共情的同时心。

——佚名

　　有一次，我看见一个幼师正给一群父母和孩子阅读一本书。一个大约 10 个月大的婴儿聚精会神地听着，直到幼师假装哭泣。突然，婴儿惊恐地睁大了眼睛。他的身体紧绷，嘴巴皱着，好像随时要发出惊叫。正在不知所措时，他看向了妈妈，看见她在笑，于是他也笑了。

　　孩子从他们喜爱的成年人那里学到的最多。他们会仔细观察你是如何处理自己强烈的情绪的。然而，我们大多数人并没有得到引导，不知道要学会去享受生活中丰富多彩的紧张情绪，也没有人教我们如何运用安全手段来恰当地处理这些情绪。因此，为了帮助孩子理解和管理他们容易失控的情绪，我们必须先接纳自己的情绪。

3 个方法，让你在孩子的情绪风暴面前保持冷静

　　高需求孩子一旦情绪爆发，会把你燃烧殆尽。你努力地深呼吸，尽最大努力阻止情绪爆发。一开始，它们像滴在雨衣上的水珠一样滚落。但是雨越下越大，水珠越来越有穿透力，大雨在你耳边咆哮，刺穿你的冷静，直到你发现自己也处在红区，你会尖叫、恐吓孩子，然后"砰"地关上门。

　　你需要保持冷静，当孩子失去控制的时候，很可能他们会在几分钟内恢复正常。但如果你和他们一起失控，你会发现自己在几个小时甚至几天后都还在气头上。

我见过一位父母棕色的大眼睛里流露出的沮丧和绝望，我也见过某天早上我丈夫对孩子们大喊"我已经向自己保证，这周不会再大喊大叫了"的样子。他们让我意识到，向高需求父母建议他们保持冷静其实是对他们自身追求极致情绪的否定。但是不管用什么方法，高需求父母必须为自己强烈的情绪找到一个可以释放的出口，然后才能帮助孩子处理他们的情绪。简单地告诉自己"我应该保持冷静"是行不通的。因为事实上，你做不到。强烈的情绪就像一块石头压在你的胸口。而幸运的是，这正是你所需要的情绪火苗。

留意你自己的情绪火苗

当我们谈论如何帮助孩子控制他们容易爆发的情绪时，安娜把自己深深缩在椅子里。

> "我就是发现不了，"她哀叹道，"我发誓没有任何小苗头出现。达斯廷从玩得愉快到怒不可遏就是一瞬间的事。要想发现他什么时候快失控是不可能的。在我反应过来之前，我一直和他在一起。我想尖叫，有时我会坐下来哭一会儿。"

当你刚开始留意孩子的情绪表现时，你可能会觉得在孩子跳入红区之前，没有任何苗头出现。但如果你继续密切关注就会发现，当孩子的情绪越发激动时，你其实会在自己身体里感觉到变化。这是因为这些小苗头往往比明显的迹象更容易刺激你的神经。

当你让孩子选择早餐是吃吐司还是烙饼，他却拿不定主意的时候，你确实会很沮丧。你试图对他温柔一点，他却不配合，而你很快就要迟到了。这时，你的颈部肌肉会收紧，嗓音变得更尖锐、更不耐烦。突然，你会感觉自己脉搏加速，随着你越来越生气，呼吸变得越发短小急促。这些身体变化表明你们都进入了红区。意识到这些时，你可以停下来思考一下。但是，如果你像我们时常被教导的那样草草"应付"这些苗头，放任你的情绪越发激动，开始吹毛求疵，你很可能会发现自己和孩子已经在无意中处于红区了，你却还想不明白自己到底是怎么走到这一步的。

所以当你在思考孩子表现出哪些苗头时，也想想自己。想想你的语气或者行为的强烈程度会发生什么变化。现在会对一件小事生气、失去耐心吗？你想不想吃巧克力或者糖果？你是否感到疲惫或者压力很大？这都是些微小的苗头，在提醒你该停下手头的事情，做些别的事了。

你甚至可以尝试一下健身。一天三次停下来问自己：我感觉怎么样？我现在的情绪到什么程度了？

> 我们在课堂上做这个练习时，达娜显得很沮丧。"每次我停下来反思时，我都会感到不安、疲惫、愤怒和沮丧。也许我每次都是情绪爆发了以后才停下来反思。我也不确定了。但我确实注意到，我的注意力并不在孩子身上，而他们也正要走进红区。"

紧绷的肌肉和紧张的心情是我们身体状态的晴雨表。罗伯特·塞耶写道："扭脚和敲手指是明显的紧张表现。如果你发现自己也有这些表现，可以肯定的是，你并不冷静，即使你认为自己已经很冷静了。"有时，你会很难注意到自己身体的感觉，尤其是当你发现自己总是慌慌忙忙或者睡眠不足时，你肯定已经轻度紧张了。但是你要尽你所能开始注意它们，意识到这些苗头，能帮助你保持冷静，你的孩子也会因此更愿意与你配合。不过，以防万一，你还需要更多策略。我向班里的父母征求了建议，并结合了一些我自己的方法，下面列举给你。

检查自己的"语音包"

处理追求极致的气质最大的难点在于如何才能与之和谐相处。最近，我向父母提问："在你成长的过程中，父母、老师和朋友是怎么向你解释追求极致的气质的？"

他们面面相觑，好像在说："她真的知道自己在问什么吗？"沉默了一段时间后，他们才开始接二连三地做出回答。

- 你需要放松。如果你不安静下来，你在 35 岁之前就会犯心脏病。
- 在我们家，父母总是告诉我们，小孩不应该只闻其声、不见其人。我经常因为大笑或者尖叫声太大而给自己惹麻烦。
- 你总是把一切都搞砸。

当我们处理孩子追求极致的情绪时，童年的记忆可能会再次困扰我们。这些话语伤害了我们。如果我们也爱追求极致的话，这些话语其实就否定了我们到底是谁，并且会让我们对追求极致这种气质产生畏惧。

回想一下，关于追求极致，你都接收过什么信息。你在告诉自己什么？追求极致对你来说意味着什么？如果你的想法和蒂姆、帕蒂、琼、姬特一样，你会把追求极致的气质理解为负面的，遇到这种情况时，还会对自己和孩子生气。你总是想尽快摆脱这种情绪，而不是与之共处。因此，你很可能会说出一些让你像妮塔一样进入红区的话。

> 好像我女儿从早上起床到晚上睡觉，都只要我。我发誓，她一定是在策划一个让我疯狂的完美方案。我一直觉得她在操纵我。她在按一个操纵我的按钮，而我一直在摆脱她的控制。不用说，她只需要张开嘴，我就被抓进了红区。

我们内心关于追求极致的气质的所有信息，可以被称为"自言自语"。把它们亮出来、拆解开、仔细审视，是尤为重要的。如果你发现自己在思考或喃喃自语着以下这些话，那么你就需要改变一下你的"自言自语"了。

- 他这么做是为了刺激我。

- 他在操纵我。
- 他只是不理我。
- 他不尊重我。
- 我不知道该怎么办。
- 我感觉一切失控了。

追求极致体现了身体内部的生理反应。这是现实，有时会是伤脑筋的现实。它既不会消失，也不是针对你的阴谋。你可以与之共处。你可以把上面这些话变成这样的话语：

- 他不是为了刺激我。
- 这不是阴谋。
- 他一定是压力太大了。
- 我们真的太忙了。
- 每个人都太累了，以至于一点鸡毛蒜皮的小事都会惹毛我们。
- 我现在做的没有用，但我可以停下来调整策略。
- 他还只是个孩子，还在学习。

以前你会告诉自己，如果今天早上孩子又情绪爆发的话，你真的会非常生气，或者觉得自己彻底失败，又或者你确定孩子是故意破坏这一天的。而现在，你可以试试这些话术。"我猜到今天早上可能不会顺利。不管发生什么，我都会为自己没有让它影响到我的情绪而感到自豪。""我知道早上我的孩子有分离焦虑。他真的不是故意要惹恼我的。""他肯定有什么烦心事，我们可以一起解决。""今天早上可能会很艰难，但他真的进步了。6个月前，每天他的情绪都要大爆发一次，现在一周只有一两次。"

主要研究儿童和青少年自尊心的路易丝·哈特（Louise Hart）博士说："通过

'自言自语'的心理暗示,我们会不断地表扬或者贬低自己。我们是自己最好的朋友或者最坏的敌人。只有当我们敞开心扉倾听'自言自语'时,我们才能改变它。"

　　在完成课堂练习后,妮塔反馈说:"我听到最有用的一句是'他不是故意要惹恼我的'。刚开始我很难相信。但一旦我意识到这真的不是阴谋时,我就可以从另一个角度来看待女儿的行为。通常情况下,她的表现其实与当下发生的事情毫无关系或者几乎没有关系,相反,更多的是因为睡眠不足、环境变化过多或者进行了太多活动,给她造成了压力。现在,只要她一开始抱怨,我就会深吸一口气,对自己说,'她不是故意要惹恼我的。一定有什么原因导致她这样,我们可以一起合作'。这对我们俩来说影响都很大。"

确保充足的睡眠

　　要想得到高需求孩子的配合,你确实需要更多的思考、努力和技巧。所以你需要善待自己。一旦你成功地让孩子在晚上安静下来,就要优先考虑自己的睡眠。当你得到充分的休息时,更容易让情绪保持在绿区。研究表明,充足的睡眠会使人更加专注、精力更充沛、更有耐心,并且更能有效地与人合作。因此,在你开始做某件事之前,问问自己是否真的有必要去做。在打开电视前,停下来好好想想,这比你的休息更重要吗?你真的只要关灯、打理一下枕头,让自己得到应有的、必需的睡眠,第二天就更有可能过得愉快。

父母的 6 个情绪管理原则

原则 1: 保持呼吸

　　诺姆解释说:"我必须记住要保持呼吸。我的医生告诉我,生气时,我们会下意识地屏住呼吸，但我们的大脑需要氧气才能正常工作。如果我们屏住呼吸，大脑就无法获得思考需要的氧气。然而无法思考，我们就没办法想出让自己或孩子平静下来的方法。因此我必须记住要保持呼吸！"

原则 2：寻求支援

当你处于困境、进退维谷的时候，你需要知道的是在什么时候应该退出来寻求帮助。如果你的援军是和你生活在一起的人，你们可以像莫莉和她丈夫那样约定好暗号。一旦你释放了信号，就是在明确地告诉对方"我现在需要你的帮助"。高需求孩子的父母必须要互相合作。接受别人的帮助并不是失败的表现，而是对你自己追求极致的气质和并不完美的现实的认可与接纳。

> 我和丈夫本目前已经达成一致，无论发生什么我们都要好好配合，今天早上我们就经受了一场考验！

> 我的儿子乔尔 9 岁，他有起床气。还有一颗白齿松动了，在牙龈上晃荡，没法吃东西，只要一碰到东西牙就特别疼。吃早饭的时候我听到他一直在呻吟。过了一会儿，我看着他慢吞吞地上楼去梳头。我就知道会有麻烦。他的头发已经有点长了。本来我们约好第二天去理发，但我的直觉告诉我，已经晚了。我竖起耳朵，等待着风暴到来，我知道这一切肯定会如期而至，却又懒得去阻止，因为我想吃早饭！果然，刚吃了三口，他就爆发了。"啊啊啊！"他吼道，"我的头发怎么也弄不好。"

> 我赶紧又吃了一口早饭，就上楼去了。我看到乔尔的头发确实乱七八糟。他想把头发梳好，却搞不定。我瞥了一眼他那一大堆化学产品，有发胶、泡沫和水，问他："你试过凝胶吗？"

> "家里根本就没有。"他抱怨道。

> 我翻遍了架子，找到了半瓶。"试试这个。"我说。

我们一起把凝胶抹遍了他的头。我以为这样就好了，但是他头顶上的头发却一小束一小束地支棱起来，就像粘在墙上的小吸盘一样。他彻底爆发了，扑倒在床上开始尖叫。我没招了，也没了耐心。

我去找援军，瞪了一眼正在楼下吃饭的丈夫。

"我做不到，"他说，"我已经准备好尖叫了，现在能做的只有听着。"

我给了丈夫一个"眼神"，他看懂了就上楼来了。

"我不能去上学了。"乔尔哭着说。

丈夫瞥了一眼乔尔凌乱的头发。"天哪，你们想干什么？"他打趣道，"你在头上搞了个有毒废物场。"我忍不住大笑起来，儿子也笑了。这场风暴就这样结束了。后来我们尽量帮乔尔把头发擦干净，他就去上学了。

指责或嘲笑只会加剧孩子追求极致的程度。团队合作至关重要。你们必须要交流一下当孩子不开心时自己会做何反应。你们必须决定要如何互相帮助和支持。通过合作，你可以消解孩子强烈的情绪反应造成的伤害。通过寻求帮助，你找到了一条逃生路线，避免了自己跌入红区的深渊。

如果你和伴侣无法合作，你们可以进行咨询，把每周约会列为优先事项，以此促进合作。戈特曼研究所的研究人员发现，婚姻不幸福的家庭里的孩子，生理性唤起比较缓慢，同时他们从情绪中恢复也需要更长的时间。孩子需要你的配合来确保自己待在绿区，当他们平静的时候，会愿意接受你的指导。

如果你是单亲父母，可能觉得自己在孤军奋战，没有援军。单亲父母经常说："如果我打电话求助时，打扰到别人吃饭或者家庭聚会怎么办？"或者"我不想打扰任何人。"但好朋友是不介意被打扰的。他们会感激能有机会帮助你，并且享受给予的喜悦。找一个你认识且喜欢你孩子的朋友作为你的援军，他不会苛责你和孩子。你必须相信朋友们会支持你，然后毫无顾虑地随时打电话给他们。作为高需求孩子的父母，你必须充分了解并且利用你的资源。

原则 3：远离风暴中心

有时你需要独自面对跌入红区的孩子。如果你意识到自己已经快被卷入红区，请允许自己走出战火。休息一下总比两头"公牛"撞得头破血流要好得多。

让孩子知道你现在太激动了，没办法处理他的问题，但你休息几分钟以后会去帮助他。然后走开，做 10 次深呼吸，让自己冷静下来。提醒自己，你的孩子正在情绪失控，这是因为他拥有追求极致的气质，而不是因为你不是好父母。当你逐渐成熟并给出良好的指导时，孩子发脾气的频率会减少，程度也会减轻。

原则 4：如果必须渲泄情绪，请用健康的方式表达

人们在愤怒和沮丧的时候都会大喊大叫。请注意，我不是提倡大喊大叫，但这确实是现实。在某些文化中，这是非常能够被接受的。但在有些地区，"大喊大叫"这种渲泄方式可能没有得到广泛的社会认可，但仍然是生活中的一部分。我们都知道，当孩子躺在床上听父母尖叫着吵架时会受到创伤，在父母朝他们发火时，他们站在那里，会成为无能为力的受害者。这种伤害叫作语言虐待。过去几十年的研究表明，这种虐待对心理的打击比受到拳打脚踢的身体攻击的伤害更大。我想说明，这种大喊人叫是不可接受的。但幸运的是，还有另一种大喊大叫。我想和你分享一下，没准儿你也是一个喜欢大喊大叫的人，身体里有种强烈的冲动需要释放。

我遇到的那些用健康的方式去渲泄情绪的人，都会把丛林之王泰山当作榜样，像他那样发出震耳欲聋的吼声，一个字也不用说就能吸引所有人的注意。没有"我恨你""你为什么这么蠢"之类的激烈言辞，或者"我希望我从没生过你这样的孩子""我要把你扔了"这些话。没有羞辱、责怪和虐待心灵的言论。泰山的叫喊是一种无言的声带运动，能释放内心所有沮丧和巨大怒火。

值得注意的是，泰山只有在遇到真正危机的时候才会怒吼，没有过度使用，而且他会向大家解释到底是什么惹得他爆发。所以，如果你不得不大喊大叫，想想人猿泰山，张开嘴，一边捶胸顿足一边放松。请不要说话，也不要打扰别人。一旦你感觉舒服了，再坐下来和孩子好好谈一谈，甚至可以笑一两声。这样孩子就不会害怕你的情绪爆炸了。

原则 5：认可追求极致的气质

如果你能把孩子追求极致视为活力而不是毒药的话，你就会发现这样更容易控制孩子追求极致的程度。当孩子富有表现力而不是易怒的时候，你会觉得一切尽在掌控之中。

你也要重新设计自己的标签。你必须认识到，追求极致的气质让你的生活更加丰富多彩，并且增加了你生命的厚度。

> 蒂姆用温暖的声音说："我追求极致的气质让我喜欢表现自己，我能完成别人做不到的事情。我对自己的工作充满了热情。我很会激励员工。工作中，大家总是让我带领新员工，因为他们知道我能让新员工很快起步，组建一支团队。"

> 他停顿了一下，帕蒂接过话头："我从我丈夫身上看到了这一点。他充满激情，做事非常投入，还会和别人发展有意义的社交关系。他还是一名积极的志愿者。去年，他组织了一场活动，筹集了一万美元为学校购买设备。"

一旦引导得当，追求极致的气质会给我们的生活增添许多滋味，带来许多令人兴奋的瞬间。正是这种特质让高需求孩子充满活力，活泼又热情。这个特质为孩子提供了动力，让他们可以成为空手道冠军、爱蹦爱跳的人、热情的创造者、活泼的艺人和充满魅力的领袖。如果我们能用正能量的话语评价自己追求极致的气质，我们就能自豪地站在镜子前，告诉自己：

- 追求极致让我的生活更有价值。
- 我对这个特质很满意。
- 我可以接受自己这个气质。
- 我可以帮助孩子学会控制他追求极致的程度。
- 我不会再害怕追求极致的气质会给我带来麻烦了。

原则 6：庆祝孩子的小进步

在我们第一次讨论要如何控制追求极致的情绪大约两周之后，珍妮特露出了灿烂的笑容。

"这确实很有用！我现在意识到，只要我回家用 5～10 分钟时间把东西放下，然后把注意力放在我的女儿身上，我俩就都能进入绿区。我要是这样做，她会很高兴，然后我们就可以坐下来吃饭了。但如果我不这样，我还在想工作里乱七八糟的事或者到处乱跑的话，她会像海绵一样吸收我所有的情绪。她就会哭起来，晚上也过不好了。我行为的改变真的会起到不一样的作用。"

珍妮特不是唯一体验过成功的人。安杰拉也很高兴地说：

"我正在努力确保我们都能睡个好觉，而且我和丈夫合作得更频繁了。我会让他知道'我需要你的帮助'，这样我就可以随时抽离，然后再回来，他会在一边配合我。我对儿子的态度也改变了。比如昨晚，他姐姐受邀去朋友家玩。他也想去，但他没有收到邀请。在过去，我会冲他大喊大叫，不让他去，然后说：'别人没有邀请你，你是不能去别人家的。'但这一次，我深吸了一口气，仔细听了他的诉求。然后说：'这似乎不公平。你确实很想去。我怎样才能让你好受一些呢？'然后他就不再吼叫了，开始听我说话。再后来我们还一起玩了游戏。"

　　高需求孩子的基因会让他们表现得更加活跃和热情。但在你的引导下，他们可以学会如何调整因追求极致而产生的不良情绪。也许他们不是每次都可以调整好，但一点点进步足以给你希望。通过转变你的反应和态度，你真的可以改变孩子。

第8章

如何让固执的孩子自愿合作

坚持自我和固执己见的区别在于，前者出于强烈的"我愿意"，而后者出于坚决的"不愿意"。

——霍华德·沃德·比奇（Howard Ward Beech），19 世纪美国社会改革家我女儿去上大学时，选择了一所坐落在山谷中的大学。一年秋日，她和友人决定去钓鳟鱼。这原本是山谷里美丽又温暖的季节，所以她们完全忽略了应该为"高山"出行做些准备。可以想象当她们把车开到几百米高的山上，又徒步了一段山路，结果发现自己被困在60多厘米厚的雪里时，该有多惊讶。可她们没有带雪铲，没有厚外套，也没人知道她们在哪里，手机也完全没有信号。

我问她："你当时是怎么做的呢？""嗯，妈妈，"她平淡地回答，"不得不承认，一开始我觉得有点害怕，我朋友也很焦虑。但我深吸了一口气，告诉她，'贝卡，我可是来自善于解决问题的家庭！'这句话把她逗得大笑，我俩也都冷静下来。然后我们往外走，开始在后备箱里找有什么能用的东西。我们找到一个咖啡罐，于是就用那个罐子在雪地里开道。"

我在工作机构分享这个故事时，大家都忍不住笑了。但"我可是来自善于解决问题的家庭"这句话听起来确实很有力。这句话立即将我们的家庭环境勾勒出来了，我们彼此倾听，互相配合。与他人合作这项技能对孩子来说必不可少。

与像原石般不肯罢休的孩子生活在一起实属不易。对这些孩子说"不"、阻挠他们的努力，都很有可能激怒他们。甚至早在婴儿时期，他们就表现得非常坚定和顽强。他们会推倒东西，其他孩子则不会。他们的要求也比其他孩子更高，而且从不放弃。这让你几乎无法忽视他们或者分散他们的注意力。在任何情况下，他们都与我们正面交锋，时刻准备战斗。

不肯罢休是在权力斗争中起主要作用的气质特征。高需求孩子需要、渴望并且追求权力。但作为父母，我们可以聪明地选择在哪些地方和他们进行斗争。我们不需要寸土必争、时时开战。通过认识到孩子的源动力和目标导向，我们可以教会他们引导自己不肯罢休的气质，把它视作财富而不是武器。我们可以创建善于解决问题的家庭。在这样的家庭里，不肯罢休和执着于自己的目标都是值得被赞扬的，而与他人合作是一种需要磨练的技能。

教会孩子找到促成双赢的解决方案

不肯罢休实际上是一种令人钦佩的品质。马丁·路德·金和莱特兄弟就是非常执着的人。高需求孩子需要听到我们的赞扬，知道我们很珍视这种品质。莉塔在一次访问中告诉我：

> 我以前都快要疯了，每次我让女儿做什么事的时候，她都会坚持按照自己的方式去做。直到后来我仔细审视了自己才意识到，其实我也很执着。的确，我的执着有时会让我深陷麻烦，但在大多数时候，这种特质确实是一笔财富。现在，每当她说想要尝试另一种方式时，至少我可以静下心来倾听而不是像以前那样疯狂阻止。我不会再打消她的决心了。

下面请你观察一下你是怎么来描述"不肯罢休"这件事的，你都用了哪些标签？这些标签是否有助于孩子理解并接纳这种气质？你的用语和我从其他父母那里征集来的一致吗？

- 你对自己感兴趣的事真的非常坚持。
- 你坚定而且果断。

- 你知道自己想要什么。
- 你很自信。
- 除非你愿意，否则你的朋友永远不会让你惹上麻烦。
- 你很独立，能力很强。

当我们欣赏孩子的不肯罢休并且帮助他们珍惜这一特质时，他们会很有安全感。当他们感到安全时，就会平静下来，也更愿意与我们合作。父母的任务是鼓励孩子坚持不懈，与此同时，也要教会孩子尊重父母、他人和周围的世界。对父母来说，这意味着他们要学习应该在什么时候清楚地说"不行"，又在什么时候以能够接受的方式、恰当地表达"行"。

高明的父母会说"行"

避免和高需求孩子发生冲突的关键就是要管住自己的嘴，不要下意识地说"不，不可以"，而要想办法说"行，你可以"。每次父母说"不"的时候，随之而来的可能就是一场战斗。而这一仗父母原本是可以避免的。一旦父母树立起全家合作的心态，说"行"就会变得更容易一些。这样一来，父母也培养了孩子不屈不挠的精神，而这种品质将守护他们一生。

寻找说"行"的机会

当高需求孩子感到沮丧、愤怒，或者被某个问题困扰时，别人经常建议我们不要管或者分散一下他们的注意力。这些方法对普通孩子管用，但对不肯罢休的孩子是没用的，他们不会让你忽略他们的，而只会越叫越大声，越叫越久，直到你忍无可忍。他们也不容易转移注意力，因为他们知道自己想要什么，在没有达到目的或者找到更好的东西之前，他们是不会放弃的。真正有效的方法是，让他们知道你在倾听，并且会尽最大努力理解什么对他们来说是重要的。

下次孩子发脾气、情绪失控时，你可以对他说："我在听你说呢，我也在尽力理解你说的这件事。"这句简单的"我在听"，可以帮他敞开心扉，让他有可能接受其他选择。这还可以改变你与孩子之间根深蒂固的斗争模式，因为你表现出了很愿意配合的态度。

　　为了理解去倾听，这一点非常重要。哈佛大学法学院副教授斯科特·布朗（Scott Brown）在《如何与孩子谈判》（How to Negotiate with Kids）一书中写道："只有了解了孩子的想法，你才有更好的机会去改变他的想法，并且避免争吵。"我们大多数人接受的教育都是，倾听是为了发现对方的弱点，然后利用这个弱点把对方治服。为了理解对方而去倾听时，我们需要停下手里的事，认真思考孩子在说什么。停下来不是让你寻找机会攻破对方，也不是让你思考接下来自己要说什么。如果当下，你自己也感到心烦意乱，你可以回顾第 7 章提到的"保持冷静"的技巧，对孩子说："等等，我必须先给自己一分钟时间冷静一下，才能好好听你说话。"然后退后一步，深呼吸，让自己冷静下来。

　　当你平静下来以后，你可以对孩子说："我正在听你说呢，我也在努力理解你。"那么接下来的问题是：你准备如何回应孩子？是准备妥协还是继续坚持？

　　幸运的是，还有另外一种回应方式，谈判。

围绕原则的谈判之术

　　闻名商界的经典之作《谈判力》（Getting to Yes）的作者罗杰·费希尔（Roger Fisher）和威廉·尤里（William Ury）等将谈判定义为：当你和对方存在部分共同利益和部分分歧时，为了达成一致而采取的交替沟通之术。

　　这个概念非常有意思，但在家庭中运用起来比较困难。大部分人都有这样的经验，长辈们一直告诉我们，交替沟通意味着和父母顶嘴，这在我们这一代人身上是不允许发生的。双方达成一致并不是最主要的目标。如果爸爸要求我们做某件事，不管是否愿意，我们都应该去做。因为在过去，我们只知道两种谈判方式：软弱，对方赢；强硬，己方赢。

　　幸运的是，还有另外一种谈判方式。这种方式不会让我们陷入权力斗争，并非要一决胜负，费希尔和尤里称之为"原则性谈判"。原则性谈判的重点不在于双方承诺将要做什么或者不做什么，而在于找到彼此的共同利益和解决方案。这让我们能够与孩子建立合作关系，培养团队精神。两个个体互相配合、相互尊重，找到双方都有尊严和权力感的解决方案。这种关系让我们与高需求孩子能够通力合作，甚至能够让青春期的问题变得更容易引导。

　　当然，费希尔和尤里没有在他们的书中阐述怎样教会高需求孩子谈判技巧，所以我不得不对他们的方法进行改编。改编后的方法叫作"寻找内心的平静"，包括立场、利益、期望、共识和评估[①]。

立场

　　　在一堂讨论如何避免权力斗争的课上，我让父母们回想一下上次和孩子吵架的情景，"你们为什么吵架？"这个问题很简单，大家立即给出了答案。

　　　"昨天午饭时，"汤姆说，"我问罗斯是喝苹果汁还是牛奶，他说，'我要苏打水。'"

　　　"我们的战斗也发生在午餐时间，"谢丽补充道，"我让7岁的女儿坐下来吃午饭。但她坚持说不饿，想去朋友家玩。"

　　当你问孩子午餐是要苹果汁还是牛奶时，他回答要苏打水。你们各自选定了立场，苹果汁或牛奶还是苏打水。立场可以是任何东西，比如："我要去一个地方"和"我不让你去"；"我想去找朋友玩"和"你就坐在这儿吃午饭"。这些立场每次都会把我们逼到墙角，无路可走。就像赛场上的拳击手一样，我们仿佛都能听见头顶上的敲锣声，对抗一触即发。问题始终悬而未决：谁会赢，谁会输？此时，最大的挑战其实是我们如何走出无路可走的墙角，找到双方都能接受的解决方案，关注彼此的共同利益，而不局限于自己的立场。

[①] Position（立场），Interests（利益），Expectations（期望），Consensus（共识），Evaluate（评估），首字母简称 PIECE，与 PEACE（平静）同音。

利益

　　每次你和孩子能坚持某个立场，是因为你们需要某种利益或者满足某种需求。为了解决分歧，我们必须首先明确这些利益到底是什么。

　　戈特曼在研究中发现："争论总是不可避免地回到起点。"这就是为什么当你和孩子持不同立场时，最重要的是你先不要去批评或者鄙视他的立场，而是努力尝试去了解到底对孩子而言什么事情比较重要。

　　多问对方为什么，有助于找到利益所在。无论利益点是什么，重要的是你要竭尽全力找到它。与孩子保持平视，认真倾听对方。你可以直接问他，为什么要去找朋友玩，或者为什么要喝苏打水。如果孩子太小，无法回答，或者他没办法清楚地表达出原因，你可以通过提问来推断。比如，"你的意思是，你想喝苏打水是因为爸爸也在喝吗？"或者"你是说你想喝苏打水是因为你喝腻了牛奶和苹果汁吗？"即使是两岁的孩子也会意识到，你在努力倾听，并试图理解他想要的是什么。在你的努力之下，他的紧张感会慢慢消失。

　　既然双方坚持立场是因为僵持，那么打破立场也需要双方努力。你的利益和孩子的利益同样重要。

　　"你为什么非要让罗斯喝牛奶或者苹果汁呢？"我问汤姆。

　　"因为冰箱里就剩下这些了。"他回答。

　　"还可能有什么原因呢？"我问大家。

　　"有营养。"凯茜说。

　　"那你呢，谢丽？"我问，"你为什么非要让孩子吃午饭呢？"
　　"因为她不吃东西情绪就会很激烈。"她回答，"而且，我可不想下午两点钟再做一顿午饭。"

阐述自己的立场能帮助你进行自我梳理。当你开始思考为什么双方会有这样的立场时，你会意识到，除了想决出胜负之外，还有其他原因。意识到这一点可以帮助你找到双方都可以接受的解决方案。

尽管明确利益点并不容易，尤其是在孩子还小，还不能很好地表达自己的时候。但你这样做，仍然是在教他掌握一项非常重要的技能。你在帮助高需求孩子学会用语言清楚地表达他们的需求，而不是用推搡、尖叫或者哭泣来表达。研究人员表示，你不仅可以通过这种谈判练习来改善亲子关系，还可以帮助他们提高与同龄人相处的能力。

一旦你明确了自己的利益，你就可以努力找到你可以接受的解决方案。但在这之前你需要确认，是否存在其他任何需要考虑的期望或规则。

期望

在找到解决方案之前，我们必须先回顾一下，目前有哪些期望和规则。有时，像"午餐需要在中午吃"这样的期望确实有些武断，是可以商量的。但其他规则，比如"17 岁以下的孩子不能观看限制级电影"则是必须遵守的。你可以与孩子一起探讨目前的期望和规则，然后再寻找双方都同意的解决方案。有时，规则会给出答案，你们就不必再费心寻找了。比如，下面这对父子之间就发生了这样的事。

"我就要这样做，你管不了我！"有一天，我走出商场时，听到这样一句话，像战斗口号一样响亮。一对父子引起了我的注意。他们站在那里一动不动，儿子的眼睛里闪着泪光，双肩挺直，不停跺脚，他已经准备好要开战了。爸爸比儿子要高，金色的头发在阳光下闪闪发光，嘴角挤出一丝微笑。

"你为什么非要把这件事搞成权力斗争呢？"父亲问儿子。

儿子犹豫了一下，他没想到父亲会做此反应。这时，如果我们有机会观察他的大脑内部，就会发现，父亲的这个问题将他从情绪模式切换到了思考模式，帮助他保持冷静。

"因为我想去看那个节目，我就要去看。"他反驳。

"你觉得那个节目里最有教育意义的是哪部分？"父亲问道，"是他们撞上三米高的死亡墙还是从一米高的地方往下跳？哦，还是说穿着比基尼的啦啦队队员？"

儿子不禁有些尴尬地笑了。他的表情似乎在说，我爸怎么知道那个节目里有什么？他措手不及，不知道该怎么收场。他正在尽最大努力把父亲拉进拳击场，但父亲就是不上套。

儿子又做了几次无力的尝试，都以失败告终。父亲用聪明的提问和幽默的提醒让他想起来家里的期望和规则：我们家只看有教育意义的节目。他们之前约定好的家庭规则阻止了这场争斗，并且提供了解决方案。

在你开始与孩子探讨可能的解决方案之前，先回顾一下以前已经约定好的规则或期望，看看你们能否从中找到答案。如果不行，你和孩子不得不自己找到解决方案。但是对于固执地坚持自己立场的孩子而言，这一点比较难做到。

共识

对于高需求孩子来说，劝说他们放弃立场需要花点时间。他们需要听到父母说"你非常聪明，很有创造力""你可以找到另一种解决方案，我们是善于解决问题的人"，等等。当孩子追求极致的情绪达到高点，而父母正在忙碌，或感到疲惫，或还没来及发现问题时，权力斗争就容易发生。无论是在商场因为购物车引发的争论，还是在门厅因为戴手套、穿靴子引起的争吵，只要发现孩子开始钻牛角尖、一意孤行了，父母就必须立即停下来，深吸一口气，给孩子一些时间让他的情绪过去。孩子在恢复平静之前是不会主动放弃自己的立场的。

　　你也可以主动举自己的例子教孩子如何放弃执念。比如，当你打算去商店，却正好遇到倾盆大雨，被困住时，你可以大声说："我想马上去商店，可雨下得太大了，我会浑身湿透的，我得想点别的法子。尽管这很难做到，因为我真的很想现在就去商场。"无论什么例子，你要给孩子展示你是如何做到不再固执己见的。

　　头脑风暴也可以帮助你们找到答案。当孩子情绪逐渐恢复平静，并且不再坚持自己的想法之后，你们就可以探索其他可能的解决方案了。头脑风暴是毫无限制、天马行空的。此时，提出任何想法都不会被评价、贬低、抛弃或者嘲笑。你们可以想出任何解决方案。事实上，一些幽默的想法也会缓解紧张的氛围，孩子和你能更好地合作，直到找到正确的解决方案。

　　为了实践这一点，我把全班分成两组，一组帮助汤姆和罗斯找到恰当的方案，另一组帮助谢丽和她的女儿。

汤姆团队反馈了以下建议：

- 午餐喝牛奶或果汁，加餐时可以喝苏打水、吃爆米花。
- 把冰块放进果汁里，假装是苏打水。
- 汤姆也可以在午餐时喝牛奶，把苏打水留到罗斯不在时喝。
- 汤姆可以告诉罗斯，他们家的规矩是"一天一糖"，并问他是否真的想把这一整天吃糖的份量一次用完。

谢丽团队反馈了以下建议：

- 不吃午饭。
- 打包午餐，带到朋友家去吃。
- 邀请朋友来家里共进午餐。
- 两点做午饭。

在读完上面这些建议后，我请汤姆和谢丽选出他们认为最能被双方接受的方案。汤姆选择在果汁中加入冰块，因为他觉得罗斯真正想要的是冰块。谢丽选择了邀请朋友共进午餐。

与孩子一起头脑风暴可以让你发现更多可供选择的方案，这对双方都有好处。如果孩子还小，可以以你为主，如果孩子年龄大一点，你就需要后退一步，让他用自己的创造力来解决问题。如果你不喜欢孩子最初提出的解决方案，要避免陷入另一场权力斗争，你只需要轻描淡写地说："这只是一个想法，你能再想出两个吗？"接下来，你们继续头脑风暴，直到找到双方都认同的方案。

在你寻找解决方案时，请自由地发挥想象力。高需求孩子有着难以置信的创造力。一位父母告诉我，她成功地阻止了学龄前孩子想吃麦当劳薯条的想法。她的方法就是假装给孩子一大包薯条，然后孩子就可以假装吃得很香。另一位父母的刚学会走路的孩子想坐在车里出去兜风，他就假装开车带他出门了。高需求孩子可以学会运用奇妙的想象力很好地解决问题。

评估

如果你提出的解决方案不起作用，或者在尝试后，双方还是不能接受，该怎么办？这时，需要双方同意，过一段时间再来评估这个方案，以此保护每个人的利益。显然，有些方案不需要评估，比如在苹果汁中加冰块。但情况也可能是你原本同意孩子每天看一小时电视，但后来，孩子意识到一小时的限制会迫使他在橄榄球赛进行到一半时就关机，或者你发现他看的节目你无法接受。有计划地进行评估可以给双方时间表达自己的不满和担忧，提出一个更能接受的解决方案。这也为双方制造了机会，提出更具创造性的方案，因为你们知道，如果需要的话，还有机会可以改变主意的。

偶尔说"行"，允许高需求孩子尝试新想法或者提出解决问题的方案并不意味着你要放弃父母权威。事实上，发现孩子善于解决问题，对不肯罢休的孩子的父母来说是重大突破。这能让争论消失在开始之前。

你可以回想一下最近和高需求孩子发生的争吵，想想哪些争吵可以通过找到说"行"的机会而得以避免。下次再遇到类似情况时，请你准备好给孩子上一堂谈判课。

达成共识需要沟通技巧，婴儿和幼儿并不具备这一技巧，但他们仍然有自己强烈的想法。养育高需求婴幼儿会令人非常疲惫。你总是得去追赶家里狂热的探险家，或者阻止决心去尝试新鲜事物的孩子，但你这样做的次数越少，你省下的精力就越多，战斗就爆发得越少。对这个年龄阶段的孩子来说，还有另一种方式可以表达"好的"。

营造说"行"的环境

如果你走进一间设计用心的早教教室，你会发现一个精心准备的说"行"的环境。这里有椅子，孩子可以自己爬上爬下。这里也有不配椅子的"幼儿桌"，孩子可以坐在地板上或者靠着桌子站着，先学会如何使用桌子，然后学会使用椅子。书架和钩子都在孩子自己够得着的高度。有便于拿取的小杯子，用来装果汁。安全剪刀、纸、蜡笔和其他用品都准备充足，教室还为精力充沛的孩子准备了蹦床、摇摆船、丛林健身房供他们爬上爬下。有可以推拉、骑行的玩具。防碎镜子水平放置在离地面两三厘米的地方，而不是垂直悬挂，这样即使是很小的婴儿也可以抬起头来观察自己。房间里的一切仿佛都在说"让我看看你自己能做什么""去探索""去学习""感受自己无所不能、能力强大"。这就营造了一个说"行"的环境。成年人已经为孩子选择了可用的材料和家具，因此应腾出时间与孩子们交谈、引导他们，而不是斥责他们或与孩子争吵。

我们没办法把自己家弄得和早教教室一样，也不想这样做，但我们可以好好规划，为孩子营造一个说"行"的环境，从而让家里没有争吵。你的家适合孩子居住吗？还是把父母和意志坚定、精力充沛的小小探险家置于对抗的立场？有能让小探险家使用的橱柜吗？还是每次蹒跚学步的孩子去厨房时，你们都避免不了争吵？除了沙发，还有什么地方可以跳一跳吗？书在哪里？孩子方便抓到书吗？活动中心在哪里？你会阻止孩子按按钮还是拉电线？挂衣服的钩子在哪里？孩子能否不需要帮助就能把毛衣拿下来？水杯有多大？它们放在哪里？这些杯子对于孩子来说，容易拿得住，水又不容易洒出来吗？如果你的家对孩子来说越安全、越方便管理，你就越不需要和孩子为了"离开"什么地方或"远离"什么东西而争吵。

诚然，孩子的确需要学会尊重他人，但在孩子发展早期，大脑中的一切都在告诉孩子，要去探索自己的世界，看看世界是如何运作的。这是一个重要阶段。再加上孩子执着的气质，想要探索的需求就远远超过了他们的自控能力。通过营造说"行"的环境，你是在配合孩子的气质特征，而非对抗。你在欣赏和享受他的好奇心和信念感，并且尽量避免完全不必要的争吵。这不是屈服，而是寻求和平解决问题的方式。

不要怕一开始多花时间

寻找说"行"的机会需要付出很多时间和精力。你可能觉得自己没有太多时间。你的父母很可能在你小时候也没有为此付出过很多精力。因此，你可能会疑惑为什么要这样做。

马蒂是两个孩子的父亲。他来自一个非常严格、专制的家庭。"在我家，爸爸让你跳，你就得跳。我曾经一直对'寻找说行的机会'这个说法很困惑。"他严肃地看着我说，"其实一想到这个说法，我就有些生气。"他告诉我这样一件事：

> 上周六早上，我和妻子想去市中心买个书架。孩子们大发脾气。他们不想错过卡通片，也不喜欢购物，所以不想去。我很生气。他们为什么就不能服从指挥、老老实实上车呢？我的情绪快要失控了，妻子赶紧过来处理。
>
> "爸爸想去，你们不想去，是吧？"她说，"那我们怎么办呢？"
>
> "给邻居打电话怎么样？"老大先说话了，"你们上周帮他们看孩子了，也许这次我们可以去找他们，这样你和爸爸就可以去约会了。"

"太棒了，"年纪小的孩子也说，"就这样办吧。"

起初我有点犹豫，不太想去打扰邻居，我还觉得全家一起去购物会是非常美好的家庭时光。不过当我意识到我们之前确实帮忙看过邻居家孩子，同时如果硬要孩子们去的话，这样的时光显然也"美好"不到哪里去时，我同意了。孩子们给邻居打电话，对方也同意了，我和妻子就出发了。

开车的路上只有我们两人，感觉很平静，但我仍然有些沮丧。妻子提醒我，其实在大多数时候，孩子们确实会和我们一起来，也几乎没有什么意见。她点破了一个事实："我们培养孩子，是希望他们长大以后能够说出自己的需求，提出解决方案，有时甚至还可以去质疑权威。"

显然，我自己并不是这样长大的，但我这么多年来一直努力说出自己的需要，有时也鼓起勇气为自己辩护。只是因为我不是在这样的原生家庭中长大的，所以要用这种方式来养育孩子并不容易。

我冷静了一点，但一想到我们竟然花了 20 分钟才想到这个解决方案时，我又生气了。这 20 分钟简直是白白浪费了。我的周末时间可是很宝贵的，我可不想把宝贵的时间花在和孩子们谈判上。

回到家以后，我仍然有点生气。当我们去接孩子回家时，他们却心情大好。我们先得送老大去参加篮球比赛，然后决定再去其他几个地方看看书架。这次，其他孩子没有怨言地跟着去了。而且，他们还很愿意去。

甚至第二天，我还得到了回报。我提议，全家一起散步。

老大跳出来说："我们从来没去做过我们小孩想做的事。"

"等等，你忘了昨天的事了？"我提醒他。

"哦，好吧。"他结结巴巴地说着，穿上了外套。

那是一次美好的家庭散步。那天晚上我意识到，之前我们花了 20 分钟找到说"行"的方案，让整个早晨过得非常平静。大家都很高兴。每个人的诉求都被听见了，也得到了满足。它带来的好处一直持续到下午的篮球赛和购物活动。没有任何麻烦，也没有谈判。第二天，它还阻止了一场可能由散步引发的权力斗争。也就是说，周六早上花的 20 分钟已经维持了整整 24 个小时的和谐。20 分钟换来 24 小时，我想这笔投资非常划算！

我不能保证每次寻找说"行"的机会都会带来 24 小时的和谐，但这确实是划算的投资。寻找说"行"的过程教会了不肯罢休的孩子能考虑他人的需要，友好地解决问题，做出让每个人都舒服的决定。这为健康的亲子关系奠定了基础，这种关系能让你们顺利度过孩子的青春期和未来更长的时间。

父母自己也固执，怎么办

很多人和马蒂一样，都觉得寻找说"行"的机会很难。这可能和我们的成长经历有关，可能是因为父母也不肯罢休。我们和孩子一样，坚定、顽强地守护着自己的立场。

"哦，是的，我就是个不肯罢休的人！"克劳迪娅在我们的小组讨论中解释道：

儿子萨米和我就像角顶着角的两头公牛。我的死穴就是听见他说我错了！这真的让我非常生气。

昨天下午，萨米正在写信。与此同时，8 岁的女儿萨拉在拼写单词，她需要我帮忙。他们俩都快把我逼疯了。这时萨米想知道"neighbor"（邻居）这个词怎么拼。

"nei。"我说。

"不，是 na。"他坚持。

我说："就是 nei。"

"不，就是 na。"他非常坚持。

他快把我逼疯了。是他先问我问题，现在他却非要说我的答案是错的。我可没有心情跟他来这套。

"如果你不想知道正确的答案，那就别问我。"我厉声说道。他非常沮丧，把他认认真真写的信都撕了。后来我才知道，原来在他问我之前，他拼写的都是 na。如果正确的拼写是 nei 的话，那他之前的信就都写错了，也没办法擦掉。但当时我没有花时间去了解他为什么就是不同意我的说法，或者为什么他对我的答案特别失望。我也不想去花时间了解。更何况，我正忙着照顾他妹妹呢，妹妹也正在我面前抱怨。

碰巧，那天晚上我们去了一位朋友家。我无意中听到一个 5 岁的孩子告诉他姐姐，一块红砖是黑色的。

"是红色的。"姐姐说。

"是黑色的。"弟弟说。

我不禁想起几个小时前我和儿子的对话。不过，这次的结局没有那么令人沮丧。姐姐叹了口气，看着弟弟说："你看待事物真有创造性。"

我不敢相信一个 7 岁的孩子会这样回答。她明明知道那块砖是红色的，而且坦率地说，其实弟弟也知道。但当时，他就是希望那块砖是黑色的。

如果不肯罢休的孩子遇到拥有同样气质的父母，有时为了避免和孩子陷入权力斗争，父母需要摒弃自己的坚持。父母必须意识到，没必要非要争论，也没必要感到沮丧。这只是两个固执己见的人对同一种情况有着截然不同的看法而已。更何况这个世界需要有信念的人。

所以下次，当你意识到你和孩子在争论一些毫无意义的事情时，想想那个聪明的 7 岁孩子。你可以在适当的时间简单地让争论停止，或者复述正在发生的事，然后提醒孩子你们是善于解决问题的，从而缓解紧张的情绪。

下次当克劳迪娅和萨米意见不合时，克劳迪娅可能会对萨米说，"这不是很有趣吗？我说的是 nei，而你说的是 na，我们怎么才能弄清楚呢？"或者"我想让你上车，但你不想，我们怎么才能互相配合呢？"这些简单的陈述和提醒，可以让孩子知道我们需要配合，可以缓解紧张气氛，帮助你们停止权力斗争。

让其他人也配合说"行"

寻找说"行"的机会对很多人来说是个全新的概念。在谈判中，大多数人都更熟悉"我赢了，你输了"这种模式。但是父母要准备好让孩子去面对一个不同的世界。要想在这个世界中生存下来，沟通和解决问题的能力至关重要。很多人没有发现，为不肯罢休的孩子寻找说"行"的机会和教会他们重要的生存技巧之间存在着联系；他们也没有意识到，父母是在有意识地决定什么时候、以何种方式让孩子们参与这个过程。结果这些父母在最需要帮助和支持的时候，却遭到人们的指责。

当父母在为孩子寻找说"行"的机会时，父母需要让别人知道自己并没有放弃父母权威。父母看到了孩子的坚持，也在教会他们正确运用这一气质特征。

有一次在商店，我无意间听到了两位奶奶分享自己孙辈的事。其中一位奶奶的孙子有望成为未来的体育明星。那是一个两岁的高需求宝宝，能够爬到任何地方。孩子的爸爸让孩子爬后院的梯子，奶奶说："我真是吓坏了。他爸爸就直接让他爬，就站在那儿看着他爬，一句话也不说。他会摔死的，而且是在我的房子里！"

很明显，我们未来的运动明星的爸爸找到了为他动作敏捷的两岁孩子说"行"的机会。他决定支持孩子试一试。但奶奶想不明白。她认为爸爸太大意了，因为她知道大部分两岁的孩子没办法安全完成这一壮举。这让她感到害怕，所以她会批评爸爸，而不是鼓励他。她需要这位爸爸告诉她，他在做些什么，需要他与她分享自己为儿子的决心和能力感到高兴的心情。要想得到奶奶的支持，爸爸必须让她知道，自己正全神贯注地站在这里看着，在鼓励儿子去尝试，这是在帮助儿子建立健康的自尊心。

如果你家的高需求孩子是女孩，那么你更需要告诉别人你在做什么了。相比男孩，社会文化对有主见的、固执的女孩的宽容度更低。尤其当这个女孩是家中长女时，这更是打破了女孩的刻板印象。我们必须帮助别人看到这些高需求女孩的价值和力量。

在参加大学女子高尔夫锦标赛第一赛段比赛时，我感受到了不肯罢休的年轻女性能够创造怎样的奇迹。当时我和 4 个年轻的女运动员一起走着，一位观众问我是做什么的。我告诉她，我是《发现高需求孩子的优势》一书的作者。听到我们的对话后，这些年轻姑娘的父母齐声喊道："我家也有高需求孩子！"我相信这是真的。一个人没有决心、毅力和激情，是无法参加大学生锦标赛的！父母多年的辛勤培养有了收获。他们能以积极正向的方式引导女儿养成了不肯罢休的气质，你也可以做到。

认可不肯罢休的气质

经常说"行"能够培养孩子坚强的意志。无论是买一个 500 毫升的罐子让两岁的孩子自己倒果汁，还是让 3 岁的孩子自己选择去幼儿园穿的衣服，或是花 20 分钟和你 8 岁的孩子一起找到令双方满意的解决方案，你都可以通过说"行"的方式来与孩子合作，从而避免权力斗争。

如果你不确定到底应该说"行"还是"不"，那就问问自己："这是他生活中必要的技能吗？"以及"如果我在他身边支持他，他会安全吗？"如果答案是肯定的，那就让他试试。

孩子们的能力和才华会让你惊喜。要学会变通，你要知道什么时候应该对孩子说："我觉得以前的你可能做不到，但现在的你或许可以。"找到鼓励孩子意志力的方式。如果你想说服孩子放弃，请先三思。即使你可能需要花很长时间培养孩子，但通过肯定孩子的不肯罢休，你可以避免争论，并且培养孩子的责任感和"我能做到"的态度，这些都是生活中非常重要的品质。

优秀的父母会说"不"

说"行"能让我们与高需求孩子和谐相处，教会他们解决问题的技能，这一点至关重要，但与此同时，学会明确地说"不"也同样重要。

与其他孩子相比，高需求孩子更需要自信的父母，也就是那些在教孩子基本的生活法则和价值观时，愿意和孩子一样坚持不懈的父母。这样的父母能够说："我不会让你……""我会帮你停止……""规矩是这样的……"以及"确保你的安全是我的职责所在。"如果战斗不可避免，父母必须投入战场。这并不轻松，尤其是在你不如孩子更能坚持的情况下。

明确规则，坚持贯彻

高需求孩子是未来的政治家、律师、销售精英或改变世界的人。如果我们不想每天浪费时间和他们争论，首先我们必须确保基本规则非常明确。

规则需要描述你所期待的孩子的行为。你家的规则也许和我家的不一样，但重要的是不需要有太多项目。高需求孩子会质疑每一条规则。"你确定这是规则吗？""每次规则都是这样的吗？你真的坚持让我遵守吗？你也会遵守吗？"

规则就是你的战线。这些战斗必须是你愿意面对的，因为这些规则非常重要，你愿意深入战场，像你的高需求孩子一样坚持不懈。我在课堂上把规则的指导原则提炼为三个基本问题：

- 这种行为安全吗？
- 这种行为尊重自己和他人吗？
- 这种行为尊重周围环境吗？

如果答案是否定的，父母的任务就是阻止孩子。

当你非常清楚自己的规则是什么以及为什么会有这些规则时，你就会十分自信。当你坚持让 3 岁的孩子小睡一会儿或者至少休息一段时间时，他要是大惊小怪，你不必怀疑自己。因为你知道这对他及其身心健康来说都非常重要，因为超过 8 小时不睡觉的学龄前儿童有 86% 的可能性会因为受伤被送到急诊室。小睡非常重要，你可以按摩他的背，帮助他放松，使他得到充分休息，或者花点儿时间和他躺在一起，让他看看父母是怎么午睡的。

当你上车后，把还在抗议的孩子绑在汽车座椅上时，你不用担心这会对他的心理造成不良影响。因为你明白法律就是这样规定的，这可以保护他。你也会系上安全带，因为你知道如果你系上安全带，他长大一点儿后也会学你的样子。当你坚持让 8 岁的孩子关掉电视去完成家庭作业时，你知道这对他的教育至关重要。在类似的情况下，你可以自信地对孩子说"不"并且坚持遵守规则。这一切都是值得的。

身为育儿专家且有两个成年女儿的埃达·奥尔登（Ada Alden）非常强调这一观点。"必须有所限制。孩子们需要确定自己是被爱的。如果他们没有受到限制，他们就不会感受到被爱，他们就会在其他地方寻找爱。孩子只有在建立起个人安全感后才能自立自强。孩子们必须知道有些事是'可为'的，而有些事是'不可为'的。我非常坚信这一点，高需求孩子的父母则更需要这样做。"

让规则清晰准确

高需求孩子总是会想尽办法钻规则的空子，所以我要求父母的规则必须要非常清晰准确。如果不这样的话，你会发现自己和佩姬一样，随时都在战斗。

　　我们家的规则是控制孩子们看电视的时间。我们一直在为此争吵。如果我要求孩子们关掉电视，他们会抱怨说才刚刚开始看，或者没有看多久。直到我们在课堂上讨论这个问题时，我才意识到我的规定并不明确。什么叫看电视看多了？他们能看多久？于是，我回家和孩子们说："我们需要一个明确的规则，每天最多看一个小时电视。你们可以先看看电视指南，再决定自己想看什么节目。"

　　他们提醒我，如果要看体育比赛或者电影，一个小时的时间不够。后来我们一致同意，周末可以放宽限制到两小时。虽然他们还是抱怨，但看电视的问题确实解决了。我也相信这么做是对的，因为孩子们也参与了规则的决定过程。现在，每次在他们看电视的时候，我都会简单提醒他们："这是你们自己选的一小时节目哦。"如果他们同意，就看；如果不同意，就自己把电视关了。因为他们知道不能把有限的时间浪费在垃圾节目上。战斗终于停止了，即使是平时最不愿妥协的孩子也妥协了。

下面，你可以把家中规则写下来，看看这些规则是否清晰简洁。什么时间睡觉？哪些玩具需要分享、哪些不需要？可以在哪儿骑自行车？谁来帮忙洗碗？问问孩子，他们认为家里的规矩是什么。和孩子们一起检查规则，如果需要的话，可以对规则进行更精确的调整。不过需要记住，孩子还小，还无法像成年人一样思考问题。

孩子们会用很具象的思维想问题，所以你需要确保在建立规则时，孩子完全明白规则的具体含义。

坚持执行

如果规则变来变去或者没有每次都执行，高需求孩子会非常不安。你会发现，我建议的规则指南对任何年龄段的人都适用，从 2 ～ 92 岁，都是这样。诚然，随着孩子越来越有能力，一些规则可以变化，但重要的是，在一段时间内，规则是稳定的，并且始终得到执行。今天的规则明天也一样是规则。如果你在周六阻止了孩子们做某件事，你必须在周一也这样做。

奥尔登打趣道："坚持就像用牙线洁牙，你必须每天坚持。你不能在周末疯狂用牙线来弥补，这是不行的。"

当你坚持执行规则时，即使是最固执的孩子也会明白这没有回旋的余地。但他们必须一遍又一遍地重复听到这些规则！

语气坚定

语气坚定并不是指用刺耳的声音大声地说话，而是用一种充满信念的声音。这个声音明确表示："规则是……我会帮助你遵守规则。"这种语气是在告诉高需求孩子，你很坚定，并且每次都会坚决执行规则。

如果你很难在固执的孩子面前执行规则，可以试着练习一下。站在镜子前，仰起肩膀，抬起头，直视镜子中自己的眼睛，用自信的声音大声说："我是个自信的父母。我知道我在做什么。"如果你一直这么说，很快你自己就会相信，之后你的孩子也会相信。

不要担心阻止孩子

高需求孩子需要确认事物的边界保持不变。因此，他们比其他孩子更喜欢去试探。这不是我们想象出来的。印第安纳州立大学的卡罗琳·李（Carolyn Lee）和印第安纳大学的约翰·贝茨（John Betts）进行了一项研究，发现在孩子 24 个月大时，如果妈妈认为他是高需求孩子，那么他会比性格随和的孩子更容易遇到"轻微麻烦"。我们必须更坚决地执行规则。因为困难很容易让父母放弃。

　　我永远不会忘记一次一位老师打电话训斥我。她气得脸色发青。因为她班里有个孩子认为，所有的规则都是约束其他孩子的，而不约束他。当老师给他父母打电话，询问怎样才能让孩子配合时，父母却回答说：“他是高需求孩子，控制不了自己。”

　　“他们告诉我，是你跟他们说孩子是高需求孩子的。”老师厉声说道，“所以我打电话给你！你有什么要解释的吗？”

　　“我是无辜的。”我赶紧回答。高需求并不是不讲理的免死金牌。

　　了解高需求孩子有助于我们看到他们身上的优点，知道如何与孩子合作，以及教育他们怎样在不影响自己气质的情况下表现得体。但这些都不是孩子表现不好的借口，也不是违反规则的豁免证。我们可以接受活跃的孩子，理解他需要不停地动，并为他提供能够站着和锻炼的机会，或者让他带着其他孩子一起动，但我们仍然要阻止他过分打扰别的同学。

　　当孩子违反规则时，父母都应该阻止他，比如在他把浴室淹了、在厨房里乱扔麦片、打他的兄弟姐妹、说他讨厌我们时。这是我们的职责所在。即便当时我们很累，要给别的孩子喂奶，或者在和朋友打电话，我们都需要去制止。为了制止孩子的不当行为，我们必须追到他，弯下腰来抚摸他，然后说“停下”，不斥责、不吼叫，但要语气坚定。“停下”这个词似乎比“不行”更有效。说“不行”会让固执的孩子开始争论。说“停下”则代表了一切：安静、停止、站着别动、暂停、住嘴！然后我们可以引导他做些适当的行为，或者教他你希望他说的话。我们可以说：“别打你弟弟了。你可以告诉他你不想和他分享玩具。”

　　但如果他们停不下来怎么办呢？如果他们发火、跺脚、尖叫、号啕大哭，怎么办？高需求孩子追求极致又不肯罢休。他们不喜欢别人阻止他们。我们必须像他们顽强反抗一样坚持执行我们的规则，必须准确传达这样的信息：“我不怕你生气。我是你的父母。我会帮助你停下来的。我一定要执行规则。”

对年纪更小的孩子来说，阻止可以意味着把他抱起来、把他带走。我们可以用手护着他的胳膊，防止他撞到哪里或者到处扔东西。再大一点儿的孩子可能需要父母给他们一些选择，例如"别在沙发上跳了，你可以去蹦床上跳"。如果有必要，我们可以把孩子带到其他地方，让他们玩别的。我们必须向高需求孩子明确：一旦他们违反了家里规定的行为准则，父母一定会阻止他们。

通过提问帮助孩子自己停下

我在早教教室观察时，看到 3 岁的本用线绑着一只塑料小马，在空中挥舞，他根本没意识到这有可能会打到别的孩子。老师走过来，蹲下，保持和他一样高，告诉他："这样看起来很危险哦，如果你在飞小马的时候，别的小朋友正好走过来怎么办？"

本认真地看着老师，尽管他不喜欢老师批评他，但还是意识到自己没有考虑周全。老师停顿了一下，给了他一点思考和改变的时间，然后说："你可以找些别的东西玩，刚才那样不安全。"他没有反抗，把小马和线递给了老师。

通过向孩子解释你的担心，提出能帮助孩子思考的问题，让孩子参与决定接下来该怎么做，你可以争取到孩子的配合，不必争吵就可以阻止不好的行为。

有效地承担后果

故事发生在几年前，在卢·霍尔茨（Lou Holtz）担任圣母大学首席橄榄球教练时，球队中有一位才华横溢的年轻四分卫。然而，霍尔茨在回顾上一赛季的统计数据后指出，这位四分卫投出的球曾多次被拦截。他把年轻的四分卫叫进办公室，告诉他："你是个伟大的运动员，可以继续担任首发四分卫。但是，明年你传出的球不会被拦下超过 7 次。"

年轻的四分卫困惑地看了教练一眼，问："你怎么知道？""因为，"

霍尔茨慢吞吞地说，"第 7 次之后，你会坐在我旁边的长凳上。"

霍尔茨明确地阐述了规则和期望，并明确了如果对方达不到标准会有什么后果。对高需求孩子的父母来说，后果可以是一个重要工具。后果指的是个人行为导致的符合逻辑的结果。高需求孩子需要知道，如果他们不停下来，或者不遵守规则，就要承担相应的后果。

什么是适当的后果？有效后果的传统定义是：自然的、合乎逻辑的结果。自然的后果是自然的、固有的，就像冬天你不戴手套，手就会很冷一样。阐述这样的后果，适用于年龄较大的孩子，因为他们能够理解手冷和不戴手套之间的关联。但对鲜少出门的两岁孩子来说，这是无效的，因为他根本不知道不戴手套与手冷之间的联系。然而，你可以从自然后果开始，让孩子了解做得不好是有后果的。

逻辑后果则与不当行为有关，而且强调了你想要孩子学到的道理。"如果你不在规定的时间内打扫好房间，你不能做其他事情。""为了提高打扫卫生的水平，你需要再多干些活。"或者"如果你回家晚了，之后就必须把宵禁时间提前或者你需要经常打电话报告行踪，来表明你是对时间负责的。"这些后果都与不当行为相关联。

孩子们可以帮忙设想可能出现的后果，就像他们可以来制定规则一样。问问你的孩子，如果有人打人了，会有什么后果？如果在父母叫停时，有人还不停下来，后果会怎样？

请在每个人都冷静的状态下设想后果，和孩子一起选择双方都能接受的后果。在事情发生前，让孩子们意识到不当行为会导致什么后果非常重要。这样孩子就会知道，他正在用自己的行为做选择。

通常，简单地提醒一下后果就足以阻止孩子犯错。你可以对孩子说："记住，如果你不在下午 5 点之前打扫完房间，你就是选择了不去参加今晚的派对。你用自己的行动做选择。"

但是向孩子阐述后果这一方式也存在问题，惩罚是规范良好行为最无效的手段。最有效的方法是教会孩子合适的技能，并在孩子运用这些技能时进行鼓励，从而强化技能。在亲子关系融洽的高需求孩子家里，向孩子强调后果的方法几乎一个月也用不到一次。相反，他们会用到各种预防办法。霍尔茨的四分卫那年没有坐在板凳上，他的球只被拦截了 6 次。为什么会这样呢？因为这个年轻人愿意练习，霍尔茨也愿意帮助他完成目标。

你要在家里先规定好犯错的后果，在需要时可以拿来用，这一点非常重要。但是不要依赖它们，不要把它们当作你唯一的控制手段。相反，你要想办法帮助孩子下次更好地遵守规则。

在控制过度和缺乏控制之间找到平衡

高需求孩子不喜欢父母对他们说"不"。但他们强烈的反应和持续的反抗会影响父母，迫使父母怀疑自己的判断是否正确。找到控制的平衡非常不易。

当我们不自信时，会强迫自己表现得自信，开始一场战线不明的战斗。每当我们说"不"的时候，我们可能会纠结这会不会影响孩子的心理健康或者是不是在滥用父母权威。我们怎么知道自己是否过度控制了？是否总在和孩子战斗？是否控制不够，反而让孩子掌控一切？我们怎么才能知道自己什么时候掌握了控制的平衡呢？

一些父母告诉我，当你掌握控制的平衡时，会有迹象告诉你。你可以仔细观察这些迹象。

控制过度让我们看起来像教官

奥布里在和大家交流时，两只手在脸前舞来舞去，像是在给自己打节奏、配表情一样。"我知道我在控制孩子，我经常听见自己对儿子发出大声斥责：'住手！''当心！''过来！''让开！''小心！''别去碰！'这种紧张感像是给家里通了电，让每个神经末梢都暴露在外。为了保护自己，他会选择对妈妈的话装聋，不理会我说的每句话。如果他理会我，就会和我吵起来。"

奥布里说话时，鲍勃点了点头。"我什么事也不会让他做，当我控制过度的时候，我总是认为只有我才能做得更好。我不会花时间让孩子自己拉外套的拉链，因为我自己做肯定更快。前几天，我从他手里一把夺过画架上的画笔，说：'来，让我给你展示一下，我比你画得好。'孩子的眼里噙满了泪水，说：'我不想让你再当我家人了。'"

保罗也解释说："有时我能意识到自己在对孩子大喊大叫，但如果我自己心情好的话，他做的事在我看来其实挺好的。这时候我会意识到自己应该后退一点儿了。但有些时候，我看什么都不顺眼，感觉什么都不好。我是个差劲的爸爸，而他是个糟糕的孩子。"

德布承认："我知道我说的'行'肯定还不够，我意识到有时我连听都没有听孩子在说什么，我就已经说'不行'了，或者他话还没说完我就已经打断他了。"

如果你觉得自己像教官，或者为自己经常和固执的孩子争吵而感到内疚，这可能就是一些迹象，表明你需要在你们的关系中更多地说"行"。退后一步，问问自己，你是否允许孩子练习如何做决定或者去完成他能够做好的事？你是在鼓励他说"我能行""我有个好主意"吗？你是在让他知道你尊重并且珍视他不肯罢休的气质吗？

缺乏控制会让人愤怒

"缺乏控制是什么感觉？"我问了同一组父母，很久都没有人回答。萨拉不太喜欢分享，她总是悄悄从后面溜到自己座位上，双手抱在胸前，躲在一边。当讨论给儿子戴维设定明确的限制和规则时，她犹豫着说："我不想扼杀他的天性，我想也许男孩就是这样的，也许这对他有好处。我成长的过程中，我妈妈经常生病，我爸爸却总是在外旅行。从来没有人给我设限。我根本不知道'限制'是种什么感觉。我会闷着头撞向南墙，除非撞到头，否则我根本意识不到问题所在。戴维知道我什么时候在犹豫，那时他就会不断试探。我想他是在努力寻找底线在哪里，但我也不知道应该在哪里设限。我就很生气，因为我觉得他做得不好还为所欲为。"

安也轻声回答道："我感觉自己如履薄冰，像走在蛋壳上一样，总是在让步。每次我感觉我在做所有事或者家里其他人都只能排在我家高需求孩子之后时，我就知道他要失控了。"

如果你觉得自己被孩子"侵犯"了，无法阻止他，这说明你很可能需要在纪律准则中多加一点"不"。是时候回顾一下你制定的规则了，请确保你和孩子都清楚这些规则。不管你固执的孩子如何坚持抵抗，你都要准备好坚决执行规则。

掌握控制的平衡会让父母感到进步

我们真正的目标是实现一种控制的平衡。在这种平衡中，固执的高需求孩子和父母都会感到自己的心声有人听见、有人尊重。赞成是健康的，反对是明确的。掌握控制的平衡是什么感觉呢？其他父母是这样说的：

- 感觉每个人得到了他们需要的东西，也没有任何人觉得吃亏了。
- 大家都很开心满足。
- 大家都在笑，你总能听见大家的笑声，所有人都在团结协作。

控制的平衡就像一条线，如果仔细倾听自己内心的感受，你就会知道自己站在线的哪一边。如果你感觉自己像教官，就知道自己需要多说"是"。如果你感到愤怒和失控，就站在镜子前再次提醒自己，你可以说"不"!

如果你的原生家庭存在酗酒、虐待或长期疾病等影响到亲子关系的问题，那你就需要更努力地倾听内心的感受。成长在这种家庭环境中的孩子感受到的限制更加不平衡。因此，你很难找到内在的控制感来告诉你什么合适、什么不合适。你可以仔细感受内在的感觉，学会掌握平衡。

如果你发现自己完全无法感知自己的情绪，很可能是因为遭受过虐待和长期的忽视，失去了和情绪的联结。情绪依然是存在的，但你需要找个高水平的专业人士来帮助和支持你重新找到这些感受。寻求专业的帮助，这样你们全家才能学会解决问题，你和孩子也都会从中受益。

制定方案，明确规则，掌控平衡

与像石头一样固执的孩子生活在一起不是件容易的事。跟他说"不"、阻止他的努力，都很有可能把他惹怒。即使尚在婴儿时期，孩子也表现得坚定不屈。他们会逼迫父母，而其他孩子不会。他们的要求也比其他孩子更高。他们从不放弃。你无法忽略他们，也无法分散他们的注意力。

不肯罢休的高需求孩子需要听到：

我们全家都善于解决问题。

你对自己感兴趣的事非常执着。

你坚定且果断。

你充满自信。

你独立又能干。

父母需要这样做：

　　教会孩子找到"行"的方案，达成双赢的局面。

　　帮助孩子认识到自己钻牛角尖了，并帮助他找到更好的解决方案。

　　确保你的规则明确，坚持贯彻。

如果父母也有不肯罢休的气质：

　　给自己时间走出思维的"牛角尖"。

　　要知道优秀的父母会说"行"。

　　要知道优秀的父母也会拒绝。

　　在控制过度和缺乏控制之间找到平衡。

第 9 章

如何纾解孩子的极度敏感

如果一个小孩对袜子的"接缝"都十分敏感，
并且以此为由不穿袜子，你要如何与他相处？

——科琳，三个孩子的妈妈

金和小组的父母分享了她的困扰。她有一头弹性十足的棕色卷发，说话时她故意强调了每个词。

> 我女儿尼萨没有在学校完成作业。老师在年初就告诉孩子们，如果不完成作业，课间他们就不能去操场活动，只能待在媒体中心。可是尼萨写作业越来越慢。没过多久，她几乎每个课间都只能待在媒体中心。最后，我心灰意冷地问她为什么不写完。

> "因为操场上的噪声让我抓狂！"她回答我，"我只有不完成作业这一个办法能让我清静一会儿。"

极度敏感的高需求孩子会感受到很多情绪、看见许多景色、听到很多声音、闻到不同气味，这些细小的差别是大多数人感受不到的。他们说袜子硌脚不舒服可不是在闹着玩。因为其他孩子吃饭会发出吞咽声，他们不想在学校吃午饭，这是当真的。如果在明尼苏达州 11 月的某一天，你发现他们只穿着衬衫在公交车站等车，他们不是在故意挑衅，而是确实觉得太热。他们真的知道各种苹果酱之间口味的区别。如果你上网查一下，你会发现正如他们所说，珀金斯餐厅的厕纸和麦当劳的厕纸味道确实不一样。

高度敏感的特质让高需求孩子能与他人建立深度的联结，并能滋养对方。很多人道主义名人都幸运地拥有敏感这个天赋。

但当高需求孩子感受到周围过多的刺激和情绪压力时，就会出现问题。这种情况很容易发生，因为高需求孩子会吸收和收集各种情绪和感觉。这些情绪不断被吸收，而不是被消解。这就会产生压力，甚至压力会超出他们控制系统所能承受的范围。

莎伦·赫勒（Sharon Heller）在《太吵、太亮、太快、太紧》（*Too Loud, Too Bright, Too Fast, Too Tight*）一书中写道："如果我们感到'不爽'，整个神经系统就会失常，从而影响其他感官系统。就像被蚊子叮咬、嘴唇干裂或者指甲刮坏的时候，我们会紧张不安，觉得整个世界变得越来越吵、越来越亮。"

对高需求孩子来说，要想管理好所有情绪和感受，会消耗他们很多精力。父母有义务帮助他们学会调节情绪刺激的集中程度，教会他们用积极的、温和的方式管理极致敏感的特性。

注意周围环境的刺激

我总是告诉班上的父母，如果他们觉得自己是世界上唯一养育着敏感的高需求孩子的父母的话，他们应该放下手里所有的事，去当地最大、最嘈杂、最拥挤的商店里看看。在那里，他们会发现高需求孩子像一颗颗小炸弹一样落下，两颗落在第一通道、三颗落在第三通道的糖果架旁边、六颗落在第七通道的玩具柜台。乍一看，他们情绪爆发似乎是因为父母拒绝买糖果、他们自己想推购物车或者其他无关紧要的问题。然而，真正的触发原因隐藏在荧光灯、商场音乐、闪烁的标志、五颜六色的包装以及拥挤的人群中，这些刺激远远超出他们的承受能力，尤其在他们能量不足的情况下。

作为高需求孩子的父母，你必须关注当前和周围的环境。你必须充分了解孩子激烈情绪的苗头，并且知道孩子承受的临界点在哪儿，也就是何种程度的刺激会让他无法应对。

谢丽和史蒂夫在上高需求孩子相关课程之前，从来没有意识到儿子基普有多么敏感。他们参与讨论后发现，孩子经常做出很疯狂的行为是因为遭受太多的刺激。他们完全可以降低刺激程度，从而规避孩子们情绪爆发。在课堂上，谢丽自豪地告诉我们，他们是如何在孩子情绪爆发之前就阻止了一场因声音引发的战争。

> 周六，我们带孩子去了一个大型的工艺展会。我们花了 20 美元买门票。我刚进门没走两步，就被工匠们的叫卖声震住了。红色、橙色、紫色和绿色的色彩扑面而来。悬挂在天花板上的灯在空中摇摆，灯光投射在地板上形成图案。人更是多得让我们无法转身。人们互相推搡，蹭着我的胳膊和后背。这让我这个不算高敏感的人都浑身起了鸡皮疙瘩。我看着基普，知道他肯定受不了这个地方。这种刺激会让他发疯。我又后悔又沮丧，知道也拿不回门票钱了。我深深地吸了一口气，然后恳求史蒂夫："请给我 30 分钟时间。你能帮他坚持 30 分钟吗？我只需要 30 分钟！"

在了解高敏感的特质之前，谢丽和史蒂夫没有留意过会引起刺激的苗头，不过现在他们意识到了。谢丽立刻意识到一场灾难在所难免。基普很可能会开始发脾气、生气，倒不是因为他淘气，而是因为这些刺激对他来说太难以承受。

监测孩子周围的刺激水平能帮助孩子更好地管理自己敏感的情绪，这一点非常重要。当你发现苗头，意识到敏感的孩子在这种情况下，会感觉像被轰炸一样，你就知道该如何回应，从而避免灾难。尤其在商场、集市、公园、海滩和派对上时，你要特别注意观察。任何有大量噪声、气味、亮光和人的地方，敏感的孩子都会更加脆弱。

让孩子学会用语言表达自己的感受

因为谢丽和史蒂夫上过我的课，他们知道需要帮助基普了解人群和骚乱会对他造成什么影响。基普不知道自己生气和不适是因为人群、刺眼的灯光和吵闹的小贩。他需要知道自己没有生病，也不是性格古怪，只是对刺激有反应而已。

"你们跟基普说了什么？"我问他们。

史蒂夫回答："我跟他说，'这里真挤，真吵，还有好多刺眼的颜色。你可能又会开始有那种奇怪的感觉，就像有次在你表弟的生日派对上那种感觉一样'。我知道他肯定记得，因为他上周在派对上情绪失控了。我们后来探讨过那种'奇怪的感觉'。不管怎样，我告诉他，如果他再有这种感觉，他应该告诉我，我会帮他找个安静的地方，确保没有噪声打扰他。"

史蒂夫指着灯光、颜色和人群，教基普如何发现会引发刺激的"苗头"。可能有一天，不需要谢丽来发现手工展对基普来说可能过于刺激和不适，他自己就能发现。

如果孩子多年来一直用哭来表达自己，其实是因为他不知道语言更加有效、有力。你必须教他哪些词能描述他的感觉和情绪，并向他展示在交流和沟通时语言拥有怎样的力量。

你可以检查一下孩子的词汇量。看看他知道"扎人的""凸起的""黏黏的""束缚的""发臭的""吵闹的""沙哑的"这些词吗，他在难过、孤独、害怕、激动、恼怒、开心的时候能准确表达出情绪吗。极端敏感的孩子需要扩展词汇表，掌握一些能帮助他们表达深刻感情和情绪的词。

减少环境刺激

史蒂夫继续说："后来谢丽自己去逛了，我和基普在一排排的工艺品中漫步。我非常仔细地观察他，准备抓住他想要发脾气的第一个苗头。他只坚持了差不多 10 分钟，我就发现他已经忘了规则。他粗暴地拿起东西、开始推人。我和他说，'我想你可能又有那种奇怪的感觉了'。他说是。于是我拉着他的手，把他带到小吃店。那里很安静。他舔了舔冰激凌甜筒，坐了下来。我相信他不会再去摊位附近了。我知道我们已经尽了最大努力了，所以我把他带到大楼前面，让他在坡道上跑来跑去。"

史蒂夫已经明白，当刺激水平对孩子来说太高时，你可以尽你所能去降低它。带孩子去一个安静的房间、提议出去走走、脱掉那件扎人的讨厌毛衣、开展第 6 章提到的舒缓镇定的活动，或者试试任何能减少刺激的方法，都会对孩子有所帮助。

如果孩子三岁了或更大，你要让孩子帮助你弄清楚他到底需要什么。你可以问他："是噪声让你觉得烦吗？那我们找个安静的地方。""是那件夹克让你觉得热吗？那我们把它脱掉吧。"教他如何自己减少刺激，让他感觉到自己能够控制自己的敏感程度。

明确高敏感孩子对环境的容忍时长

根据经验，谢丽知道基普在 30 分钟内还能应付手工展会上的混乱环境，但在那之后，他们就全凭运气了。

史蒂夫告诉我们："没过多久，谢丽拿着一盏灯回来了，我们就准备回家了。这次出行也许不是我们期望中的样子，但它在某种程度是成功的。基普坚持了 30 分钟，没有发脾气，也没有不讲道理或者让我们难堪。我们一起努力克服困难了，这感觉很好。我知道有一天，在同样情况下，基普会亲自告诉我们，他已经受够了，需要离开那里。"

迈卡静静地坐在一边听谢丽和史蒂夫讲他们的故事。最后，她承认："你们做得真好，但是谢丽，如果你在别人家里会怎么做？你不能就这样走了。"

　　迪安说道："我有一种很好的办法，可以在不伤害别人感情的情况下抽身离开。每次去参加聚会时，我总是提前跟主人打招呼，说我们还有另一个约会，可能不得不早点儿离开。我没有告诉他们，这个约会不过是我和女儿'脱身'的借口。我会一直盯着她。只要她表现得好，我就让她玩。但只要我听到她开始有些暴躁或者没事找事时，我知道她就快要发火了。这时我会和别人说，'我们下一场约会的时间到了，得赶紧走了'。于是我会把她抱起来，赶紧把她弄走。她才 16 个月大，所以这招很管用。我想等她长大了，只有靠她自己来判断什么时候会情绪失控了。不过现在，在大家说她表现很好，欢迎她下次再去做客时，就会很开心。在我发明'神秘约会'之前，大家并不总会欢迎我们。"

　　如果你仔细观察，会发现拥挤、刺激的环境对高敏感的孩子来说有多么消耗精力。如果你正玩得尽兴或者没有准备好离场时，不得不带孩子离开也许会让你有些沮丧。但知道什么时候应该抽身离开，对孩子成功控制情绪和你的自尊而言都至关重要。带着已经发脾气的暴躁孩子离开并不愉快。这种感觉糟透了。所以趁大家情绪都还好的时候抽身离开要好得多。这样孩子体会到的是成功克服了情绪，而不是又失败，乱发脾气。

控制孩子对电子设备的使用

　　会让高敏感孩子受到太多刺激的环境不仅只有工艺展会、商场和海滩这些地方。一项在非教学情况下，针对娱乐媒介使用情况的研究发现，年轻人每天接触媒体内容的时间在过去 5 年间又增加了一个多小时。大部分增长来自玩电子游戏和使用电脑，包括用电脑完成学校作业。不仅接触时间增多了，接触的来源也多种多样，而且孩子们可以进行"多任务操作"，也就是同时使用一种或多种媒介，例如同时看电视和上网。

　　高需求孩子往往更喜欢看视频和用电脑。我怀疑他们这样做是为了让自己平静下来。鲜艳的色彩、快速移动的画面和明快的节奏让他们着迷。因此，父母很容易让高需求孩子花好几个小时看电视或者玩电子游戏，因为在这段时间里，他们会保持安静，不会找你要任何东西。但你要当心的是以后要为这个行为买单。因为这不是让他们平静下来，反而是在刺激他们。

高需求孩子不光是在看视频，他们还会成为里面的角色。你几乎可以看到他们性格的转变。关掉电视，你会发现有个疯子在屋里跑来跑去。他们受到的刺激太多了，承受不了，以至于变得疯狂、不合作。你需要限制他们看电视的时间，防止过度刺激。如果他们的卧室有电视或者电脑，一定要拿走。这样一来，孩子的表现会显著改善，他们的阅读成绩也会显著提高。

检查情绪晴雨表

在任何群体中，高需求孩子都是情绪的晴雨表。不仅光线、噪声和其他情绪会过度刺激他们，过大的压力也会让他们受到刺激。他们拥有极其敏锐的雷达，能辨认出任何处在红区的人。如果你正在痛苦或烦恼，他们会是第一个做出回应的人。你可能不相信他们能感受到你正在体会的恐惧或焦虑，但他们确实能接收这些情绪，哪怕在婴儿时期，他们也具备这样的能力。

葆拉是两个孩子的母亲，她跟大家讲述了她的家庭所承受的压力，以及她的高需求儿子是如何应对的。

我想让儿子上床睡觉，因为他需要休息了，那是我女儿要做扁桃体切除手术的前一天。我在担心手术麻醉的事。我需要从母亲的状态中跳出来休息一会儿，处理一下自己的情绪。但他就是不肯去睡觉，反而开始哭了。我好想大声跟他说，"让我自己待会。闭嘴，去睡觉"。然而，我突然意识到，尽管我已经为女儿的事做好了准备，也制订好了照顾儿子的方案，但我并没有顾及他的情绪。这个善良的孩子感受到了我们的压力，他需要有人跟他谈谈。于是我躺在他的床上，在黑暗中，我们一起哭泣、害怕、忧虑，知道彼此都在。5分钟的亲密接触之后，他就睡着了。

和自带情绪晴雨表的孩子一起生活的好处是，一旦你仔细倾听孩子的心声，当你处在危险区域时，他会提醒你。他会让你知道什么时候该放慢脚步，减少你日程中没有必要去做的事，并向他人寻求帮助。你的压力会刺激极度敏感的孩子，导致他情绪爆发。为了减少对他们的刺激，你需要减轻自己的压力，这也能激励你照顾好自己的情绪。你也可以停下手头的事，和他坐在一起，拥抱他或给他挠挠背，这样能让你俩的身体都平静下来。

有些父母不喜欢和孩子们谈论自己的感受，尤其是谈论恐惧和焦虑。但高需求孩子会从别人身上感受到这些情绪。如果我们不和他聊聊的话，他们可能会被吓到。孩子感到害怕就会退缩。他们不肯合作，有时还会有非常强烈的分离焦虑，就好像他们的大脑在告诉他们："我的家人受到了威胁。我还小，我不想一个人待着！"还有一些孩子则直接拒绝和你交流。

记住，内倾型孩子要找机会自己先把问题想清楚，才会跟你分享。你可以告诉他，当他想说的时候，你随时都在。与此同时，给他时间和空间来思考自己的情绪，再让他跟你分享。如果你总是逼迫他，他就只会退缩。内倾型孩子需要自己的空间。

当你在内倾型孩子准备好分享的时候仔细倾听，他们也会向你敞开心扉。如果他们还需要一点助力的话，你可以试着找本书或者玩偶来激发谈话。有时候，对孩子来说，聊聊动画人物的感受比谈论自己的感受更容易说出口。

　　米娅说："我的问题倒不是布雷特不愿意交流，而是他太敏感了。他输掉一场比赛会非常伤心。如果他最喜欢的玩具坏了，或者丢了一只手套，他能哭上几个小时。他的情绪太丰富了，怎么办呢？"

极度敏感加上追求极致的气质，会让高需求孩子有颗柔软的心。他们与他

人的关系深厚而持久。他们有强烈的正义感、很容易受伤。重要的是，他们需要
了解自己极度敏感和追求极致的气质，要意识到或许命运泼了他们一桶水，但他
们不会被淹死，会挺过去的。

你要和他们聊聊自己的感受，引导他们做些舒缓、平静的活动。帮助他们
理解，尽管无法控制自己的情绪，但可以学会管理自己的反应。伤心和哭泣都没
关系。休息一下也没关系。还可以鼓励他们尝试跑步或者阅读一本好书。跟朋友
聊聊、吐露心声会让他们感到安慰。

保护孩子的睡眠

"我害怕！""我口渴！""我睡不着！"要想让高需求孩子晚上安静躺下来
睡觉，可真是一场大战。但如果睡眠不足，孩子管理和应对情绪的能力就会大幅
下降。问题在于，由于他对周围环境中的每一种情绪和感觉都非常敏感，所以他
通常很难"关机"睡觉。这类孩子习惯了每天要找时间跟你"汇报"才能入睡。
找机会和你交流、写日记或者只需要花点时间来思考他今天关心的问题，就足以
让他轻松入睡。

他也需要自己的"窝"，一个安静的地方，一个他的大脑清楚在这里睡觉
是安全的地方。遮光罩、能让他完全"窝进去"的枕头、扇子或者舒缓的白噪
声，都可以用来阻挡一切可能破坏他睡眠的因素，还可以去除房间里的杂物、
天花板上的悬挂物和甚至看起来有趣的壁画，减少这些东西对他的影响。温度
也很重要。如果他总觉得热，那就要确保房间足够凉快。如果他的手脚经常很
冷，就鼓励他穿袜子睡觉。在第 15 章中，我将更详细地阐述如何帮助孩子拥
有足够睡眠。

考虑介入专业治疗

玛吉抱怨道："我们一遍遍地告诉 4 岁的埃莉诺，在没有人看着她
的时候不能靠近湖边。有一次她自己靠近湖边，我甚至直接把她带回

家，不让她玩了。但不管我们说什么做什么，都不起任何作用。她总是会忘记。仿佛水对她来说是种诱惑。"

约翰也困惑地说："丹尼尔受不了坐马车或者在操场荡秋千。你要是强迫他，他会发疯一般歇斯底里地尖叫。他讨厌别人亲他的脸颊。如果你亲了他一下，他马上就会用手擦脸。所有的高需求孩子都这么敏感吗？"

有时，你在和极度敏感的高需求孩子合作时会发现，他的"敏感度"甚至比别的高需求孩子更高。他的敏感程度似乎已经上升到新的等级，严重影响到他的日常生活。如果你的孩子不顾一再强调的惩罚，仍然强烈地渴望刺激，以至于会继续回到水边、绊倒他的朋友，或者才 4 岁的他会把所有东西都塞到嘴里，那么你应该听从你的直觉。或者，如果他抗拒、回避其他的感受，尤其是轻轻地接触，比如亲吻脸颊或者摇晃的动作，那么父母需要注意了。你可以把这些行为与协调性差、身体僵硬、缺乏肌肉张力结合起来考虑。莎伦·赫勒说："它们是感觉处理障碍的危险信号。"

听从你的直觉。找医生或者特殊教育老师，让他们推荐合适的职业治疗师。职业治疗师会评估孩子的情况，并通过非侵入性的方式，比如深度抚触、关节压迫和"大量的工作"来帮助孩子更轻松地应对日常情况。

日常的困难时刻

极度敏感的气质让高需求孩子在穿衣吃饭这些日常行为上变得格外麻烦。他们太敏感的味觉让他们非常挑食。他们对衣服材质敏锐的反应，让穿衣服这件事变成了大冒险。由于高需求孩子的适应能力不强、很有洞察力和不肯罢休等特点，这些日常行为都变得很有挑战性。在本书的第 16、17 章中，我会提到如何成功地通过谈判来度过这些困难时刻。

父母自己也有高敏感气质怎么办

帮助孩子理解和管理他们极度敏感的气质意味着我们需要与孩子通力合作。"如果父母也很敏感，怎么办？"我问班上的家长们。他们笑了起来，无奈地叹着气，耸耸肩。

"我告诉你，这可太不容易了！"梅甘开玩笑说，"能刺激到本的事也同样困扰着我。我也受不了噪声和混乱。我感觉自己变得易怒、紧张，他一哭会更加刺激我。我快要疯了。"

如果你也有极度敏感的气质，你需要经常检查你周围环境的刺激水平，并注意你自己是否有不适的感觉，这一点很重要。在遇到刺激较多的情况时，确保自己的能量充足，或者在感觉能量快耗尽的时候，立马退出。

这么多年来，你可能早已学会了如何应对自己极度敏感的气质，甚至可能没有意识到自己会为身边的刺激和感觉所困扰。但如果你仔细感受你的身体，你会破译那些提示和警告，它们在告诉你压力阀正在接受测试，你正在走向红区。关注这些苗头。教会自己要么放弃，要么降低刺激水平，这样你才能有精力照顾自己和孩子。

检查"语音包"

极度敏感的高需求孩子需要适应和享受自己强烈的反应与温柔的情绪。

"你会用什么词来帮助孩子理解他们极度敏感的气质？"我问大家。

"你的内心很柔软。"本立刻说，"我内心也很柔软，我不喜欢别人说我情绪化。"

"你很有爱心。"凯茜回答，"扎克很热心、深情。他真的是个很灵巧的孩子。"

"你很细心。"鲍勃补充道。

"你很敏感。"帕特说,"但是相比感觉,亚历克斯对光线、质地、味道和颜色更加敏感。"

"你对选择很严格。"约翰说,"对凯蒂来说,一切都必须让她感觉恰到好处。你必须把她衣服上的标签剪掉。袖口不能太紧。土豆不能做得太硬。我想她以后一定会成为伟大的设计师或者厨师。"

杜安静静地听着,然后问道:"我每次都不敢表达,我应该怎么告诉我儿子我为他的敏感而高兴?我其实会觉得我和儿子敏感的气质有点难为情。我小时候,男孩都不哭的,我却经常哭。我在很长一段时间里都在试图控制敏感的情绪。"

欣赏孩子的敏感,尤其是男孩子的敏感,有时你需要摒弃陈旧的观点,关注他们敏感而有爱心的价值。我们必须重新审视敏感的力量,用赞美其价值的词语来填充我们的思想和词汇。如此一来,敏感的父母与孩子之间就会产生特殊的联结,这种联结会为父母和孩子带来成长。

认可极度敏感的气质

敏感的父母可以和孩子建立起特殊的联结,他们不需要通过语言就可以交流。用一种独特又有趣的方式,他们可以相互理解对方,并且一起分享。

如果你没有孩子那么敏感,你最大的挑战就是要去理解他。在你看来,他的反应可能过于敏感或者情绪化。对敏感的孩子好一点。要知道,他能感受到你感受不到的情绪,能听到你听不到的声音,能看到你看不到的事情。你可以请他和你分享他的经历,从而提高你自己的敏感度。

感官，环境刺激，
情绪传递

极度敏感的高需求孩子会感受到很多情绪、看见许多景色、听到很多声音、闻到不同气味，他们敏感的程度和深度是我们大多数普通人永远没法体验的。当敏感的孩子承受不住周围的刺激或情绪压力时，就会出现问题。在这种情况之下，压力会产生，压倒他们的控制系统，并将他们带到红区。

极度敏感的高需求孩子需要听到：

你的内心很柔软。

噪声让你很困扰。

你很有爱心。

你对感受非常敏感，也很关心他人。

你可以感受到别人的压力。

你对选择很严格。

你将成为一名出色的厨师、艺术家、设计师、摄影师、老师等。

父母需要这样做：

和孩子聊聊他体验到的丰富的感觉和情绪。教给他能描述这些感受的词语。

对孩子受到的刺激要敏感。噪声、气味、明亮的光线、拥挤的人群等都会让他心烦意乱，并且要保护他，让他避免受到过度刺激。

限制孩子玩电脑、看电视和使用其他电子设备的时间。

教他辨别自己何时受到过度刺激，并寻求帮助，停止或减少刺激。

如果父母也有极度敏感的气质：

认识到困扰孩子的刺激也会让你不安。

在你能量充沛，能管理好自己，并且能帮助孩子管理敏感情绪的时候，减少周围的刺激。

减少你自己的压力，这样敏感的孩子才不会被压力压倒。

在离开充满刺激的环境后立刻补充你的能量库。

第 10 章

总是听不到指令，是因为注意力不足吗

你叫我们做的那些事我们能做，只是不想做。

——《齐格》(*ziggy*)，美国知名系列连环画一天，我站在折扣店的收银处，看到一位托管班的老师拉着三个学龄前小朋友，他们在买东西。

"蒂姆，过来。"老师叫道。但蒂姆却一动不动。

"蒂姆，我需要你过来一下。"她厉声说道。他还是没动。最后没办法，她径直走到孩子跟前，抓着他的肩膀，咆哮道："蒂姆，我让你给我过来！"

蒂姆抬起头看着她，把手指放在嘴唇上。"嘘，听铃声。我讨厌这铃声。"他小声说道。

我紧张起来，竭力想听清楚铃声。起初我什么也没听清，然后我突然意识到，他说的是商店外面慈善组织募捐的铃声。托管老师也感到困惑。她飞快地瞥了商店一眼，但没有看见哪里有人摇铃，在她正准备跟孩子再说点什么时，听到了微弱的铃铛声。她气得皱起了眉头，喊道："你讨厌铃铛声吗？"

"这铃声让我想起每天早晨，"蒂姆严肃地说，"每天早上铃声一响，我就得起床！"

表面上看，蒂姆没有听老师说话。但实际上，他在听。他能听到周围每一个声音，却不知道哪个声音最重要。他听到了托管老师的声音，但没有反应，因为他的心思在商店外面的铃声上。他不是故意的，只是在执行大脑的要求。

给孩子传递"听我们的话，感觉会更好"

漫画《齐格》里面有一句话："你叫我们做的那些事我们能做，只是不想做。"但也许齐格不是不理会这些信息，而是因为他被太多的声音轮番轰炸而分心了，导致他无法"破译"听到的信息。

根据芝加哥伊利诺伊大学心理学家史蒂芬·W. 波戈斯（Stephen W. Porges）的研究，我们的神经系统通过感知周围环境中的信息，不断评估风险。当孩子感到安全时，他的大脑会无意识地指挥面部肌肉，进行眼神交流，用令人愉悦的音调和节奏说话，并调整中耳肌肉，从而更有效地区分人声和环境声。但如果孩子感到威胁，大脑同样会自动发出信号，让眼睑下垂，减少声音的变化，调节中耳肌肉，从而使人声变得不突出，而环境声更明显。

高需求孩子都极富洞察力。他们的感官非常敏锐，能吸收周围方方面面的刺激，并不断评估风险。孩子需要父母来告诉自己，他们能闻他人所未闻，见他人所未见，察他人所未察。正是这种洞察力赋予了他们超越年龄的理解力和观察力。这是敏锐的幽默感和创造性思维的基础。洞察力是一种特殊的天赋。

当极富洞察力的孩子被自己感知到的信息狂轰乱炸而无法分类处理时，会感到非常不适，这就会带来问题。他很难辨别哪些是最重要的信息，或者他应该把注意力放在哪里。这时，他会分心、困惑，无法集中精力完成手头的任务，或者完成父母或老师刚刚给他的指示。表面上看他似乎没有在听。父母的任务则是帮助这样的孩子理解正在发生的事情，并教会他们辨别生活中最重要的信息。

帮助孩子学会倾听

为了鼓励孩子们学会倾听，父母必须要像可口可乐公司的营销总监那样思考和行动。我们必须让他们先感到舒服，让孩子们相信，在他们接收到的众多信息中，来自我们的信息是最重要的。

可口可乐这种起泡的、棕色的、甜甜的液体，几乎和其他竞争产品相差无几。因此营销人员必须想办法说服消费者不买别的品牌，就买可口可乐。他们告诉我们："这是真的。""这是全新的革命。"在广告商的世界里，这被称为情感延伸。突然间，我们不再只是买到了一种起泡的、棕色的、甜甜的液体，还拥有了这种"超爽的感觉"，而这种感觉是我们无法从其他品牌那里得到的。可口可乐传递的信息非常引人注目。我们喜欢，我们听进去了，还对此有了回应。

我不确定广告营销人员是不是研究过神经生物学，但我怀疑研究人员会解释，营造"超爽的感觉"这个策略是有效的，因为它提升了人们的幸福感。当我们感觉良好时，我们的大脑会与中耳肌肉连接起来，告诉它："现在一切都好，继续努力，去关注人声。你不需要知道周围发生了什么。"

所以，就像广告营销一样，我们必须与高需求孩子一起构建情感延伸，让他们知道我们爱他们、理解他们、接受他们，让他们清楚和我们在一起、按照我们的要求做事会感觉很好。

有一天，我吼了孩子们。我朝他们嚷嚷，我受够了他们不听我的话、不按我的要求做事情。"但是妈妈，"我儿子抗议道，"是你先不听我们说话的。你脾气那么暴躁，也不给我们任何选择的机会。我们找你帮忙时你却总是走开，甚至在我们还在玩游戏的时候你就把玩具拿走了。"

听了这些话我不太高兴，我找他们谈话可不是为了给他们机会讨论我的行为。但是，厉声发出命令的教官并不能赢得大家的支持。这会把我们带到红区，让我们准备战斗或者逃跑。在战斗或者逃跑的状态下，我们需要接收外部所有的声音，以至于我们甚至无法处理正在说的话。

如果你说"克丽丝，关掉电视，现在就去换上睡衣"，这会带来一系列"听不见父母的话"的表现。如果你说"克丽丝，坐在我腿上，在穿上睡衣之前，我先帮你挠挠背"，她会立马跑来。拥抱、感谢、赞美，都能带来美好的感觉，而这些可以让高需求孩子愿意听我们说话，而不是去注意周围其他声音。

你可以随时随地向孩子传递"我爱你""你很特别""我喜欢做你的妈妈（爸爸）""我说的这些你会喜欢听"这类信息。例如，你可以在车库用横幅写上"滴滴！蒂姆10岁了"；穿件亮红色的运动夹克，上面写着"酷小子"；在浴室镜子上挂一块牌子，写着"天哪，我很好"；把一个常见的棕色午餐袋变成神奇的水彩笔艺术品，上面写着"世界上最伟大的拼写者"；在厨房墙上挂钥匙的地方边写上"打开我心房的钥匙：一个拥抱就好"。杯子上、按钮图片里、垫子上、家庭歌曲中，无论在哪里你都可以对孩子说"我爱你""你很特别""你会喜欢听我的话"。

请好好想想你传递给孩子的信息。是否创造了美好的感觉？是否在帮助孩子的大脑注意到你传递的信息？

利用综合感官，更能有效传达指令

我们的大脑渴望新奇的事物，并能迅速适应。通过广泛的市场调查，可口可乐公司了解到，如果他想让客户真正响应他们传递的信息，就必须改变传递的方式。所以他们用海量信息淹没了我们，用每一种能够想象到的形状、形式和介质来传递信息。他们在收音机里唱给我们听、在电视上放给我们看。在刚刚驶过街道的卡车上、在医生办公室里的杂志背面、在公路的广告牌上、在朋友的T恤衫或者棒球帽上、在城市的巴士上，每天，我的感官都会收到这样的信息：我无法抗拒可口可乐带给我耳目一新的感觉。

你可以试着和孩子一起做个实验，看一看，是你口头告诉他做某件事，还是把这件事写在便利贴上或者画成画的时候，他的反应更好。如果你唱给他听又会怎样？在课堂上最有效的技巧之一就是唱"收拾物品歌"。这首简单的小调用愉快的方式提醒我们，"是时候放下你手头的工作，我们可以吃点零食了"。如果你不想唱歌，也可以试着改变一下说话的音调。机器人的声音或者低声的耳语很容易吸引孩子的注意力。你需要改变一下方式，选择对你来说最有效的方法，或者同时使用两种方法。

在你改变方法的过程中，也多次传递了你想表达的信息，而不会让孩子感到重复或者觉得你在唠叨。看看我们的老师在教室里是怎么做的：她走到电灯开关前，把灯关了又打开。这是个视觉信息，表示"别吵了，现在听我说"。然后她开始唱"现在可以放下手头的工作了"，这是听觉信息。对那些没有反应的同学，她会走过去，摸摸他们并给予提醒，这是物理信息。最后，她可能会开始帮助一些孩子捡起他们正在玩的积木或蜡笔，这是直接示范。她用了 4 种不同的方式传递了信息。通过这种方法，她确信每个孩子都听到了，并且知道这是他们应该集中注意力的地方。

用身体接触向高需求孩子传达"这个信息非常重要"是很有用的方法。在高需求儿童课程中，老师会向大家宣布接下来会做什么，然后在教室里走一圈，摸摸孩子的胳膊、拍拍他们的肩膀，再重复一遍刚才的内容。这种身体接触会帮助孩子专注，并意识到我们传递的信息至关重要。你可以试着用温柔的触碰来吸引孩子的注意力。

一旦你知道了哪些技巧对孩子最有效，就需要让他明白你在做什么，让他学会以书面形式请求指导，或者坐在老师身边，以便老师摸到他并且提醒他注意。

眼神交流是吸引孩子的关键

为了让潜在客户关注他们的信息，广告商已经学会了如何与客户保持眼神接触。走进一家杂货店看看，你会发现成年人用的产品会放在成人眼睛平视的位置，儿童产品则位于儿童眼睛平视的位置，针对使用轮椅的残疾人用品也与他们的视线水平。各家公司对于自己的产品摆在货架上的什么位置一直存在竞争，因为都想让自家产品能与顾客产生最直接的眼神交流。

你可以采用同样的战术。如果你想让孩子听你的，不要再隔着整个房间和他们大声嚷嚷了。这个办法倒是让你释放了压力，但对高需求孩子而言，这是最无法让他们集中注意力的方式。相反，你应该走到他们身边、弯下腰、直视他们的眼睛。如果你不想弯腰，可以把孩子抱起来，放在柜台或桌子上，让他们的视线与你平齐。当你们有直接的眼神交流时，他们的大脑会开始配合你，他们更容易听到你传递的信息。当孩子感到不舒服时，眼神交流尤其重要，比如遇见陌生人或者去新地方参观。如果他们感到焦虑、疼痛或者不适，甚至家里全是亲戚，充斥着音乐声、活动声和其他背景噪声时，这一招也很管用。通过把孩子吸引过来，你可以想办法吸引他们的注意力，帮助他们听到你想表达的信息。

如果他们不肯直视你的眼睛怎么办呢？确实有这种情况，但这并不是因为孩子想惹怒你，很可能是因为他们处于战斗、逃跑或者愣住的状态。

重要的是要记住，每次我们要求高需求孩子去做某事或者停止做某事，这对他们来说都是一种转换，一种变化，很容易让他们感受到压力。我们要求他们别看电视来吃晚饭，或者要求他们不要动手和兄弟打架，而是使用语言沟通。这些事对大多数高需求孩子而言都很难做到。如果你要让他们停下手头的事情，转而做其他事情，需要让他们的大脑先进行转变，才能处理新的、不同的事件。

如果孩子转身走掉，故意做出一个动作，好像在说"要是我看不见你，我就不听你的"，你要保持冷静。因为这时孩子的身体处于红区，他正在试图让自己恢复平衡。你需要稍等片刻。如果他愿意，你可以轻抚他的后背，但如果他已经到了这个地步，通常他不想被人触摸。如果是这样的话，你只需要对他说："我感觉你现在并没有准备好聊聊，我会等你调整好状态的。"

凯茜正好就运用了这个办法，那天她看到她4岁的儿子和伙伴一起往装沙的箱子旁边的桶里尿尿。她告诉同班孩子的父母：我等他进屋以后才告诉他，我看见你往桶里撒尿了。

"我们在做一个小便器。"他平静地告诉我。

"小便里有细菌，"我告诉他，"所以我们家的规矩是你只能在厕所小便。请你告诉我，'妈妈，我以后只去厕所小便'。"但他不喜欢这样说，这让他很尴尬。接下来我还记得的事就是，他躺倒在地上，滚到桌子底下，捂住了耳朵。

起初我真的很生气，但后来我想起了我们在课堂上讨论的内容。我深吸了一口气，对他说："我看得出你现在没准备好要聊聊。"他放下了一只捂住耳朵的手，说："我能用一只耳朵听。"

"但你还是没有准备好啊，我会等你的。"我告诉他。

我又等了两三分钟，但结果很好。他从桌子底下钻出来说："妈妈，我以后只去厕所小便。"就这样，没有长达 30 分钟的发脾气，而且至少在过去三天里，他再也没有到处小便了。

不管你的孩子是转身离开、闭上眼睛、躲在桌子底下还是捂住耳朵，重要的是你要记住，他不是故意不尊重别人的，他只是不知所措，需要一点时间缓一缓才能准备好听你说话。请耐心等一等，然后教他下次可以试着说"给我一分钟时间，妈妈"或者"我现在太难过了，不想说话"，而不只是转身离开。

传达简洁清晰的指令，不要使用"请"或"好吗"

可口可乐公司并没有告诉我们配方里有什么、由什么公司开发的，或者我们认为你肯定会喜欢的，因为饮料本身很好，所以你会喜欢。可口可乐公司很清楚，在我们忙碌的生活中，他们只有几秒钟的时间来吸引我们的注意，从而传达他们想表达的信息。因此，他们选择保持简洁。"货真价实，可口可乐令人耳目一新！"

对于吸收周围一切信息的高需求孩子来说，我们也只能奢望吸引到他们几秒钟的注意。这意味着我们传达的信息必须简明扼要：住手！上床！穿鞋！吃饭！过来！至于我们为什么希望他们停下来或者要求他们上床睡觉，也的确很重要，但我们可以在他们注意力完全集中的时候再讲道理。我们与孩子最初的互动就像是利用标题一样，通过页面顶部的几个大字，吸引他们的注意力，让他们远离其他干扰。当我们确定孩子确实在听我们说话时，才可以给他们展示一整页详细阐述，或者更完整的说明。有时，我们没有意识到，之所以会陷入麻烦，仅仅是因为我们最初传递的信息太复杂了。如果你不满意孩子对你指令的反应，那你需要检查一下你传递的信息是否清晰。

说出心里话

你有没有注意过，可口可乐的广告语从来不会说"请买可口可乐吧"或者"买点可口可乐，好吗"。他们知道"请"和"好吗"会带来麻烦，因为这会把明确的指令变成一个问题。例如，在漫长炎热的一天快结束时，晚上 8 点，你想让孩子们上床睡觉，对吗？没错！所以你告诉孩子们，"该上床睡觉了"。你的意思是不再讲故事，不再喝水，不再从床上爬下去。但如果你根本无意这么做，你可能会在指令中加上"好吗"或者"请"来破坏自己的意思。你没有明确地说"该睡觉了"，而是"该睡觉了，好吗"或者"请现在去睡觉吧"。但事情很容易就会变成这样。高需求孩子会对我们发出的指令产生非常强烈的反应，所以我们会在说话时加上"请""好吗"作为缓冲。我们认为它可以作为一种辅助工具，消解可以预见的孩子的强烈反应。但加上"请""好吗"的时候，高需求孩子会把我们的指令当作提问，然后立马回击一个响亮的"不行"。

因此，要想赢得孩子的配合，选择正确的用词至关重要。如果你想让孩子做某件事，但又不想引发争论，那么一定要确保你传达的信息是明确的。"该睡觉了""你可以在院子里玩""该走了""饭前先洗手"以及"必须遵守的规定是你在学校必须穿鞋"，等等，这些都是直截了当的指示。它们清楚而简洁地告诉孩子什么是他们可以做的。请确保你没有无意中模糊了自己的指令，尽量不要在陈述句结束时加上"请"或者"好吗"，也尽量不要提高声音，仿佛在抛出问题。

在父母回应高需求孩子时，明确的指令也非常重要。当高需求孩子饿了、累了、接近"超负荷"或者处于超出他们能力范围内的情况时，我们的信息必须清晰地传达出来。"我是你爸/妈，你可以相信我。我会保证你的安全。如果有必要，我会来做决定。"

　　一天晚上下课以后，我看到简用这种技巧解决了出门前的麻烦。每周她都会和儿子贾森争吵，因为贾森总是不想在出门前穿上靴子。这一次，简有了一个可以尝试的计划。她只是简洁地对儿子说："贾森，穿上你的靴子。"他没有服从。

　　简抬头看着我，笑了笑说："你知道吗，以前的我会恳求他穿上鞋子，但今天你将看到一个全新的我。"

　　然后她对儿子说："贾森，该走了。你不能不穿靴子在雪地里走。你可以选择穿上靴子走路，或者我来背你。我数到三，你来决定，或者我来决定，我选择背你。"她开始缓慢却清晰地数数："一，或者我来背你；二，或者我来背你；三，我现在就背你走。"正如我们所预料的，贾森立刻开始尖叫起来："不，不，我想自己走路！"但是简平静地把他背了起来，当她把贾森背出去后，她解释说："这次是你自己决定让我背你的。下次，你可以做出不同的选择。"他一点儿也不喜欢这个结果。但简传递的信息很明确：如果你想自己走路，你就必须穿上靴子。你可以选择走路，或者作为你的父母，我必须确保你的安全所以只能背着你。这确实是贾森自己的选择，但是通过这次的经历他也知道了妈妈会言出必行。

　　一周后，同样的情景重演了。简再次向贾森解释："你可以选择穿上靴子自己走路，或者由我来决定。我数到三，然后我来决定，我选择背你。你可以选你想要的方式。"这一次，她才数到一，贾森就开始穿靴子了。过了一会儿，当他们一起走出门后，她向我竖起了大拇指。她声音中的自信和话语中的立场吸引了贾森的注意，并且她得到了想要的回应。

说出你的心声，言出必行，可以创造可预测的未来。你要让孩子知道将会发生什么，以及什么时候会发生。正是这种可预测性能够帮助高需求孩子学会对所发生的事情负责。这是件一举两得的事。他们发现了倾听的重要性，还学到了自我控制的技巧。

孩子更愿意听见"能"做什么

注意，可口可乐并没有告诉我们不要喝百事可乐，他们只是非常清楚地告诉我们要喝可口可乐！这是因为**人们不喜欢被告知自己不能做某事。他们想听见自己能做什么**。对于追求极致、善于坚持的高需求孩子而言尤其如此。你要想得到想要的回应，就把指令聚焦在他们能做的事情上。

我正在参观一所幼儿园时，突然一个新来的孩子在教室横冲直撞。这种行为通常会引发"当心"或者"停下"之类的严厉警告，甚至这个孩子会因不当行为而被老师要求去冷静一会儿。但这个孩子的老师没有斥责他，而是把他往老师想让他做的事情上引导。老师抓住他，在他耳边轻声说道："戴蒙，在教室里，我们得慢慢走路。"然后，她激动地宣布："让我们练习一下吧！"她站得高高的，挺起胸膛，夸张地抬起一条腿，向桌子走去。孩子握着她的手，一步步地跟着她。当他们到达目的地，老师和孩子一起击掌祝贺时，两人都笑了。接着，她指着房间对面的一把红色椅子，向他发起挑战："再试一次，这次你自己来！"孩子慢慢地、有条不紊地向前走去。每走一步，他都在集中精力控制自己的身体。他走到椅子前，转向老师，脸上露出灿烂的笑容。"你学得很好！"她喊道，"这就是我们在教室里走路的方式。"孩子笑了起来，对自己的新技能充满信心。

然而不到两分钟，戴蒙看到一个新玩具，他又兴奋地从桌子边跑到楼上。老师跟在他后面，弯下腰，再次低声对他说："还记得我们是怎么走的吗？"他郑重地点了点头，安静地握住老师的手，回到桌子旁。"再试一次，"她鼓励戴蒙，"我知道你能行。"然后她退后一步，给他机会证明自己。他又一次夸张地一步一步走了起来，每走一步都回头看她，她点头表示赞同。当他到达目的地时，老师微笑着向他走来。"我就知道你能行！"他站在楼上，微笑着俯身紧紧地拥抱了老师！他说："谢谢你！"

看着他们俩，我情不自禁地笑了。通过告诉孩子他能做的事，老师赢得了孩子的配合，更重要的是，赢得了他的心。

这位老师意识到，这个善于坚持、活泼好动的孩子已经在尽全力放慢自己的身体了。她欣赏他的精力旺盛，但也意识到她需要教孩子如何安全地在教室走动。为了确保她说的话孩子能听到，她在口头和身体上都做出了指示。她不仅用语言告诉了孩子要"慢慢走"，也迈着大大的、夸张的步伐，用肢体表现出来了。她强调了自己的观点。她用这种方式让孩子知道，配合她是安全的，甚至是有趣的。结果，老师收获了自己想要的回应。

听一听你发出的指示。你是否在告诉孩子他能做哪些事？是否在说"坐在椅子上"而不是"从桌子上下来"，"喝你的果汁"而不是"别去玩果汁"？你的语气有吸引力吗？当你传递的信息是高需求孩子能做什么的时候，你更有可能得到你所希望的回应。

通力合作

敏感的孩子往往都有敏感的父母。像你的孩子一样，你可能也要非常努力地判断到底哪些信息对你来说最重要。这并不容易做到，尤其是当自己分心的时候。

　　有一天，玛妮在家给我打电话，说她为自己三岁的儿子感到焦虑。她的问题非常典型："我怎样才能让他穿好衣服，吃好饭，早上不吵架就能顺利出门？"

　　我问她之前是怎么做的。她解释说，她已经制定了每天早上都要遵守的日常规则。他们 7 点起床，腻歪几分钟，然后穿好衣服、吃饭、刷牙、梳头，在穿上外套出门之前有几分钟时间可以玩会儿。"听起来不错。"我回答道。她告诉我执行得还不错。他们吵架的次数少了，但她还是觉得出门前的时间很紧张。

　　"不管我们起得多早，时间似乎总是不够用。"她哀叹道。

　　在她讲了更多早上的日常之后，我们都意识到，和她的儿子一样，玛妮自己也非常敏感，很容易分心。当她帮孩子穿好衣服后，孩子会跑到窗前看鸟。玛妮也会和孩子一起去看。让孩子来吃饭时，孩子会说"等一分钟"，玛妮也会同意孩子的要求。就这样，一分钟在不经意间就变成了五分钟，循环往复，直到 8 点铃声响，他们发现自己狼狈又匆忙，只能飞奔出门。

　　意识到自己的注意力分散有助于我们与高需求孩子更清晰准确地沟通。重要的是，我们要教会自己意识到干扰的存在，不要任由它把我们引向别的方向，除非我们自己选择如此。但说起来容易做起来难，尤其是在满屋都是孩子的时候。下一次，当你和高需求孩子正在互相配合时，要是被另一个孩子、电话铃声或者敲门声打断了，你可以有意识地问问自己："我是否想要转移注意力，去处理电话、应付另一个孩子或者门口的客人，还是说我稍后再去理会他们，先和我高需求孩子处理眼前的问题？"

各种情况下的决定会不同，但你需要知道，如果你传递的信息被打断了，孩子可能并不会像你期望的那样做出回应。你可以选择如何处理、识别这些干扰项，并相应地改变你的沟通方式。

你还可以与孩子分享你保持注意力的技巧。当你被打断并感到有其他事情需要去做时，告诉孩子："现在电话铃响了，我有点想接这个电话，但我知道我需要完成我正在做的事情，所以我稍后再去回电话。"他会很快学会你处事的模式。

当你知道你和孩子需要集中注意力完成任务时，找一个安静、安全的地方来处理或者玩耍。你可能会惊讶，许多极富洞察力的孩子能够一边听收音机一边完成作业。我猜想可能对他们来说，音乐能让他们平静下来，能掩盖住其他可能会扰乱他们注意力的声音。如果他们能顺利完成工作，你就不必为了是否要关掉收音机而和他们争吵。

如果自己也会分心，别让分心阻碍你与孩子的交流

如果你是容易分心的父母，你会喜欢和孩子分享当下脑海中浮现的想法。比如当你看到他在搭积木，你会说"搭得真好"。赞美是没问题的，但是你的话干扰了孩子，打断了他的注意力。再比如，你让他去穿好衣服，然后又告诉他顺便把屋里的床铺收拾一下。那他就会停下穿衣服的动作，开始收拾床铺。结果5分钟后，你又会因为他没穿好衣服而生气。

在他完成手头的事情之前，最好别急着赞美或者布置新任务。否则他的注意力就会分散，以至于无法完成手头的事。

找到集中注意力的办法

我在上文中提到很多可以吸引孩子注意力的方式，眼神接触、身体接触和

简洁的指令，等等。如果你是个容易分心的父母，你的孩子也很难引起你的注意。你可以想想在过去的 24 小时里，孩子要做什么才能引起你的注意，让你听到他想表达的事。

你的列表可能与我在高需求儿童课程上收到的列表类似：

- 他打我。
- 她就站在我面前，和我脸对着脸。
- 他咬了小宝宝一口。
- 她呜咽着哭了。
- 她紧紧抓住我。

或者你和戴夫的经历可能是类似的。

那天已经很晚了，我也很累。像往常一样，我的小夜猫子又睡不着觉。他跑到我旁边的沙发上，我能感觉到他在我报纸的另一头。我试着不理他。因为我已经和他待了一会儿了，还给他盖好了被子，读了故事。我想这足够了。突然，我的耳朵快被刺耳的吹气声震破了，那声音很不真实，像是嘴唇拍打和舌头滚动发出的声音。这太荒唐了。没有别的词可以形容它了。我把摊在腿上的报纸都弄碎了。

"你在干什么呢？"我用最严厉的声音问道。

"我在引起你的注意啊！"他打趣道，脸上挂着灿烂的笑容，"我一发出那种声音，你就要看我。"

"当然我会看你。"我心想：我更想活吞了你呢！

如果你不想挨揍、被咬、被抱怨、被拖拽或者被什么事恶心到，那你必须教会孩子如何恰当地引起你的注意。你来决定他们应该如何接近你，并且展示给他们看。你希望他们说话吗？用什么词？"我需要你的关注""我需要拥抱"或者"请听我说"。你想要的动作是什么？是轻轻地拍下肩膀还是握手？你需要眼神交流吗？你想让他们站在你面前吗？你想让他们把你拉到和他们平视的位置，跟你说话吗？

没有标准答案。但正如你必须学会如何吸引孩子的注意力一样，孩子也必须学会如何恰当地吸引你的注意力。下次他发牢骚时，请你记得说："停。我正在听呢。我想你是在告诉我你想引起我的注意。下次记得说出来。"或者如果他打了你，请你记得说："住手。你打疼我了。如果你想引起我的注意，下次记得抓住我的手。"然后你必须集中精力，把注意力放在他身上。

如果你很容易分心，保持专注需要你投入大量精力。在机场、家庭聚会、购物中心和集市等这类强刺激的环境中，保持专注最具挑战性，因为正如你敏锐的孩子一样，你也可能会感到不适。在和孩子们一起面对这种情况之前，你应该先让自己停下来、深呼吸、思考一下。你现在是否有足够的精力明确地指导孩子并帮助他们做好，还是你是否已经筋疲力尽，需要将所有剩余的精力用来帮助自己？

在你们都努力保持专注之后，别忘了给自己和孩子一些休息时间。

认可极富洞察力的气质

作家 E. B·怀特（E. B. White）在散文集中，将我们的注意力吸引到燕子窝中的白色羽毛上，这些白色羽毛帮助鸟儿在外面明亮的阳光下俯冲到黑暗的谷仓里，再飞回自己巢中。他描述了农场中的气味和池塘上闪烁的灯光。他是个极富洞察力的人，他用自己的才能丰富了我们的生活。

这个世界需要具有洞察力的人。我们可以在享受孩子们敏锐的感知力的同时，教他们学会倾听。

有效传达，简洁沟通，集中注意

高需求孩子通常都极富洞察力。他们的感官非常敏锐，能吸收周围方方面面的刺激。他们能闻他人所未闻，见他人所未见，察他人所未察。当极富洞察力的孩子被自己感受到的信息狂轰乱炸而无法分类处理时，会非常不适。他很难决定哪些是最重要的信息，或者应该把注意力放在哪里。这时，他会分心、困惑，无法集中精力完成手头的任务，完成父母或老师刚刚给他的指示。

极富洞察力的孩子需要听到：

你能注意到周围发生的一切事情。

有时，当你感到不舒服时，你很难听到别人的指令。

你很有创造力，因为你能注意到别人错过的东西。

你极富洞察力。

你很有幽默感。

父母需要这样做：

用支持和爱的语言来激励孩子倾听，让他知道和你在一起是安全的。

以多种不同的方式传递信息，包括交谈、写作、绘画和演示。

轻轻抚摸你的孩子，帮助他听从你的指示。

用眼神交流确保你吸引到他的注意。

保持传递信息的简洁性。

不到万不得已不要提出问题。

告诉孩子他能做的事情。

限制你每次给出的指令数量。

如果父母也富有洞察力：

认识到你自己也容易分心。不要让分心阻止你和孩子的交流。

留出充足的时间，在不被打扰的情况下完成任务。

营造安静的工作和娱乐场所。

在努力保持专注后，为你的能量库充电。

第 11 章

如何帮孩子适应变化

变化就像病毒一样，是毁了我们完美一天的
琐事。

——琳恩，两个孩子的妈妈

　　原本这该是一次有趣的家庭郊游，妈妈、爸爸和三个男孩一起去海滩。但孩子们从车里挤出来后发现，这里正在举行的飞盘比赛把他们最喜欢的宁静港湾变成了拥挤的蜂巢。"我们换个海滩吧。"妈妈建议道。"好啊！"两个孩子蹦跳着往车里跑，但杰克逊没动。他停下脚步，怒目而视，眼睛眯成了一条缝，他的下唇翘起，噘起了嘴。"我不走！"他咆哮着，两只手臂交叉在胸前，跺着脚以示注意。

　　起初妈妈很震惊，接着她很愤怒。杰克逊又来这一套，她想，总是他。他为什么要这样？其他两个孩子都支持父母所做的一切，杰克逊却不，他总能制造问题。

有时候，和杰克逊这样的高需求孩子相处时，父母正是被这些小事惹毛的。转换就是这种可以决定一天成败的"小事"之一。转换指的是从一个地方到另一个地方，或者变换动作、转换情绪和话题等。简单的转换，可以是别玩了去吃饭；常见的转换，可以是上车下车；重要的转换，可以是从一所房子搬到另一所房子。有些高需求孩子适应得比较慢，对任何转变都需要慢慢适应，因为任何变化都容易让他们进入警觉状态，进入红区，随时准备战斗、逃跑或者僵住。当追求极致的情绪增强时，孩子的适应能力就会下降。要想从一个活动、地点、话题平稳转移到另一个，高需求孩子需要付出艰苦的努力。转移就像是能破坏整个系统的病毒。如果你不能设法让孩子出门、进门、去餐桌前、从餐桌上下来，或者不经争吵就把东西收拾干净，那这一天中美好的时光就会失去光彩。你会感觉这天糟透了。听到他们激烈的抗议声，你会觉得需要做出颠覆性的事情来纠正这个问题。不过幸运的是，你只需要微调一下就可以了。

要想拥有美好的一天，实现平稳转换是最重要的事情之一。所有孩子都能从平稳转换中受益。高需求孩子需要清晰、平静的转换。大多数高需求孩子的性格都和杰克逊一样，他们不是故意表现不好的，也不是想让父母在公共场合失望或难堪。应对变化对他们而言确实充满了挑战。尤其是当他们真的想吃饭、想去上学，却发现自己很紧张、没法配合父母、每一步都在挣扎反抗时，激烈情绪表现得最为明显。转换对他们来说太难处理了，以至于他们会因为喜欢的面包店刷成新的颜色、银行换了标志、你送他们上学时走了不同路线而感到非常不安。对适应慢的人来说，变化从来都不是一件容易接受的事，但高需求孩子可以学着让这一切变得容易接受些。

建立起生活规律，提供可预测性和安全感

为了帮助高需求孩子适应变化，我们必须帮助他们认识和理解转换这件事，帮他们找到合适的语言来表达他们遇到变化时的感受。要做到这一点，我们必须仔细审视每天的日常，问自己"某件事什么时候开始、什么时候结束"以及"今天和我们平时的日常生活有什么不同"。

一次参观、一档电视节目、一所学校、一顿饭等，对适应缓慢的孩子而言都是挑战。通过了解转换何时发生，我们可以为转换所带来的不适提前做好准备。

高需求孩子需要听到你告诉他们：

- 表姐第一天来我们家时，你会感到不舒服，因为这会改变我们的日常生活。你可以说出来："这段时间我很不好过。"
- 变化对你来说确实很难应对，但你也可以改变，而且你一直都在改变。

还记得上周你……

- 从学校到家这样的转变对你来说很难，但我们可以一起想出办法，让这个过程变得好一些。
- 你想知道接下来会发生什么事。让我们来聊聊今天的计划。
- 我觉得你很沮丧是因为你很震惊。
- 我可以等你干完手里的活。或者，你想等会儿再做也行。
- 你可以灵活变通。
- 我们全家一起努力。我会尊重你，但我也需要你的配合。

当你告诉孩子他生活中的转换时，他会开始自己去发现这些变化。渐渐地，他的信心和应对能力也会随之增强。

向孩子介绍你认识的那些在遇到变化时考虑周到、耐心仔细的人，让孩子知道自己并不怪异，他没什么不同，有很多人和他有同样的感受，这些人会让我们回忆起以前的传统和历史。

规律生活

对于适应缓慢的高需求孩子而言，规律生活是命脉所在。规律生活带来了可预测性和安全感，让孩子们能够对自己的世界有控制感。当高需求孩子感觉有控制感的时候，他们能更快地转换。真正让他们不安的是意外。如果他们能够在固定的时间起床、吃零食、进餐，以及在特定的时间做自己喜欢的事，那么他们就可以预测即将发生的事情，并开始调整自己，做出改变。规律生活可以减少他们的不适，从而使他们把精力放在其他方面。

观察一下你的一天。孩子知道你通常什么时候起床、什么时候吃饭吗？知道他应该什么时候穿衣服吗？知道你什么时候出门吗？知道他什么时候可以邀请朋友过来，或者什么时候应该做作业吗？高需求孩子需要知道这些事情。如果他不知道，等待你的将是一场战斗。德布在一次课上分享了他的故事。

　　我家每天早上都会有一场鏖战。

　　亚历克斯绝对不会配合去上学的，哪怕他其实很喜欢学校。我试过赶紧走开，也试过和他多待一会儿，但似乎都没什么用。他会躺在地板上哭闹，或者抱住我哭。我们两个都很挫败。

　　幼儿园老师也很难熬，因为亚历克斯的哭声会影响其他孩子，让别人也感到不安。她建议我们制作一张带有图片的表格，让亚历克斯知道今天会发生什么。

　　在那种情况下，我愿意做任何尝试。我告诉他："亚历克斯，我们一起努力让上学这件事变得容易些。怎样才能好些呢？"他告诉我他担心离开家，他不知道我什么时候会回来。这些是我从没想到过的。

　　"你的老师认为，我们做一个计划表可能会有所帮助。"我告诉他。"那么我们到学校后要做的第一件事是什么呢？"我问他。

　　"把我的外套收起来？"

　　"是的！"然后他画了一个外套的图案。

　　"然后做什么呢？"他耸了耸肩。我说："要我说，在我还能看见你的时候你去找点东西玩儿怎么样？"他同意了，画了一个他最喜欢的学习区域。我们继续画，画了笑着挥手告别、午餐时间以及阅读和故事时间。

　　"故事时间结束后，我就马上来接你。"我解释道，"那么，让我们画一个时钟，显示下午5点。这是我来接你的时间。"

　　接下来我们一起读了这个计划："我们先脱掉外套，找点东西玩儿，挥手告别，吃午饭，读故事，当5点钟声响起的时候，妈妈会来接你。"我把计划表叠起来，帮他塞进了口袋。"这样你就可以随时查看了。"

我解释道。

效果很快就看到了。他不再用哭闹开启一天，而是把外套收起来，找了点东西玩儿，然后向我挥手告别。

这个图表我们用了两个月。在那之后，我们的生活固定下来了，也再没有出现什么问题。我无法表达我有多么感激那位老师的建议。

当孩子知道接下来会发生什么事的时候，适应力不强就不再是问题了。有时，仅仅通过让生活规律起来，你就可以让原本不适应变化的孩子学会配合你。这并不意味着你再也不能安排偶然事件。你当然可以，但要有所限制，因为你知道，对于高需求孩子而言，要快速适应转换是件多么具有挑战性的事。

留点时间

"如果我催查理快点的话，我们就完了。"香农在一次接受采访时说，"我永远不会让他陷入这种情况。我能给他的时间越多，我俩就越幸福。但这意味着我必须一直领先一步，提前准备。"

时间对高需求孩子来说很重要，他们需要充足的时间做出转变。你可能不觉得自己有那么多时间，尤其在你还有别的孩子的情况下。安娜是 4 个孩子的母亲，为满足高需求女儿的要求倍感压力。

我试图说服安娜把出门闹钟调快 15 分钟。我告诉她："现在你又累又急。相信我，把闹钟提前 15 分钟，尽管你还是会很累，但不会那么着急了。试试吧，你又没什么损失。"

根据多年来的经验，我发现每花 5 分钟在准备工作上，你都会免掉 15 分钟的混乱。如果你想让自己拥有更多时间，就需要给高需求孩子留出更多的时间来转换。适应缓慢的孩子并不是在故意浪费时间。他们只是正在热身、启动，在努力适应变化。尤其是在转变不属于日常生活的一部分时，他们就更需要时间。

其他人可能会阻止你让孩子有充足时间来热身启动。这时你必须要有主见。比如去看医生时，你可能需要让医生先和孩子聊一聊，先给孩子看看听诊器长什么样，再让医生触摸孩子。在奶奶家，你可能需要事先告诉孩子的爷爷奶奶，想让孩子在他们腿上坐几分钟之前，你要先把孩子放在自己腿上适应一会儿。即使在体育比赛时，你也不得不告诉教练不要用孩子第一场比赛的表现来评判他，因为你知道他在热身启动以后，会表现得更好。

有时，让孩子慢慢启动起来不像美国人的行事风格。其他人会告诉我们要强迫孩子进入状态，他们会责怪我们惯着孩子。当你的孩子适应力不强的时候，记得提醒自己，在他进入青春期以后，你会欣赏他这一点。那时，当其他孩子都在进行可笑的冲动冒险时，你的孩子会思考，缓慢而谨慎地行动。每种气质都有自己的优点。

事先提醒至关重要

事先提醒是对未来进行具象化描绘的过程。**适应力不强的孩子需要了解未来会发生什么。**无论是要吃午饭、看医生、陪伴、改变午睡时间、去购物、换新牙刷，还是洗他最喜欢的毯子，你都需要让高需求孩子知道即将发生什么，确保他们知道自己要做什么、要多久才能到那里去、要带什么东西、什么时候离开家、谁会在那里、以及你知道可能会发生的任何事情。

提醒的时机也很重要。有些孩子需要提前几个小时、几天甚至几周来告知他们将要发生的事。这让他们有时间提出问题并做好心理准备。也有的孩子则会反复想这件事，所以如果你提前太久告诉他们，他们反而会生气。你必须清楚哪种方式最适合你的孩子。以下是我们课程中的老师和其他父母用到的事先提醒的方式：

- 你有 10 分钟时间。一会儿就准备出发了，你还需要做什么。

- 还有 5 分钟你的时间就到了。我们需要找到时机停下来。
- 看完这个电视节目之后我们要……
- 爸爸回家的时候我们要……
- 今天我来接你的时候，我们先不回家，我们要去……
- 计时器响了以后，就要去……
- 你可以和布拉德一起玩到 10 点，等他妈妈下班后他就得回家了。
- 明天早上你醒来以后要……
- 你再跳三次，就轮到迈卡了。

如果孩子还在蹒跚学步的年纪，和他说"再来一次"常常会惹得他大哭。你可以对他说："我知道你希望我们不要走，但我们必须得离开了。"尽管这种转变仍然充满挑战，但还是要坚持事先提醒。慢慢地，这对你们俩来说都会变得容易。

记住，孩子越小，越没有时间概念。告诉一个两岁的孩子，5 分钟后他需要停下手里的事，5 分钟以后他可能还是会尖叫，你还是得抱起他。这个年纪的孩子无法理解时间，除非你把它具体化。你可以做一些纸环代表每天，串成纸链，帮助孩子来倒计时，计算还有几天到节日或者生日派对。有图画的日历也有助于孩子记录还有几天奶奶会来看他。比如"你可以再扔五次球""当音乐盒停止时""沙漏底部的沙子沉底时""播下一条广告时"和"CD 放完以后"，类似的指示都可以让时间变得真实可见。你也可以从网上的自闭症协会那里买一个计时器，让孩子"看见"时间流逝。你可以在计时器上设置好指定的时间，这时表盘显示为红色。随着时间的推移，颜色会逐渐消失。在这个过程中，孩子实际上是可以"看见"时间的。

事先提醒是让孩子更加听话的神奇钥匙。如果你想让孩子给亲戚们留下好印象，你一说"跳"他就跳的话，你需要提前在他耳边低声说 5 分钟后他需要跳起来。没有这个事先提醒就麻烦了。高需求孩子对突然的转变会不知所措，而简单的提醒能帮你达到目标。

如果你认为事先提醒孩子什么时间将要发生什么事似乎多此一举，那请你留意一下，你每天会看表几次并思考 10 分钟内要做什么，或者查看几次你的日程表并制订计划。或者，请想象一下，如果你的朋友突然意外地出现在你家门口，让你上车，却又不告诉你去哪儿，也不解释自己为什么会在那里，只是简单地说"相信我"，你会怎样。

正如你一样，孩子也需要了解这些信息，但小孩子无法自己获取，所以他们需要你的帮助。你只需要和孩子分享你的想法和行为。随着孩子逐渐长大，你可以让他承担更多的责任。例如，你可以说："妈妈明天要去上班。你需要自己做哪些准备？"慢慢地，孩子就会为转换做好准备。

确保收尾时间充足

高需求孩子喜欢先做完手头的事。在开始新的活动之前，父母必须帮助他们把手头的事收个尾。你可以用"确实很难就这样停下来，不过你可以稍后再做这件事"之类的表达来肯定他们的感受，或者说"你可以慢慢来，不必着急。我只是提前告诉你，我们还有 20 分钟就要走了"。

你只要事先提醒了他们，就给他们完成这件事提供了空间和时间。如果你觉得等待很难熬，就不要去盯着他们。相反，你可以先把东西搬进车里，或者在最后时间打个电话。简就是这么做的。

　　该准备去上学了，但我 4 岁的儿子杰克却在全神贯注地拼乐高。他不想收拾东西准备上学。通常我会大声嚷嚷，让他马上停下来。一般这时，战斗就会打响。但这一次，我问他："你还需要几分钟？"

　　"10 分钟。"他回答。但我们没有那么多时间。

　　"5 分钟怎么样？"我反驳道。

　　"10 分钟。"他立马回答。

　　"好吧，我会把计时器调到 5 分钟，你看看能完成到哪一步。你先做你的事，我现在要去准备一下其他东西了。"于是我先走开了。

　　很快我就听到他说："我弄好了，计时器还没响呢！"

　　"干得好！"我喊道，"如果你想再玩 2 分钟，玩到计时器响，也是可以的。"他又玩了会儿，在计时器响起时，他把乐高收起来，去穿衣服了。

　　如果你时间紧张，可以帮孩子把不用的颜料盒关上，把玩具收起来，或者把他不用的蜡笔都收好，用这样的方式帮他收尾。你可以引导他把东西放在安全的地方，这样等到他回来还能继续用。你可以问他："你想把这个保存在哪里？"有时候，为了让高需求孩子从一件事转换到另一件事上，你需要给他们一个"转换"对象，比如让他们拿一块积木上车，或者让他们把球拿到餐桌旁，放在椅子上。

　　在你帮助孩子收尾的同时，你需要提醒他一会儿将有好事发生。你可以说："我们可以吃你最喜欢的苹果酥当甜点。"或者"你可以去见你的朋友。"请你确保已经提前告知他了，否则，你想给他的"惊喜"只会变成"惊吓"。

　　最后我需要指出，养成收尾的意识对于你和孩子而言同样重要。想象一下，假设你正在看最喜欢的电视节目，这时有人进来关掉了电视，说"现在上床去睡觉"。你可能也会感到很烦，不愿意配合。对孩子来说，他们做的事也很重要。所以他们需要一个机会，找到停下来的时机。

发挥想象的作用

　　高需求孩子有丰富的想象力。你可以利用他们的想象力让他们从一件事转移到另一件事上。我的同事贝丝发现，对高需求孩子而言，让他们从教室走到大厅都可以称得上"转换"。她想了个解决方案，和孩子们一起"月球漫步"。她告诉孩子们，他们都是即将在月球上行走的宇航员，大厅就是月球。"登月"之前她会问孩子们："在我们去月球之前，我们需要准备什么？"

"穿上宇航服。"一个小朋友喊道。每个人都假装将宇航服套在身上，并夹住头盔。他们又戴上手套，穿上靴子。还有些孩子想起来要系上安全绳，紧紧拽住绳子。他们讨论起地心引力，以及它将如何影响走路方式。所有这些讨论都会让他们安静下来，帮助他们平稳、安静地从一个地方转移到另一个地方。

我见过有的父母为了让孩子洗手，假装自己是一辆装卸卡车，用手在水龙头下一开一闭地玩水。我也见过孩子们像毛毛虫一样穿上外套，或者像蝴蝶一样飘到车上。我还见过蹒跚学步的孩子专注地后退走路，或者4岁的孩子像小马一样疾驰。他们太过于激动以至于没有意识到自己正在经历转换。这些小小的想象之旅都能帮你取得孩子们的配合。

这不是在玩游戏，这是聪明的表现。

减少不必要的转换

对两岁半的米歇尔和她的妈妈来说，这是忙碌的一天。早晨伊始就匆忙地吃早餐，接着是去看医生，他们在那里等了很久，之后在实验室待了一会儿，在麦当劳匆匆吃了一顿午饭，在最后一刻冲进教室。米歇尔错过了大厅里的问候、亲子互动、阅读书籍以及爬过的隧道。当她走进儿童教室时，所有的孩子和他们的父母都已经围成一个圈，在一起唱歌、鼓掌和跳跃。突然，老师说："给爸爸妈妈一个大大的拥抱，然后说再见啦。"米歇尔彻底失控了，她抓住妈妈的腿不肯放手。

她妈妈看起来几乎和米歇尔一样震惊，尽管我不确定她是因为痛苦、愤怒还是尴尬。"这对她来说超负荷了。"我说，"想想她这一天。她一上午必须快速而频繁地切换场景。她得经历多少次从一件事、一个地方到另一个的转换？转换太多太快了。有的孩子可能还能适应，但对于米歇尔来说，她本身就不适应转变，还错过了午睡，再一次的转换对她来说压力太大了。"

高需求孩子每天只能经历一定数量的转换，尤其是像米歇尔经历的这样重大的转换。如果经历得太多，孩子就会失控。你需要仔细想想一天的安排，考虑一下孩子需要经历几次转换。如果你们打算外出郊游，数一数需要上车下车几次，日常作息会发生多少变化。为了孩子的感受，你必须控制他转换的次数。

下次，为了给米歇尔省点停留时间，她妈妈可能会在看医生的时候找个保姆。如果做不到的话，她可以用熟悉的食材做成午餐，带到教室的大堂吃，省去来回餐厅的转场。她也可以选择不来上课，带女儿回家小睡一会儿，两人都休息一下。当孩子和父母又饿又累时，转换会变得更加困难，这种情况下要格外留意。

如果有亲戚参与进来，限制转换的次数会变得更加困难。在家庭聚会上，你需要为孩子辩护。倡导这一观点意味着你要帮助孩子表现好。有时候，你需要知道何时拒绝，或者坚持自己开车，这样就不用依赖别人。也许在商店短暂停留对你父亲来说没有什么，但会让到达转换极限的高需求孩子大发雷霆。

控制转换次数需要创造力和前瞻性，但这确实能解决问题。高需求孩子年纪越大，能处理的转换越多，年纪越小，转换就越困难。刚会走路的高需求孩子尤其容易受到快速转换的影响。一旦你了解孩子的承受程度，知道在什么时候他应该停下来，孩子会表现更好，你的日子也会更顺利一些。

琳恩有个 6 岁儿子约翰，她发现让孩子在恰当的时间停下来为全家带来了和谐。

我会在前一天晚上告诉约翰我们第二天的安排，给他时间完成手头其他的事，甚至感谢他的配合，但当我提出要出门办件事的时候，他拒绝了。

"我想待在家里。"他要求道。

我开始强迫他，转而意识到他可能是累了。我们去了学校，出去吃了午饭，在公园玩了会儿。他很累，坚持不想去。这真的不是较劲，他只是实在不想做其他事了。以前要是这样，我会很不开心，但这次我没有。我没有再逼迫他，而我们也度过了非常愉快的夜晚。他很早就上床睡觉了。我和丈夫甚至能有时间单独在一起。这很值得。

如果你仔细倾听孩子，其实高需求孩子在达到极限的时候会告诉你。这需要你密切关注，想办法调整你的安排，或者用别的方式完成你需要做的事情，而不是在孩子崩溃的边缘继续强迫他。总会有解决方案的，一种既尊重孩子又满足自己需求的方式。试着找找看。适应力不强的孩子有一种天赋，他们总是率先让我们知道，"我们做得太多了，是时候让家人们放慢脚步休息一下了"。

留点时间，让孩子适应转换

失望对高需求孩子的打击很大。因为失望本身其实是一种转换，是计划的改变或意外。让高需求孩子理解失望是非常困难的一件事。他们会有强烈的冲动，这种冲动很容易让他们承受不住。如果他们不能理解，就会用"我不会去做"或者"你不能强迫我"来反驳你。

你可以用"要是……怎么办"的游戏，来帮助他们消除失望带来的痛苦。在事情发生之前，你可以把可能的情况提前跟孩子讲清楚。例如，如果你们准备去看电影，你可以问你的孩子："要是我们到了以后发现，所有的票都卖完了怎么办？你会有什么感觉？我们该怎么办呢？""要是你去参加生日派对，他们只有水果沙拉，没有生日蛋糕，你会有什么感觉？你会怎么做？""要是你去上游泳课的时候，老师点了所有人的名字，却没叫到你，怎么办？"

"要是……怎么办"的游戏能教会孩子如何解决问题，这是成功的基础。如果假设的事情真的发生了，他们已经有所准备。他们知道自己会有什么感觉，能用合适的词表达出来，也知道该怎么做。即便你没有完全猜到"假设"的情景，也有非常类似的情况作为参考了。

"这难道不会引起焦虑吗？"有父母问我。这种可能确实存在，但"要是……怎么办"的重点不是真的会发生什么可怕的灾难，或者孩子真的会很失望，重点在于让我们对孩子解决问题的能力有信心。我们知道了他们在那种情况下能做什么。这也给孩子传递了支持、安慰性信息。孩子觉得一切在掌控之中的时候，他们是不会焦虑的。

高需求孩子有很强的感受力。他们可以学会在不被情绪打败的情况下处理失望的情绪。但失望还是真实存在的，需要一个出口。

别忘了教会他们你希望他们使用的表达。你可以教他们说：

* 真是个惊喜！
* 这不是我预期的情况。我需要点时间恢复情绪。
* 我很难适应这种变化。
* 我们能聊一聊吗？
* 请再给我一分钟我就能结束了。
* 经历这样的转换对我来说太难了。
* 我只需要再看两页书就可以走了。
* 让我们再来重温一下今天的计划。

我记得有一年新年前夕，我们原本计划和邻居共进晚餐，然后去看电影。结果我们比计划时间提前吃完了晚餐，提前 45 分钟到了电影院。我的邻居看了一眼其他电影的广告，说："要不我们换一个电影，怎么样？"其他孩子都欢呼起来。我飞快地瞥了儿子一眼，在想他能否挺过这个"惊喜"，结果发现他眼里溢出了泪水，我把他拉到一边。

"你能接受吗？"我问，"我知道你没有预料到，你也很难适应这样的变化。"

"你答应过我去看我喜欢的电影的。"他结结巴巴地说。

"我知道，"我说，"但你之前也提到过这一部电影。你再想一想吧，然后我们再来决定。"

出乎意料的是，我儿子竟然克服了换电影这件事。他在 5 岁的时候还做不到，但在 8 岁的时候成功了。我很为他高兴，但事后我看得出来他还是不太高兴。电影结束后，邻居邀请我们去他们家吃东西。这时我很确定，如果不给他充会儿电，他是无法适应再一次转换的。

"我需要去看看我家的小狗，"我为自己找了个理由，"乔希，你愿意来帮帮我吗？"我其实并不需要去看小狗，但我知道我需要给儿子一个发泄情绪的机会。他也确实这样做了。他走进家里松了口气。

"是你说的我可以看我想看的电影。你答应过。刚才那部电影糟透了。那我们为什么要改主意？"

我知道他说的都是事实，也让他把情绪发泄出来，然后告诉他："好了孩子，时间到了。我知道变化对你来说很难应对，但可以到此为止了。你在电影院表现得非常好。这周晚些时候我们可以去看你选的那部电影。但现在我们必须得回到邻居家。"我递给他一张纸巾，让他擤了擤鼻涕。之后我们一起走出家门。我俩都挺过来了。

失望并不会凭空消失。你和高需求孩子需要找到互相尊重的方式，把情绪释放出来。

通力合作

当孩子顺利实现转换以后，要让孩子知道你多么为他们感到自豪。感谢他们停下自行车并回家吃午饭。在他们没打架就顺利上车时，发出胜利的欢呼而不是讽刺，因为他们在成长，在学习适应。表扬他们主动为上学或去朋友家做的准备。感谢他们灵活变通。让他们知道，当你听他们说你让他们惊喜，而不是听到他们朝你嚷嚷的时候，你有多么高兴。通过这些小事，你能让孩子更加配合。庆祝他们的成功，永远记住，一次成功会带来另一次成功。

如果你的适应力也不强，那你需要认识到自己也在努力适应变化。你要知道自己承受的极限在哪儿，确保能量库充足，这样才能保证有足够的能量来帮助自己和孩子。

认可适应力不强的气质

即使你自己的适应力不弱，你可能也发现了，察觉到转换的存在并且计划做出改变，其实是非常愉快的经历。

南希是这样说的："在我家，除了我自己，每个人在面对改变时都非常痛苦。当我从一个话题跳到另一个，从一项活动跳到下一项时，我可以迅速处理这样的情况，但我身边的人经常跟不上。我不需要任何帮助就能顺利转换，但我的家人需要。我已经学会了事先提醒。我总会和家人说：'我们会在图书馆停下来。''还有 5 分钟就可以休息了。'有时我觉得这很麻烦，对我个人也没什么好处。

我以前从没意识到自己多喜欢有计划的转换，直到有天下班后，我和一群同事挤进面包车，前往 100 公里外的地方去参加同事的婚礼。我们到得很早，决定利用这段时间到当地的面包店喝杯咖啡、吃个甜甜圈。

我坐在那里全神贯注地聊天，没注意时间的流逝。突然，我意识到除了我之外，所有人都已经出门了，或者已经坐在面包车里了。我当时还在面包店，没有穿外套，上车之前我还想赶紧去上个厕所。居然没有人提前让我做好准备！

　　所有人都在等着我，我很快去了一趟洗手间，这相当尴尬。我也许不需要为转换做准备，但从那天起，我意识到我其实喜欢为转换做好准备。"

　　为转换花费时间做准备是非常值得的，高需求孩子会感觉自己更有能力、更灵活，父母则会感觉更自信。因为这样一来麻烦少了，也就顺利了很多。

畏惧变化，适应力弱

　　高需求孩子对于所有变化都适应得较慢。要改变方向，从一件事、一个地点或一个话题转移到另一个上，他们都需要付出艰苦的努力。要想拥有美好的一天，实现平稳转换是最重要的事情之一。对于适应力不强的人来说，转换从来都不是一件容易的事，但高需求孩子可以学会让转换变得容易。

适应力不强的高需求孩子需要听到：
变化对你来说确实很难应对。
你喜欢把事情安排妥当。
你需要知道接下来会发生什么。
你可以灵活变通。

父母需要这样做：
规律生活，向适应力不强的孩子解释当天的计划，避免意外出现。
从一项活动转换到另一项的时候，为孩子留出时间。
提醒孩子即将发生的事情。

确保收尾时间充足。

制订计划时，控制转换次数。

如果父母的适应力也不强：

给自己时间转换。

如果这一天要经历多次转换的话，需要在出发前把你的能量库充满电。

第 12 章

养育高需求孩子，不能忽视的附加特质

这些特质他身上都有！难怪我这么累。

——玛莎，三个孩子的妈妈

"等一下！"比尔一边浏览课程大纲，一边喊道，"没有关于精力方面的讨论吗？难道对高需求孩子来说，精力过于旺盛不是一个需要解决的问题吗？"

"这不是我需要的课程大纲。"卡萝尔回答。

"第一反应总是很消极这一点也不讨论吗？不管我们提议做什么，她都会说'不'。"玛莎抱怨道。

"我倒希望我们能聊聊第一反应很消极这个问题。"马克补充道，"塔拉一起床就心情不好。我们不讨论一下心情方面的问题吗？我们一般管这种孩子叫'牢骚包'，当然，那是在了解'标签'理论之前的事了。"

大家都加入了讨论，父母分成了好几组。这个有凝聚力的团体产生了分歧。他们看着我，希望我出面解释一下。这个团队最棒的一点是让大家找到同类，每个人都清楚为了养育高需求孩子彼此都经历了什么。"你们讨论的是额外的特质，"我说，"包括缺乏规律性、精力旺盛、消极的第一反应和情绪低落。正如你们所知，有些孩子在这些类别的气质量表上得分很高，有些则没有。这就是为什么我说这些是'典型特质'。与追求极致、不肯罢休、极度敏感、极富洞察力、适应力不强这 5 种几乎所有高需求孩子共有的气质特征不同，这些额外特质出现的概率约为 50%。因为它们不是每个高需求孩子都会遇到的情况，所以我想我们在讨论孩子就寝时间、饮食、穿衣、假期和其他典型问题时，应该已经讨论到了额外特质。"我停顿了一下，等待大家的反应。我环顾四周，感觉自己就像在课堂上扔了枚炸弹！下面我们就来讨论一下高需求孩子的这些典型特质。

缺乏规律性

科琳说："我可以坚持一整个白天，因为我知道只需要坚持到8点钟。到了8点，我就让孩子上床睡觉，他可以一直睡到第二天早上8点。"

凯茜沮丧地和科琳说："你的孩子可以睡12个小时，而我都不记得我上一次能连续睡8个小时是什么时候的事了。约翰已经16个月大了，我还在期待他什么时候能睡整晚的觉。"

有些高需求孩子的生活很有规律，他们的父母还能指望在忙了一天后能睡个好觉。这是他们的可取之处。而其他孩子就难以预测得多。他们的作息似乎不符合自然规律。别人饿的时候他们不饿，他们可以连续几天不排便，没人知道他们什么时候会感到疲惫。

如果孩子缺乏规律性，重要的是你需要记住，他不是故意想让你筋疲力尽或者让你难受的。他的身体有自己的内在节奏。他也不知道自己为什么晚上辗转反侧、无法入睡，不知道为什么别人都饿了他却不饿，也不知道为什么别人都能规律排便而自己不能。他并不想唱反调，你也没有做错什么。你只是有一个身体机能与众不同的孩子。他需要你帮助他适应社会规律，学会如何作为一个不同寻常的人在这个有社会内在规律的世界生存下来。

学会用语言表达

缺乏规律性的孩子往往不太合群。因为他们身体的节奏经常与其他人不一致，于是他们就会觉得自己有问题。重要的是，他们能听进去父母告诉他们的道理，能够尝试理解自己缺乏规律性意味着什么，并能平和地接受这一点。

"你们会对缺乏规律性的孩子说些什么呢？"我问大家。大家都很茫然地看着我。

"'你快把我逼疯了'，这应该不算吧？"我们的常驻幽默作家汤姆开玩笑说。

我笑了，注意到幽默感对于家有缺乏规律性孩子的父母至关重要。我鼓励他再试一试别的方式。帕蒂首先提到一句不错的话，其他人也跟着活跃起来。"你真的很灵活。我们不必着急非要在 6 点钟就准备吃晚餐。如果你不饿，我们可以晚一点再吃。"

"你总是给我惊喜。"

"你可以像你爸爸一样当音乐节目主持人，然后你们轮班工作。"

在头脑风暴快结束时，特里打趣道："你会爱上大学生活的。"然后，特里压低声音，小声说："但我不会告诉他，我要把他送到很远的地方，这样我才能休息一下！"

有时，你的大脑会因睡眠不足而变得糊涂，你很难对缺乏规律性的孩子说出积极的话。但他需要知道，作为父母你理解他的行事风格，而且其他孩子甚至成年人也会有身体节奏不规律的时候。

创造养成习惯的条件

缺乏睡眠、作息不规律、脱离"社会规律"以及无法提前进行规划，是缺乏规律性孩子的父母面临的主要问题。为了你能挺过去、避免家庭内乱，你必须帮助缺乏规律性的孩子充分适应学校和家里的计划，让他们能正常生活。这并不容易做到，但很重要。他们天生的身体条件可能非常不稳定，让你无从下手。其实对于高需求孩子来说，按时吃饭和就寝本身就存在困难，我在书中各用了一章内容来讨论吃饭和睡觉问题。在第 15、16 章，你可以找到能帮你规划日常作息的内容。这些内容包括额外的线索和可预测的信号等，可以帮助缺乏规律性的孩子适应家庭作息。

请记住，要让缺乏规律性的孩子适应作息规律是需要时间的。你可以稍微推他一把，但别用力过猛。因为你是在应对他的自然天性，也就是孩子的先天气质。但你的努力也能够在三周内看到成效。同时，请你提醒自己，不要觉得邻居家孩子每晚 8 点就能睡着，邻居就是更好的父母。这只是因为他们家孩子体内的节奏很规律，而你的孩子只是不规律而已。他天生就是这样的。虽然你需要付出更多努力，但你真的能够帮他做得更好。你既能接受他的灵活多变，也能保证其他家人正常的饮食起居。

通力合作

如果你在生活中作息也缺乏规律性，那孩子表现的出这一特质就不会困扰你。然而，需要注意的是，由于你的天性，你可能无法保证行为举止和生活习惯的前后一致性。也就是说，孩子无法以你为参照。尽管你不太可能养成，或不想要养成其他父母那样规律的作息，但你还是需要尽可能确保家里的事能有规律，需要确保孩子得到充足的休息和营养，并且能够遵守学校的时间表。在这个过程中，你会发现，尽管你和孩子似乎并不需要，甚至不喜欢规律作息，但实际上每个人都表现得更好了。

> 贝姬说："我讨厌作息规律，这很无趣。克丽斯廷缺乏规律性的表现对我来说就不是问题。如果她想熬夜，我就熬夜。如果她想睡觉，我就睡觉。我从公司开车回家从来不会走和上班时同样的路，因为我无法想象还有比总是走同一条路更无趣的事了。"

如果你是很有规律的父母，你需要知道，缺乏规律性的孩子并不是故意折磨你的。他的身体节奏跟你不一样。他可以逐渐接受，甚至喜欢规律的作息，但他的身体节奏永远是他自己的。

认可缺乏规律性的特质

父母在与缺乏规律性的孩子合作时，需要振作起来。我们需要这样的孩子。他们长大后可能会是凌晨两点钟坚守在急诊室的护士和医生，可能会成为消防员、警察、飞行员、音乐节目主持人、厨师或其他专业人员，会在其他人睡觉时辛苦工作。和一个缺乏规律性的两岁孩子一起生活确实不易，但他们会长大离开，那时我们就有的是时间安心睡觉、踏实吃饭了！

精力旺盛

那么精力旺盛的问题呢？这孩子倒是能正常睡觉了，但他一整天都在动个不停，我追他累得筋疲力尽。我能做些什么让他安静下来吗？

比尔问完，我想了一会儿才回答：

想象一下，你被困在一个房间里，至少得 5 个小时以后才能出去。注意，这里没有厕所。现在感受一下膀胱的状况，你就会知道接下来的 5 个小时对你来说是否会过得舒服了。你可能会有大麻烦。你可能会注意到，腹腔内的压力越来越大。膀胱告诉你需要赶紧释放，大脑却告诉你要坚持到底，并忽略你内心越来越紧张的情绪。但如果你天生就只有容量很小的膀胱，那不管你的大脑告诉你要如何坚持，意识也无法主宰物质。如果不离开这里，你会面临很尴尬的处境。紧迫感越发强烈。你感到紧张，紧张到了极限。你的身体几乎在尖叫着要求离开。

我用余光瞟到比尔在椅子上扭来扭去，还有几个人的双腿交叉着。我停了下来。我可不想把大家都弄去洗手间！但你需要记住这种压力感，这很重要。你的膀胱提出了需求，而这种需求得不到回应，这时你感到的压力，高需求孩子也有。他们的身体不仅爱动，更重要的是他们的身体需要动起来。如果高需求孩子突然从柜子上跳下来，他不是为了吓唬你，吃饭时从椅子上摔下来也不是故意惹你生气。他不是故意要让你筋疲力尽，也不是想以此吸引你的注意。他之所以动个不停，是因为他生来就精力旺盛，他需要父母用积极有趣的方式来帮助他。

学会与孩子的沟通技巧

对高需求孩子而言，尤其是女孩，他们需要听到父母的口头欣赏并且珍惜他们旺盛的精力。如今女子竞技的新闻能登在头版头条，但在日常生活中又并非总是如此。人们心中陈旧的刻板印象在慢慢改变，但依然存在。即使是现在，活跃的小女孩也可能会因为打闹而受到惩罚。

你是怎么评价孩子旺盛的精力的？你是否能帮助孩子理解自己的特质并且坦然接受？如果他们确实理解、接受了自己，他们听到的话会和我们在课堂上想到的这些话类似：

- 你的身体充满能量。
- 我希望我能和你一样精力旺盛。
- 你需要动一动，而且现在就想动起来。
- 你会成为优秀的运动员、称职的父母。
- 你干起活来真是精力旺盛。
- 你喜欢通过动起来的方式学习。
- 你的全身都在告诉我你很快乐。

这些信息和其他类似的表达能帮助精力旺盛的孩子理解他们体内总想动起来的冲动。这能让孩子知道，他们的精力是很宝贵的。

认识精力

你家精力旺盛的孩子比其他孩子更好动，这是事实，不是你的想象。最近，我在早教班里观察两个 18 个月大的孩子。在我观察的 15 分钟里，一个孩子安静地坐在桌子旁，玩了 10 分钟的按键游戏。在气质量表上，他的父母在"精力旺盛"这栏打了 2 分。在同样的 15 分钟里，另一个刚会走路的孩子爬上了摇摇船，爬下来又爬上去，一会儿又跳出来，从架子上抓起一部电话机，跑过去拿给老师看，接着把电话机扔进摇船里，然后又爬了进去。在我观察的这段时间里，他几乎没有停下来过，没有几分钟是安静不动的。甚至当他坐下来"读"书时，他也会时而站着，时而坐着。在气质量表上，他的父母在"精力旺盛"这栏打了 5 分。

所有刚学会走路的孩子都特别爱动，他们会到处跑和爬，用手推和拉，扔东西和拆东西。这个阶段的孩子都是通过身体来学习，只是精力旺盛的学步期孩子尤其如此，这种能量会伴随他长大成人。

如果你的孩子精力充沛，你要学会欣赏他，而不是与之对抗。

凯茜说："完成气质量表后，我意识到布伦特就是精力旺盛的孩子。以前，我一直以为是自己做错了什么。他不停地从椅子上爬下来。我就是不知道怎么才能让他坐下来。他有时会失控，我就会觉得自己无法控制孩子，这感觉很糟糕。当我意识到他只是能量太多，需要消耗之后，我开始在每天的计划里安排活动玩耍的时间。如果我们照顾到了他动来动去的需求，其他一切似乎都会变得更顺利。"

"父母还能做些什么呢？"我问大家。

"我让他去学空手道。"爱丽丝说，"我去了好几个学校，找到了一所排队最短的学校。我知道如果班级中人数太多，他等的时间太长，他就会在队伍里捣乱，制造麻烦。他就喜欢这么做。我还担心他会在操场上闯祸，引来更多麻烦，但空手道教练会教导孩子们严守纪律，这真是太棒了。"

"我让他在沙发上跳来跳去，"帕蒂回答，"我们家没地方放蹦床之类的东西。我告诉过他，不能在别人家的沙发上跳，但在我们家那个旧海军蓝沙发上怎么跳也没关系。"

"我们只去快餐店，"比尔说，"如果需要等位置的话，我知道他恨不得跳进鱼缸里。他现在才两岁，所以我希望在不久的将来，我们能去其他地方吃饭。"

"我们让她在吃饭时去跑腿，"玛莎补充道，"让她再拿一盒牛奶、餐巾或其他东西。这样一来，当她不停地在椅子上爬上爬下时，就不会那么显眼了。"

迈克身体向前靠了靠，急于表达他的建议："我去学校找二年级的老师中最活跃的一个。他会和孩子们一起躺在地板上，在房间里走来走去，说话时总是手舞足蹈，显然他也是精力旺盛的人。我说：'把我女儿送到他的班上。'如此一来，我女儿表现得非常好。"

"我必须记住这一点，"凯茜继续提出她的建议，"我们旅行时每一个半小时就要停下来一会儿。我想我丈夫最需要这种休息，不过这也能让孩子们很开心。"

无论在什么情况下，你都必须针对精力旺盛的孩子制订适合的运动计划。请你对他充满期待，别总觉得他会失败。你可以选择排队时间短、需要动作迅速的体育活动，比如足球、篮球和空手道。别选棒球，因为练习棒球可能会有大量的休息时间。你需要以精力旺盛的孩子的视角观察。父母需要认识到精力旺盛的孩子需要更多空间。在安排旅行时，你可以计划好时间，在恰当的时候暂停一会儿，让孩子释放能量。你不要想着把所有事情都高效地一起做完，而要在中途安排休息时间，这样精力旺盛的孩子才能有机会活动。你要认识到孩子天生就需要动起来，并为之做好计划，这样你就可以帮助他以积极的方式释放能量。

了解精力旺盛与其他气质特质的联系

当厨房水槽中的水溢出来时，地板上流淌的水会为你敲响第一个警钟，于是你会拿起拖把拖地。但除非你找到水龙头这个真正的根源并关掉它，否则永远也解决不了问题。

同理，精力旺盛的孩子突然"兴奋起来"也是如此。虽然你注意到的是孩子从沙发上跳下来，但真正的问题可能不是"狂野"行为本身，而是他所表达的与其他气质特质相关的潜在情绪。阻止他或让他慢下来都无法解决问题，你需要了解他真正在表达什么，并教他用更恰当的方式来表达自己。

想想上一次孩子突然兴奋、情绪失控是什么时候，他是否还表现出了其他气质特质。

> 我抛出这个问题后，马克说："当时有客人马上要来家里了。第一个人敲门时，埃米莉正在屋里跑来跑去。一边是孩子在屋里叽叽喳喳地走来走去，一边是我在和客人打招呼，这真的是很尴尬。我以为她只是在闹脾气，但仔细想想，应该是她遇到变化后，处于需要转换的状态。她适应力真的不强，也许她这样做是在表达自己的不适感。"

> "去年圣诞节，我一度以为有人给我儿子的食物里放了药。"劳里补充道，"因为他就像喝多了一样。我毫无准备，束手无策。但我现在想想，可能是因为他当时受到的刺激太多了。他真的很敏感。"

> "我们家昨晚有客人来。"玛丽说，"我儿子一直走来走去，把东西折了又折，尽管客人9点半就离开了，他却一直折腾到11点。我觉得劳里说得对，他这么做是因为这些刺激超出了他的承受范围。他需要在8点半之前上床，不然就生气。客人在时，他表现得很好，但客人

走后他必须要释放这些情绪。"

"我觉得布兰登的问题是追求极致，"汤姆补充道，"他对所有事情都喜欢追求极致。他玩球的时候，不会只抓住一个球，而是把4个球都抓住，然后同时扔出去。"

精力旺盛的孩子通过全身动作表达自己。如果有什么事让他们感到苦恼或兴奋，他们就会直接跳入红区。血液涌向肌肉，他们会立即为行动做好准备。这意味着，如果孩子精力旺盛、热情高涨，他可能会因为见到朋友兴奋而给对方来个抱摔。如果孩子精力旺盛、但适应力不强，爷爷奶奶来的时候，他可能会对这种转变感到不舒服，在房间里狂奔。如果他精力旺盛、又极度敏感，当他承受不了刺激时，行为就会变得过火。如果他错过了就寝时间，过度劳累，他就会变成一个在床上蹦跳或在走廊上跑来跑去的"野人"。

如果你有一个精力旺盛的孩子，请仔细观察他"突然兴奋"背后的原因。当你感觉他的行为开始失去控制时，要适时介入并仔细检查。孩子只是单纯的活跃兴奋，还是他的行为隐含着其他气质特质？如果他有其他气质特质，你必须帮助他处理特殊需求。例如，如果他因为见到他的朋友感到紧张和兴奋，你可以与他谈谈问候朋友的恰当方式，以及如何通过邀请朋友去打球来分散精力和消解紧张。如果是转变引起的转换问题，你需要抓住他，想办法说服他克服这个问题。如果孩子真正的问题是过度刺激，你需要引导他做些舒缓、平静的活动，比如泡个温水澡或者看会儿书。如果他错过了就寝时间，你就想办法保证他的睡眠。

如果孩子表现出另一种气质特质，而不仅仅是精力旺盛，那么爬上爬下或者跳来跳去可能不会让他筋疲力尽或放慢速度。精力旺盛的孩子不会感到累。为了更好地引导他的精力、教他恰当地表达自己的需求，你需要找到他疯狂行为背后的真正原因。不要让表面的行为掩盖了真正的问题，也就是另一种气质特质的需求。你要认识到这一点，帮助他平静下来。只有这样，他才会配合并倾听你的意见。

用温柔的触摸引导孩子

精力旺盛的孩子通常是动觉学习者，也就是说他们倾向于用身体解决问题。这就是为什么他们总是喜欢把东西拆开，宁愿爬过桌子去拿玩具也不想让父母帮忙。他们会调动全身来思考。因此，父母只用语言来指导精力旺盛的孩子是非常困难的。当精力旺盛和极富洞察力的气质特质交融时，有一个办法能够让孩子知道你表达的信息很重要，那就是身体接触，多抚摸他。

当你抚摸他时，要温柔一些，并且注意时机。敏感而紧张的孩子会对粗暴、强硬的触摸非常抵触，尤其是在他处于红区、准备战斗或逃跑的情况下，抓住他只会带来冲突，你需要仔细观察。当你看到他的动作稍微变慢时，轻轻地触摸他的手臂或肩膀。在这种情况下，你的触摸可以让他平静下来。一旦他能注视你的眼睛，你就知道他已经准备好配合你了。

如果他表现得非常疯狂，你必须立即阻止他伤害自己或别人，伸开手臂抱住他，告诉他："我会帮你停下来。我会让你感觉像裹在毯子里的宝宝一样舒服。"这些轻松的表达能帮助你保持冷静，也能让孩子冷静下来。接下来，你要和他待在一起，直到他的身体平静下来，他才能听到你在说什么。如果他长大一些了，在他激动时，你就要告诉孩子他"亢奋起来"了的事实，让他出去跑步，或者去走廊里溜达溜达。一旦他放慢了节奏，就会准备好倾听父母。

父母需要合理的休息，才能更好地陪伴孩子

精力旺盛的孩子需要父母极大的关注。安全是一个永恒的问题。不要让精力旺盛的孩子坐在桌子或柜台上，他可能随时会大吵大闹的。在停车场，坚持让孩子牵着你的手，除非他保证，你一叫他他就立刻停下来。你可以和他玩"西蒙说"这样的游戏，帮助他学会控制自己的身体。西蒙说"在原地快跑"，孩子就在原地奔跑，直到西蒙说"停下"。西蒙说"跳"，孩子就一直跳到西蒙说"停下"。你也可以指定地标性物体，来让他练习减速。比如，你可以和孩子说"你

可以跑到橡树那儿去"或者"你可以跑到台阶上，然后停下来"。只有当他不断证明，你要求他停下来他就能停下来的时候，你才能放心他在你旁边自己走，而不用牵着你的手，或者被"绑"在婴儿车或儿童安全带里了。

你要留意精力旺盛的孩子的行踪和活动，指导他们需要耐力。如果他们属于外倾型人格，他们的精力可能都会用在说话上，他们可以从早到晚不停地聊天。他们说的每一句话都需要你全神贯注，他们会把捡到的每一件玩具都带到你面前，让你评价一番。如果你是个精力旺盛的父母，你也许能跟上他们的节奏。如果你的能量水平低于孩子，那么到一天结束时，你会觉得像被卡车撞了一样浑身酸痛。

当然，最简单的方案是请个保姆，让自己休息一下。但正如比尔有天晚上在课堂上提醒我的那样，这说起来容易做起来难。

"谁？"他问道，"你会把孩子留给谁？年纪大的经不住他折腾，太年轻的又无法确保孩子的安全。"

的确，这是一个问题，尤其是孩子还尚在学步期时。但你也需要休息。你可以与你们当地的老师聊聊，或者找个负责任的年轻人。你可以培训他如何照顾孩子，然后邀请他到你家里来认识你的孩子、和他一起玩，直到你觉得他们单独相处没有问题了。如果你还是觉得不放心，那就等孩子睡着了以后再出去，让保姆看着他睡觉就行。如果这样做的话，要先确保孩子认识、熟悉保姆，知道保姆会来。否则，如果孩子在你不在家的时候醒来，他可能会非常难过。

如果你是一个精力旺盛的父母，你需要知道，当你不得不在办公桌前坐很长时间，或者和小孩一起被关在家里的时候，想动却不能动的压力也会在你体内积聚。你也无法很好地处理自己想要动起来的冲动。锻炼对你来说就是很好的发泄渠道，可以安排到每日计划里。

随着精力旺盛的孩子一天天长大，并且学会以适当的方式引导自己的能量时，他对你的消耗也会减少。事实上，如果你也是一个精力旺盛的人，你会很喜欢和孩子一起骑自行车、打球和锻炼；如果你不是，当孩子在足球场上奔跑时，坐在长椅上看他比赛可能也是极好的休息机会。

认可精力旺盛的特质

尽管并非所有精力旺盛的人都能成为职业运动员，但在我们这个快节奏的社会里，精力旺盛的成年人通常很受尊敬。他们能跟上孩子的节奏，能满足工作的需求，还有额外的精力参加各式各样的活动。精力旺盛是一种财富。

对新事物的第一反应是退缩

有这样一个孩子。他紧紧抱住妈妈，就像一只小猴子紧张地爬上一棵 20 多米高的树。他把头埋在妈妈下巴下面，用力地抓住她的脖子，眼睛看往别处，似乎不想看到即将发生的事情。他不想看见的是我，一个陌生人走进他家，他不喜欢这样。每次遇到新的、不同的事物时，他都会如此，显然，他感到很不舒服。以前并没有这样的情况。因为他可以和妈妈一直在家，他们不经常出去，在家里玩就让他很满足。但很快他就要上幼儿园了，他妈妈很担心，她想知道怎样才能帮助孩子克服这个问题。

哈佛大学的杰尔姆·卡根（Jerome Kagan）博士开展过一项研究，关于气质特质对社会行为的影响。这一研究表明，大约 15% 的儿童天生就有在新的、不熟悉的环境中感到不安的倾向。他们会血压升高，瞳孔扩张，脉搏加快，声带紧张。他们可能还会抱怨胃痛，甚至会呕吐。

亚历山大·托马斯和斯特拉·切斯将这种反应描述为对任何新事物持谨慎态度的第一反应。神经生物学家称之为"非接近"特征。但无论你给它贴上什么标签，其背后都有基因基础。这不是一种"习得"的反应。如果你将两个婴儿放在一起，对他们大力敲钟，并仔细观察他们。其中一个婴儿可能吓了一跳，哭了起来，他的胳膊和腿剧烈地动作，另一个则平静地四处寻找声源。这种现象说明这是一种与基因有关的生理反应。

如果孩子的第一反应总是很谨慎，那么他在第一节游泳课上拒绝进入泳池并非是故意让你难堪，尤其是在他自己要求报名的情况下。当你带孩子去购物时，他什么都不想要，或者当你做了一道新菜时，他一点儿也不想吃，这可能都会让你非常沮丧。当孩子因为你扔掉旧沙发、买了新沙发而哭了一整天，你会觉得筋疲力尽。但对于第一反应是逃避或者拒绝任何新事物的孩子来说，他的行为并不是为了吸引你的注意力。根据卡根的说法，"这些孩子遗传了一种神经化学物质，他们非常容易兴奋"。任何新事物都会让他们进入红区。

对这些孩子来说，看到新的食物、陌生人，到陌生的地方，甚至闻到没闻过的气味，他们都想一把推开或逃离，这是他们的第一反应，也是最自然的反应。如果他们还有追求极致的气质特征，还可能会发出刺耳的尖叫。但研究表明，虽然我们需要尊重他们谨慎的态度，但帮助他们克服这些自然反应非常重要，因为只有这样，他们才能学会处理日常社交，接受新的事物，并享受改变带来的机会。

他们的身体反应是真实的，但这不是病态的反应。他们需要我们的帮助来平息他们强烈的反应，并找到在陌生情况下感到舒适的途径，而不是一直回避新情况。通过帮助他们，我们在孩子的大脑中搭建了新的路径，从而改变了他们的生理反应。我们需要的是慢慢地、体贴地、温柔地帮孩子改变。

学会鼓励而不是强迫

"鼓励和强迫有什么区别？"我问大家。"鼓励让我感到自信，"爱丽丝回答，"强迫让我感觉失控。"当孩子对新情况、新人物或新事物的第一反应是拒绝，或者态度非常谨慎时，理解强迫和鼓励之间的区别对你来说至关重要。拥有消极的第一反应的高需求孩子需要的是鼓励，不是强迫。

我第一次想到开设鼓励相关的课程是在某天等我的孩子们上游泳课时。那天，一个4岁的孩子在泳池边哭泣。他的眼睛又红又肿，沮丧地摇了摇头，拒绝回应老师的话。老师跳出水池想把他拉得近一点儿，但他纤瘦的手腕从老师的手中挣脱了。他跑到离泳池更远的地方，站在那里发抖，想跑却又不想放弃。他妈妈坐在我旁边，他恳求地看着妈妈。我很想知道他妈妈会怎么做，结果她清晰明确地给我示范了一堂鼓励课。

她毫不犹豫，自信地走到儿子身边，给了他一个热情的拥抱。她没有因为孩子不愿意下水和哭鼻子而觉得难堪或者害怕。她知道孩子正在害怕。她用行为表明："我在这里支持你，我理解，也不生气。我相信你能做到，我会帮助你。"**这是鼓励的第一课：我会支持你，我知道你能行。**

我听到她问孩子内心的感受。是否觉得胃有被挤压的感觉？是否能感觉心怦怦跳？孩子点点头。"这就是恐惧，"妈妈解释道，"你以前没有上过游泳课，你的身体告诉你要小心。感到害怕很正常。妈妈有时候也会感到害怕。"**这是鼓励的第二课：鼓励能帮助我们说出自己的感受，并了解到别人也有同样的感受。**

这位妈妈继续说："我害怕的时候，就会坐下来观察一会儿，这对我很有帮助。我喜欢看其他人是怎么把眼睛里的水擦掉的，如何踢脚打水，如何划动手臂。然后我会想想，如果是我的话，我会怎么做。"**这是鼓励的第三课：鼓励让我们有时间思考，有机会观察，让我们感觉一切尽在掌控当中。**

这位妈妈和孩子一起回到墙边长椅上，坐在那里看着其他人游泳。她提醒孩子，当他还在学步期的时候，他是多么讨厌洗头发，现在他却再也不哭了，而且几乎可以自己洗头了。她笑着说："也许，你对游泳的了解比你想象的要多。"**这是鼓励的第四课：鼓励为我们搭起从过去的成功到目前的情况的桥梁。**

这位妈妈和孩子静静地坐了一会儿，孩子把身体靠在她的胳膊上。当他放松下来后，呼吸明显变缓了，并且意识到在这次冒险中他并非孤军奋战。老师回到池边，请他把脚放进水里感受一下，并且答应绝不把他拉进水里。妈妈点点头说："你能做到。记住，泳池就像浴缸一样。"

　　孩子小心翼翼地坐了下来，先是把一个脚趾伸进水里，然后让双脚都沉到水中。很快，他开始用双脚踢水，当水溅到他的腿上、脸上时，他露出了羞涩的微笑。老师为他鼓掌。"踢得真好，也许明天你就可以抓住泳池边滑进游泳池了。"**这是鼓励的第五课：鼓励帮助我们看到实现目标的各个步骤，这样我们就不会感到过大的压力，我们可以在准备好以后再做出选择。**

　　之后男孩和妈妈离开了。他高昂着头，脸上挂着微笑。他最后还是没有跳进泳池，但我可以看出他感觉很自信。他并不觉得自己是个失败者，也没有被强迫的感觉。他感受到了鼓舞，觉得自己有能力、有希望取得成功。没准儿第二天他就会准备好说："我能行。"**这是鼓励的第六课：鼓励需要时间。**

　　你无法用事实说服谨慎的孩子不应该感到不舒服。事实是，他的确很不舒服。他的心怦怦跳，嘴巴干涩，血压升高。他需要时间才能做到某件事。为了让他学会用平和且尊重他人的方式表达他需要时间，你可以教他说"我想先观察一会儿"，或者"我马上就来，我需要一分钟时间"。这些话为他提供了另一种选择，让他不只会尖叫着说"不"。

　　你还可以帮助他意识到，如果他比大家提前到，并且找到舒适的座位，会更容易处理新情况。研究表明，在新环境中坐着比站着更能让人舒服。带个朋友一起去也会好一些。先去看看班上同学、看视频、或者做一个图片计划表都会对孩子有所帮助。这些办法能使孩子在参与活动之前先观察、倾听、思考和平复自己。

　　不要让消极的第一反应把孩子困在角落里，这一点很重要。请你给高需求孩子第二次机会，让他们知道自己可以改变主意，这一点很重要。这不是溺爱的表现，而是了解他们的气质特质并与之配合。

　　对于第一反应是退缩的孩子来说，我们的鼓励非常重要。没有鼓励，他们可能会错过很多机会，会无法意识到随着时间的流逝和他们思想和实践的深入，他们会真正享受这一切。实践非常重要。第一反应是消极的孩子需要实践来发展他们的技能、建立信心，这样才能处理好甚至学会享受新体验。

通力合作

面对新情况，当孩子立刻表现出抗拒时，我们也会有类似的反应，尤其是当我们的第一反应也是拒绝的时候。

无论你面对的是你的第一反应还是孩子的第一反应，你都需要意识到，在做出最终决定之前，你需要花时间去思考。你的第一反应可能并不是最后的答案。和你的孩子一样，你在新情况下可能也会感到不舒服。自我对话也可以帮到你，告诉自己："我感觉不舒服，但我真的觉得我会喜欢这个，或者，一切都会好起来的。"如果你和孩子在一起，那就大声说出来。这样他也有机会学会在面对新情况时先和自己交流。

认可消极的第一反应

虽然帮助孩子克服消极的第一反应可能需要花些时间，但当大多数父母开始意识到孩子在行动之前会思考时，他们会慢慢欣赏这一特质。孩子在青春期，这种特质的价值会更明显。当其他父母担心青春期的孩子会做出不可理喻的行为时，你知道你的孩子不会是那个从悬崖上跳下来的人。相反，你的孩子会是一个谨慎的人，他会以深思熟虑的行事风格度过一生。

如果你的第一反应也很强烈，请重读这本书！再读一遍，你可能会发现更多有用的信息。

情绪低落

那是一个阳光明媚的 8 月早晨，我 11 岁的儿子正在去篮球夏令营的路上。"玩得开心！"在他准备出发时，我喊道。

他突然停住脚步。"玩得开心？"他满怀疑惑地说，"我怎么可能玩得开心呢？油价飙升、股市下跌。我怎么能过得愉快呢？"

"尽你所能，亲爱的。"我说道，并快速地亲了亲他的脸颊。

研究表明，孩子性格的秘密可能取决于大脑活动的特定模式。在研究大脑中的额叶不对称如何影响婴儿对与母亲分离的反应时，俄勒冈大学和纽约州立大学的研究人员观察到，与性格不太严肃的人相比，有些人更容易不以物喜、反以物悲。

比尔说道："的确如此，我从来无法先看到事情积极的一面。我总是想着什么是行不通的。因为我是外倾型人格，我的情绪会立即流露出来。当我不喜欢什么东西的时候，每个人都能看得出来。"

对于严肃认真又善于分析的孩子来说，他们的情绪与大脑模式直接相关。他们需要你的帮助，才能了解自己的特质，学会积极、机智地行事并且了解需要解决的问题。

学会用语言来表达情绪

严肃认真又善于分析的孩子并不想变得刻薄或者给他人泼冷水，他们只是以非常严肃的态度来看待世界。孩子需要我们教会他们，如何用合适的表达来阐述那些严肃的想法，而不会冒犯到他人或者让人感觉非常绝望。辛迪·塞凯赖什（Cyndy Szekeres）的经典儿童绘本《小狗太小》（*Puppy Too Small*）为善于分析的孩子上了生动的一课。

小狗哭着说："我太小了！我够不着门把手。"

"但是你可以够到桌子上的饼干，"老鼠回答，"请给我一块吧。"

小狗给了它一块。

下一页上，小狗大哭着说："我太小了！我拉不动我的玩具盒。"

"可是你能拉动坐满小宝宝的小车，"兔子妈妈说，"你愿意吗？"

小狗这样做了。

善于分析的孩子就像绘本中的小狗一样。他们需要帮助来认识到哪些事他们能做到、哪些不能。你可以对他们说："跟我说说，今天你有什么喜欢的事吗？再跟我说说你不喜欢的事。"或者你可以问他们："如果你做不到这件事，你能做些什么呢？"让他们知道你非常欣赏他们分析出的观点，你可以说："你是名优秀的分析师。""你注意到了需要解决的问题。""你思考得非常深入，你将来可能会成为优秀的法官或者新闻记者。"你还可以教他们把事情拆分成几个部分，这样他们就能清楚地看到自己喜欢的部分，以及需要重新思考或者修改的部分。

当你看国际新闻时，可以向你善于分析的孩子指出主播对信息的严谨陈述。如果家里其他人也有同样的特质，你也可以让孩子知道其他人也会以分析的视角来看待这个世界。

养成好习惯

小孩子是以自我为中心的。感觉到什么，他们就会说出来，而且认为每个人都和自己有一样的感觉。通过教导孩子养成好的习惯，你能够帮助你家严肃认真、善于分析的孩子与亲戚和邻居保持良好关系。尤其在收到礼物、享用节日大餐时更要如此。关于这一点，在本书第 19 章我们再详细讨论。

通力合作

如果你本身也是一个严肃认真且善于分析的人，那么你很容易忽略事情进展顺利的方面，而只盯着需要改进的方面。请你提醒自己，要认可自己取得的成绩，庆祝哪怕微小的成功。不要让一个困难剥夺了你全部的快乐时光。

还要记住，如果你的倾向是先看到缺陷和不足，也要给自己时间来挖掘你的高需求孩子、同事、亲人和其他每天面对的人和事的优点，并对他们的潜力抱有最大限度的期望。

　　如果你不是这样的人，那么要记住，你严肃认真的孩子是以自己的角度来看待世界的。当他告诉你他不喜欢的事情或那些不太对劲的事情时，他并不一定不开心，对他而言这就是个事实而已。你要听听他在担心什么，去解决那些重要的问题，放过那些仅仅是他表述观点的问题。

认可情绪低落的气质

　　孩子严肃认真和善于分析的特质总会派上用场，尤其是你要添置大件的时候。课堂上，理查德分享了他 12 岁的儿子帮忙做了重要决定的经过。

　　　　当时我们在看一处新房子，我和我妻子都很喜欢，我们带孩子们来看看，想知道他们的反馈。托德简直是房地产经纪人的噩梦。当我们参观房子时，他不停地指着不同的东西说："我们的家具和这房间不搭。你为什么想买这套？你看这地毯，多么糟糕的颜色！车库太小了。你看院子里的小山。你不会还指望我去割草吧？"什么东西都无法入他的法眼；他太挑剔了。我和妻子真的没有注意到这些事情。而且你知道的，他说得都对。

　　这个世界需要有批判眼光的人。他们长大会成为评估者，确保项目运行良好。他们不怕做出艰难的决定。问问理查德吧，他们是不是还能帮你省钱。

不可预测、精力旺盛、消极与情绪低落

关于缺乏规律性

　　"不可预测"是可以用来形容大多数但并非所有高需求孩子的词。他们的身体似乎不会遵循大自然的节奏。他们会不定时感到饿，

你也无法猜到他们会什么时候觉得累。

缺乏规律性的孩子需要听到：

你真的很灵活。

你充满了惊喜。

你将来会成为一名出色的急诊医生、音乐节目主持人、飞行员、
警察或其他工作时间不固定的专业人士。

你会爱上大学生活的。

父母需要这样做：

准备固定的生活作息和时间表，不要轻易变动，以便孩子逐渐
适应。

做好心理准备，缺乏规律性的孩子会花更长时间适应生活作息，
但只要有耐心、持之以恒，他就能做到。

尽快教会孩子自助的技能。

如果父母也是缺乏规律性：

请注意，因为缺乏规律性，你的用餐和就寝时间可能也会不固
定。你的孩子需要你能够更规律。

关于精力旺盛

大多数高需求孩子都精力旺盛，但也并非所有孩子都如此。他们
需要不停地动来动去，这是真实存在于他们体内的诉求。他们喜
欢爬、跳、跑，一刻不停地在运动。作为他们的父母，你的挑战
是要确保孩子的安全，并教会他们以积极、有趣的方式消耗自己
的能量。

精力旺盛的孩子需要听到：

你的身体充满活力。

我希望我也能有你这样的能量。

你需要摇摆、动起来。

你喜欢通过身体来学习。

你将来会成为优秀的运动员。

你干起活来精力充沛。

父母需要这样做：

规划如何消耗孩子的能量。提供跑步、跳跃和攀爬的机会，但父母要密切监测孩子所受的刺激水平，以防止他过分激动。避免需要长时间坐着的活动。

孩子长时间坐着不动或者被限制在小空间以后，要给他一些时间和空间来活动。

要认识到疯狂的行为通常与其他气质特质有关，比如过度刺激、面对太多转换或者太过疲劳。

如果你也属于精力旺盛的父母：

做好每天锻炼的计划。

了解自己无法忍受被迫长时间坐着。

和孩子一起享受运动。

关于消极的第一反应

哈佛大学的杰尔姆·卡根博士的研究表明，大约 15% 的儿童出生时就会有在新环境和陌生情况下感到不安的倾向。他们会血压升高，瞳孔扩张，脉搏加速，声带紧张。第一反应消极的高需求孩子需要我们鼓励并轻轻地推他们一把，而不是强迫他们做事。

第一反应消极的高需求孩子需要听到：

我会支持你的。

在参与之前先观察，这是允许的。

你喜欢在投入一项活动之前先考察一下。

你可以先考虑一下再做决定。

要面对新事物和新情况对你来说有些困难，但你还记得上次你成功做到了……吗？

父母需要这样做：

鼓励你的孩子，别强迫他。

提前告诉孩子即将发生的新情况，聊聊可能会发生什么。

在孩子到新的地方之前，父母提前早到或者先去参观一次。

给孩子时间观察。

给孩子多次练习机会。

提醒孩子之前出现过类似的情况，他起初拒绝了某事，但现在却很喜欢。

给孩子第二次机会。

如果父母也是第一反应消极的人：

重读本书！在第一次阅读时你可能不认同某些信息，但读第二次时你可能会发现这些信息很有用。

认识到你的第一反应可能不是你的最后决定。

允许你自己说"让我想想"，而不是对孩子的要求都自动回答"不行"。

关于情绪低落

研究表明，孩子性格的秘密可能取决于大脑活动的特定模式。孩子需要父母帮助他了解自己的特质，学会积极、机智地行事，并解决需要解决的问题。

严肃认真又善于分析的孩子需要听到：

谢谢你的建议。

你是个很好的评估人员。

你考虑得很深入。你会成为一个伟大的法官、新闻记者等。

你是一个严肃的人，这并不意味着你不快乐。

告诉我你喜欢什么。告诉我你希望这件事可以有什么不同的处理方式。

父母需要这样做：

帮助你的孩子看到事物积极的一面，完成他力所能及的事情。

教会孩子讲规矩、有礼貌。

提出具体问题，要求他思考问题、情况的各个部分，而不是对整件事做分析评价。

如果父母也严肃认真又善于分析：

在分析人和情况时，学会看到积极的方面。

庆祝小小的成功，不要让一个困难剥夺了你全部的快乐时光。

第 13 章

高需求孩子的愤怒需要
被特殊对待

奶奶跟我说，小时候我常常到门廊发泄脾气，
她把这称为"情绪飓风"。

——娜奥米·贾德（Naomi Judd），美国乡村歌手

妈妈的要求很简单：穿上睡衣。"可我想穿斗篷。"4 岁的贝丝表示。"现在不是穿斗篷的时候。"妈妈耐心地解释道。贝丝立马反驳："我现在要我的斗篷！"

妈妈深深地叹了口气。最近，似乎连最简单的要求都会引发激烈的权力斗争。她有种恐慌的感觉，十分挣扎，她的五脏六腑都扭作一团了。她的头脑飞快运转，想着要做些什么、说些什么来阻止贝丝走上斗争的老路。但她不知道该怎么办，仿佛做什么都没有用。她无法阻止贝丝的行为。她很担心，如果贝丝现在就这样任性的话，到了青少年时期她会怎么样呢？妈妈又尝试要求了一次："该穿睡衣了。你是想自己走上楼，还是我抱你上去？"

贝丝跺着小脚表示抗议，她说："你不能逼我。"

妈妈受够了。她把贝丝抱起来带上楼去，贝丝在她怀里使劲挣扎。妈妈弯腰把贝丝放下的时候，贝丝向她冲过去，用头撞妈妈的肩膀，在她试图冲出门去的时候，还把妈妈撞倒在地板上。妈妈拦住她，贝丝朝她挥了一拳，接着也摔倒在地上，两只手臂紧紧抱住自己的小身体，哭着拒绝穿睡衣。

事情到底是怎么发展到这一步的？妈妈想知道原因。更重要的是，我们如何避免这种情况再发生？

有时，尽管你使出浑身解数来配合高需求孩子，但沟通是不起作用的，安抚行为也没有效果，因为你们面临太多的转换、过量的刺激、太大的压力。这时孩子会大发雷霆，而你会倍感挫败，甚至无力回应。所有的孩子都会发脾气，但高需求孩子会更激烈、更巧妙、更频繁地发脾气。

高需求孩子面对的是"情绪过载式的愤怒"

贝丝这次发脾气看起来是典型的情绪问题，但事实并非如此。我和贝丝妈妈交流以后发现，贝丝大发脾气与争夺权力或者吸引父母注意都没关系，甚至不是针对她妈妈的人身攻击。她的怒火已经积蓄了好几个小时，甚至几天了。最近三周，她爸爸一直在忙着开谈判会，从早上 6 点一直忙到半夜。妈妈独自在家照顾三个学龄前的儿童，感到精疲力竭，耐心消失殆尽。贝丝是个高需求孩子，而且性格敏感。她吸收了家人身上的压力和重担，简直到快到极限。于是她就爆发了，在这个过程中她把妈妈撞倒了。这是一种情绪过载的愤怒。

高需求孩子是家庭中情绪的"晴雨表"。凭着直觉，他们会感知到家庭成员的每一种压力激素，并且将它们吸收到自己身上，然后爆发。

亚历山大·托马斯和斯特拉·切斯是首先描述"情绪过载的愤怒"的学者。在他们的经典著作《了解你的孩子》（*Know Your Child*）一书中，他们将其定义为"以无序的方式发泄情感"。基因构造的特殊性使得高需求孩子倾向于反应强烈，因此他们对于愤怒过载会更加敏感，就像一股情绪的洪流淹没了他们，这种能量之强已经超越了他们的情绪处理能力。根据我的经验，在大多数情况下，高需求孩子发脾气实际上都是在宣泄情绪过载的愤怒。他们并没有提前预谋，也不是要操纵父母。

这就是为什么那些应对孩子发脾气的经典建议，在高需求孩子身上都不起作用。面对孩子情绪过载的愤怒，父母不能直接无视它。因为孩子正在面对的是会引发身体反应并导致他直接进入红区的气质问题。孩子需要你帮助他找到情绪洪流的源头并阻止情绪泛滥。他需要你的指导才能冷静下来，恢复自我控制的能力。如果没有人引导他，他可能会生气好几个小时，因为他内心的约束已经被打破，终将释放出狂野的情绪"飓风"。

正如一个 7 岁的孩子在交通高峰期发脾气以后对爸爸解释的一样，"我想停下来，爸爸，但你看，这就像你无法控制自己吸烟一样，我真的停不下来"。

情绪过载的愤怒在婴儿时期就初见端倪

因为情绪过载的愤怒属于气质问题，所以即使是在婴儿期，小宝宝也会因此大发脾气。

> "特拉维斯第一次被情绪淹没时才一周大。"帕特在讨论孩子发脾气时说，"在他原本该午睡的时间，家里正好来了客人。陌生人抱着他和他说话。房间里声音很大。他爸爸和我招待着客人，倒咖啡、给大家拿吃的。我们没有把注意力集中在他身上。特拉维斯一直专心地看着每个人，听大家说话，但因为他非常敏感，适应力又弱，所以他一时无法承受。突然，他的脸涨红了，开始尖叫起来。哭声仿佛从他内心深处传来，情绪完全淹没了他。"

对许多家庭来说，孩子在婴儿期就大发脾气是高需求的最初迹象之一。对于像特拉维斯这样的孩子来说，来自灵魂深处的情绪洪水让他号啕大哭。他们的动作会变得急促，脸涨得通红。但并非所有孩子的情绪过载的愤怒都表现得一样，尤其随着孩子成长发育，他们会表现出不同的状态。

> 塔米的儿子史蒂文眼中闪烁着高需求孩子的光芒，她解释说：
>
> "史蒂文不哭，但他的行为会变得非常疯狂。上周日，我们邀请朋友们来家里吃晚饭。他非常激动，以至于客人刚到几分钟，他的情绪

就失控了。他就像一个飞碟，在房间里向四面八方旋转，我压根儿无法阻止他。"

凯茜的儿子科林既不尖叫也不疯狂，他的紧张内化于心。

"上周科林连鞋带都系不上，我看得出他真的很沮丧，但他没有喊叫，相反，他脸朝下倒在地上，身体像被雨淋湿的纸板箱一样下垂。'我做不到。'他呻吟着，然后开始哭泣。"

无论你的孩子是痛苦地尖叫，还是疯狂兴奋地乱跑，或者在情绪过载的愤怒以后完全"关机"，你都需要认识到，这是一个被自己的情绪淹没的高需求孩子，他是被逼到了无法独自应对的地步，而不是故意用这些举动激怒你的。他不知道发生了什么、该怎么办、如何停下来，甚至不知道自己该不该试着停下来。你必须教会他所有这些事情。

先处理自己的脾气问题

诚然，人们在讨论发脾气这个问题时，就好像孩子是站在一个孤岛上尖叫一样。当孩子躺在地板上滚来滚去，发出令人毛骨悚然的嚎叫时，没有人会谈论孩子的父母是什么感觉。我们很少看到有人讨论，当你的孩子不愿意上车坐好时，你该如何为迟到找借口。也没有人会在假日故事里讲，因为奶奶没有像过去8年里做的那样，把蔓越莓果冻切成火鸡形状，你8岁大的孩子就突然号啕大哭。发脾气，不仅是孩子在经历重要的反应，你、我和所有的父母也必须在高需求孩子这种追求极致的气质中生存下来。

如果你能迅速找到孩子情绪失控的原因，你就更容易保持冷静。然而有时，分析原因并不容易，尤其是当学步期的孩子拉着你的腿、电话铃响、小婴儿又在哭闹的时候。这时，你很难冷静地停下来问："你为什么要这么做？"你也许只想和他一起尖叫。事实上这也是一种本能反应。但你不用如此。相反，你可以在深呼吸之后告诉自己："我的孩子正在发脾气，但我不用生气。"这一秒的停顿会对接下来发生的事情产生巨大的影响。

找到发脾气的原因

想想你最后一次尖叫、骂人或者摔东西的情景。这是成年人大发脾气的状况，你会胡乱宣泄情绪，跌入红区。这可能是因为你性格活跃，却又不得不一整天被迫坐着参加极其无聊的会议，你迫切需要锻炼一下；也可能是因为你适应力不强，而你工作的时候又总有意外发生。你一直在努力应对，尽管你已经尽了最大努力，强烈的情绪还是压倒了你，你最终崩溃了。同样的事情也会发生在你的孩子身上。

当孩子下一次哭闹生气时，你可以在脑海中罗列出他的气质特征。其中一个或多个可能是这场"洪水"的源头，这股力量将他推到了红区。这超出了他的应对能力。每个人的气质特质的触发因素都各不相同，但不管是什么，都会遵循某种模式。你要注意观察并且找到这种模式。每次孩子发脾气时，你可以写下他发脾气的时间、地点和其他具体信息。当敏感的孩子感受到你的压力时，善于坚持的孩子无法完成任务，适应力不强的孩子会感到惊讶，精力充沛的孩子会无法行动。这时，孩子很容易因为情绪过载而发脾气。

你要学会思考孩子到底是因为什么感到不安。你可以通过告诉自己"他又开始了"，以此避免怀疑他的动机。他内心被情绪洪水淹没了，他也无法阻止内心涌动的力量。他大发脾气不是为了让你难堪，而是因为他被逼到了无法应付的地步。

情绪过载的愤怒可以在一天或一周中的任何时候出现，但愤怒的出现也存在高峰期，你真的需要为此做好准备。我曾经问过一些父母，他们的孩子什么时候最容易因为情绪过载而愤怒。他们告诉我是下午 4 ～ 6 点。每个孩子情绪失控的时间和情况可能都不相同，但只要了解了情绪失控的高峰期，你就可以更有耐心地面对孩子。

原因 1：当父母压力很大时

　　我第一次给父母分享关于高需求孩子的研究，是受到本地社区团体和教堂的邀请。那时我经常是和家人一起吃完晚饭，然后冲出门，去主持研讨会。然而，在我告诉其他父母如何有效地与高需求孩子互相配合时，我却对自己的孩子大喊大叫。一天晚上，我感到非常沮丧，甚至十分羞愧，我大声地叫道："我不能这么做！我是个骗子！我怎么能一边对自己的孩子大喊大叫，一边出去告诉别人如何有效地与高需求孩子通力合作呢！"

　　幸运的是，我意识到乔书亚在帮我缓解我对于演讲的焦虑。那时我越来越紧张，我越来越回归自我，离他远远的，这样的举动吓到他了。他小脑袋里的一切都在告诉他要去追我，把我弄回来，而他确实也做到了。不幸的是，当时我不知道他在做什么，而且因为他太小又不熟练，他的方法还有很多需要改进的地方，最后搞得我俩都更加痛苦。但当我明白这是怎么回事以后，我就会在出门前一直和他待在一起，然后在我的焦虑达到高峰期之前离开，这通常需要提前 90 分钟。我不再和他在厨房吵架，而是坐在工作机构下的停车场，读会儿书，直到准备就绪。我这样做以后，我们之间的关系改善了许多。我们都不再喊叫，而是在分开时亲吻、拥抱。分开不再是一场战斗，而是和平的。这样一来，我也不觉得自己是个骗子了。

　　研究儿童和青少年内分泌系统发育的心理学家梅甘·冈纳（Megan Gunnar）发现，当父母压力大时，和婴儿一样也会表现出应激激素水平升高。尽管所有孩子都有这样的反应，高需求孩子却会像顶级真空吸尘器一样，把这些压力统统"吸入体内"。的确，这个孩子是你们全家的"情绪晴雨表"。他大发脾气就是个警告信号，预示着你也已经筋疲力尽、难以承受了。

　　但是恐惧是你的敌人，所以这时，你需要深吸一口气，对自己说："他不是故意激怒我的。"然后提醒自己，"我的孩子非常敏感、极富洞察力。他也许不能完全明白发生了什么，但他的身体正在吸收周围的压力和紧张情绪，因此，他的大脑告诉他要做好战斗或者逃跑的准备。局势并没有失控"。你可以通过改变自己的反应，来改变他的反应。

你可以停下来想想，到底发生了什么。是否是因为父母出差或者上班的时间比以往更长？你是在担心工作是否安全吗？家里是否有新成员？有人病了吗？你的日程安排有没有被严重扰乱？意识到发生了什么事情以后，你就更容易让自己停下来，做个深呼吸，先弄清楚自己的感受和需要。

> 安德烈亚告诉我们："我这周都在洛杉矶工作，回家以后，刚一进门，就发现厨房一片狼藉。我在柜台上留的一份购物清单，用来"提示"我丈夫还需要买哪些东西的单子，还原封不动地摆在那儿。我很生气。我的高需求孩子托丽把单子捡起来，立即要我注意到她。'妈妈，你能把我送到我朋友家吗？妈妈，你没在听我说话！'
>
> 我能感觉到自己脸变红了，但幸运的是，在我开始大喊大叫之前，我停下来想了想，'我感觉到了什么？我需要什么？'我意识到自己已经筋疲力尽，我想让丈夫明白我的想法：我们需要买些食品和杂货，他应该去买。现实却是，我从来没让他这么做过。我只是把清单放在他能看见的地方而已。这样生他的气不公平。而且我向托丽保证过，我一回来，她可以去找她的朋友一起玩。于是，我坐了下来。'给我一分钟时间，'我说，'我需要休息一分钟。'我坐着好好思考了一会儿，这足以让我平静下来。而且不管出于什么原因，他们两人也都平静下来了。几分钟后，我们就能配合着干活，那天晚上大家甚至很早就上床睡觉了。"

通过管理自己的压力，你能够给孩子稳定的帮助。当你意识到自己正处于发脾气的边缘时，要承认你现在做的事情不管用，要换一下，做些别的事。

你也可以考虑和孩子一起玩耍。找一个能让你们都咯咯笑的活动，提醒自己，这样孩子会有多开心。你们可以坐在舒适的摇椅上，一起看书。这些重复的动作会让你们两个都平静下来。你们也可以出去走走，身处户外时，你会觉得一切都变得更容易掌控。如果刮起了沙尘或者天色很晚了，你也可以把所有人弄进浴缸，一起泡个澡。

通过了解自己的情绪和需求，你真的可以帮助孩子避免陷入情绪过载的愤怒深渊。

原因 2：饥饿或疲惫

如果你有记录孩子发脾气的情况，你会发现大多数情况都发生在下午晚些时候。这是因为这时大家都感到疲惫和饥饿。吸纳了一整天的感受，经历的转换也越来越多，这时最容易产生情绪洪水。如果发生这种情况，孩子很可能是睡眠不足。你可以记录下孩子的睡眠时间，并根据孩子的睡眠时间记录下行为差异。你会发现，拥有一个"理想"的睡眠量，也就是说当孩子睡够一定时间以后，情绪过载的愤怒几乎奇迹般地消失了。

一旦你确定了孩子需要的睡眠时长，就要做出必要的改变来确保他的睡眠。你可以为他确定一个更早、更稳定的就寝时间，让他保持规律的清醒和吃饭的时间，或者让他午饭后小睡一会儿。即使孩子"不再犯困"，你仍然可以坚持安排45 分钟的"午睡时间"，让每个人都能安静地休息一会儿。额外的休息就像为孩子"增肌"，防止他因情绪过载而大发脾气。

如果你尽了最大的努力，孩子仍然没有得到他所需要的睡眠，那么你需要仔细想想下午晚些时候的计划了。你要考虑放弃一个或几个活动，尤其是需要孩子和别人配合、需要保持专注、避免刺激、需要控制身体的活动。他只是没有精力在一天中的这个时候来做这些事。当他睡眠不足时，他更容易情绪失控。此时你也很可能没有那么多精力去帮助孩子。

原因 3：处于发育高峰

孩子会经历发育高峰期。你可以在日历上标记出来。在他们过生日前后和生日后半年左右的时间，你可能会遇到挑战。他们会变得暴躁，不肯合作。几周前他们还能做的事情现在可能不会了。似乎一切都不对劲了，他们很容易沮丧。每次你看向他们，都会发现他们在为某件事哭泣。他们拒绝配合。他们想要人抱，却又会在你抱住他时把你推开。他们对你、对这个世界、对他们自己感到愤怒。任何事情都更容易把他们搞得心烦意乱。

发展理论学家告诉我们，这是一个解体的时期。在这个时期，儿童从一个发展阶段转换到下一个发展阶段。他们的内部系统正在重组，创造出崭新的、更复杂的理解世界的方式。

你可以想象有 5 块积木，把它们一块叠在另一块上面，叠成 5 块方块组成的塔。这是你 5 岁的孩子，他的内在结构决定了他看待世界的方式和相应的反应。这一结构之前都运行良好，但当他快过 6 岁生日时，开始发生变化了。一块新的积木将添加到这个结构中，但它不是添加到塔的顶部。相反，这座塔会倒塌、解体，形成一个由 6 块积木组成的新结构。这一次它可能是金字塔形状，这将是完全不同的结构。重新搭建可能需要 4～6 周的施工周期，在这段时间里，从前对孩子来说运转良好的东西似乎都不再运转了。他很容易不知所措，更容易发脾气。

所有孩子都会遇到这种情况，当然，对于高需求孩子来说，他们的反应确实更强烈一些。你要在日历上做好标记，准备好迎接他的发育高峰期。

原因 4：改变状态

对所有孩子来说，起床、穿好衣服和告别出门都很困难，但是当你的孩子适应力不强、极度敏感又追求极致时，早上就很容易出现情绪过载的愤怒。对于适应缓慢的孩子来说，不仅是在早上从一项任务转换到另一项很有挑战性，而且他的大脑也难以从睡眠状态转换到清醒状态。如果你不得不在早上叫醒他，那么他崩溃的几率会显著增加，因为他太累了。如果他睡够了，就会自己醒来。但如果他没有自己醒，你可以通过改变作息时间，增加他的睡眠时间，从而减少他的压力。

为了缓解孩子早晨的情绪低落，你要避免早上过得太匆忙，确保孩子有足够的时间慢慢醒来，再做其他事。你可以把亲子互动、拥抱都安排到时间表里，逐渐形成可以预估的作息规律。请你花几分钟和孩子一起吃饭，花时间体谅他出门以及和家人告别时的困难，这有助于避免孩子在早上就大发脾气。

原因 5：能量库亏空

能量库亏空也会导致情绪失控。如果孩子属于内倾型，又没有时间自己充电，你可以预料他很可能会情绪失控；如果孩子属于外倾型，却没有机会和别的孩子一起玩或者和你交流的话，那么他也可能会情绪失控。当孩子处于比较低的应对水平时，没有什么可以阻止情绪的失控。

如何应对孩子发脾气

高需求孩子大发脾气以后，会发现自己很难停下来。他们需要父母帮助他们冷静下来，重新获得控制感。每个高需求孩子都是独一无二的，因此对一个孩子有效的方法很可能对另一个孩子无效，但我们还是在此为大家列举一些对部分孩子有用的方法。希望你能找到对你孩子适用的方法。

阻止情绪失控

在《棘手孩子》（*The Difficult Child*）一书中，作者斯坦利·图雷克（Stanley Turecki）和莱斯利·唐纳（Leslie Tonner）建议："如果可以的话，避免任何可能激怒孩子的事。"

如果孩子过度兴奋，你可以带他去个安静的地方。如果你一直在买东西，太多的变化会超出他的承受范围，他无法适应，那么你们就别再去另一家商店了。如果他坐的时间太长了，你就找个地方让他跑一会儿。无论是什么让他快要失控的事情，或是逼迫他做超出自己应对能力以外的事，都必须立马停止，直到他重新获得控制感为止。

"这难道不是妥协吗？"很多父母会问我。

认识到这种发脾气是情绪过载引起的，并不是对孩子妥协的表现，这反而是尊重孩子的气质，承认他的局限性。在你的指导下，他会变得更有能力、能更好地应对这些情况，但这需要时间。在此之前，你必须知道他的局限在哪儿，从而帮助他成功实现目标。的确，发脾气这种行为并不合适，但这不是教育他的时候，你可以等回来再教育他，等他平静下来的时候，你可以告诉他你希望他以后采取什么样的方式来应对。

陪伴在孩子身边

父母陪在孩子身边能非常有效地帮助孩子平静下来。一天，我正在参观一所幼儿园，看到一位妈妈把学龄前的孩子放下准备走。小姑娘开始尖叫起来，在妈妈刚走出门时就开始乱踢乱打。我意识到，适应力不强的孩子很难适应变化。但是妈妈和老师对孩子这种脾气还不熟悉，没有反应过来发生了什么。她们认为，孩子是想要用生气的方式操纵父母，于是罚她站在角落自己哭一会儿，她们便忙自己的事去了。我向小姑娘走过去。她不认识我，也不想让我碰她。我保持身体放松，并且告诉她，如果她不愿意我碰她我就不会动。我坐在地上，用无声的语言要求她靠近我一些。慢慢地，她朝我靠过来，直到把头靠在了我的腿上。这时，她才停止了哭泣。

在孩子情感如此强烈的时候让他们独自待着，会让他们感到恐惧。他们需要你实实在在地陪在身边，他们需要知道你是在意他们的，而且只要他们需要，你就会出现在他们身边。如果你的孩子已经比较大了，并且想要自己单独待着，你要尊重他们的意愿，但是在你把他们独自留下处理情绪问题之前，要确保他们自己待着是舒服的状态。你可以让孩子知道你就在不远处，而且只要他们需要你帮忙，你很愿意帮助他们平静下来。通过语言和行为，你可以邀请他们离你近一些。

如果你发现自己也很不安，那你需要离开一阵子，一会再回来。你可以告诉孩子你需要离开一会儿，但保证一会儿就回来。

爱抚孩子

我想讲讲简的经历。她活泼、耀眼、热情，带着她三岁大的孩子格蕾塔来酒店找我。那天，格蕾塔穿着一身红色天鹅绒连衣裙，上面是白色皮毛领子，还穿着亮眼的粉色高筒袜。我到大厅时，她正在楼梯上跑来跑去。她们开了两个小时车，穿过大都市拥挤的车流来接我。"我找不到保姆，"简解释道，"前两个小时还挺好，我可说不好返程路上她会怎么样。"

情况对我们很不利。已经到了吃午饭的点了，午睡时间我们还在开车。简想等我们出城以后再找个地方停下来吃点东西。头一个小时还算顺利，但没过多久格蕾塔就开始坐不住了。她在后座上不停地恳求："我想吃汉堡王。"过了一会儿她又说："我想吃汉堡王。"请求中还带着绝望的表情。我们赶紧下了高速，把车停到饭店停车场。不幸的是，这家店不是汉堡王。格蕾塔失望得嘴唇颤抖。她妈妈什么也没说，只是走下车，打开后座车门，把格蕾塔从座椅上抱出来，轻轻地搂在怀里。一分钟，也许两分钟之后，神奇的事情发生了，妈妈的爱抚让格蕾塔恢复了平静。她重新振作起来，消化了没有吃到汉堡王的失落情绪，顺利地在餐厅用了午饭。

很多时候，**对于孩子而言，一个拥抱、挠挠背、温暖而轻柔的抚摸就能让他们关闭消极情绪的闸门。**

缓慢、轻柔的抚摸能帮助孩子重新获得控制感。如果孩子尖叫着说"我需要一个创可贴""好痛啊"或者想要爬到你怀里，他其实是在表达"我需要你摸摸我，好让我平静下来"。

通常，孩子发脾气的时候，我们的态度都不会很温柔，但是如果我们可以重新控制自己的情感，轻轻地而不是严厉地向孩子伸出援手，简单地抚摸一下孩子，就能提高他们体内帮助舒缓、镇静的激素水平，减缓心跳，并阻止情绪宣泄。拥抱对我们的心脏也有好处。

给孩子空间

有时，对高需求孩子而言，爱抚反而会增强他们的紧张情绪，内倾型孩子尤为如此。这样的孩子反而更需要自己的空间。在你抚摸他们时，他们会表现出退缩，说"别看着我""我不想让你背着我"，或者把你的手推开。如果你的孩子也会这样，你要尊重他们的界限，稍微远离他们，但也别让他们自己待着。

如果你是外倾型父母，让你不抚摸孩子反而更难。当他烦躁不安时，你可能会把他的退缩和哭泣当作想要亲近的请求。因为当你感到不安时，爱抚和亲近往往是你喜欢和需要的。然而这时，你需要努力克制这种原始的本能，尊重孩子对空间的需求。他会准备好拥抱你，只是需要多花些时间。你可以明确告诉他："我不会抚摸你，也不会盯着你，但我会待在你身边。"

鼓励孩子动起来

当孩子情绪过载大发脾气时，血液涌向肌肉，告诉他做好战斗或者逃跑的准备。有时，他需要的仅仅是释放所有的能量。如果他还小，你可以牵着他的手，让他快速地走起来。如果他已经长大了，你可以鼓励他站起来活动活动。他可以在走廊上走来走去或者到户外去。我更希望孩子能多动动腿，而不只是动动手、动动胳膊，也就是说，我并不鼓励孩子去打沙袋或者枕头。我希望他能学会用身体发泄，这样日后在学习或工作中都能受益。起来活动、喝口水、上厕所，这些活动大家都能接受，但很少有人能接受敲桌子。

尝试分散孩子的注意力

"你很生气，这让你感觉浑身燥热，我给你倒杯水吧。"在孩子因为情绪过载而大发脾气时，孩子"思考"的大脑被劫持了。有时候，只要转移一下他的注意力，提个问题、换个房间、让他看窗外的风景，或者让他唱会儿歌，你就可以让孩子的大脑重新回到思考模式，摆脱愤怒。凯茜就是这么做的。

> 星期一的早晨通常都不好过。当时我上班马上就要迟到了，我告诉姐妹俩赶紧上车，结果她们为了一个娃娃争吵起来，两人都想把娃娃带去学校。我倒车的时候，她们尖叫着互相撕扯。我把车停在房子前面的街上，这让她们很惊讶。正好这时，我看见我邻居要出去遛狗。她很喜欢我的女儿们，也总愿意帮我。于是我下车跟她说了怎么回事。她打开车后门，对姑娘们说："我知道，你俩今天早上都过得不容易，都不太开心。"她俩停止了打闹，看着她，点了点头。"如果妈妈抱抱你们，你俩能配合吗？"她俩的大眼睛闪烁着，眼泪还挂在脸颊上，耸了耸肩，姐姐说："我不确定。""你俩都想要这个洋娃娃。"我邻居接着说。她俩立刻点了点头。"你俩觉得去学校以后会好些吗？你们的朋友也会去学校吗？"她继续说着，哪怕她们没有回复。过了两分钟，她俩都平静下来，同意了我们的建议，每个人轮流带着洋娃娃去学校进行"个人展示"。

有时，做些计划之外的事或者找机会转移一下孩子的注意力，再给孩子一些同理心，这样你就能够让孩子的大脑转变模式，帮助他重新获得控制感。

告诉孩子停下来

如果你的孩子在情绪爆发的 10～15 分钟后还没有平静下来，那么你需要温柔而坚定地说："停下来，孩子。你现在太激动了，你需要冷静一下。"他似乎没办法让自己停下来，甚至可能会说："我没法停下来！"这时，他就需要你的帮助。你可以教他做个深呼吸，吸气到横膈膜的位置，然后再慢慢吐气。你可以告诉他："和我一起呼吸。你能做到的，和我一起呼吸。"如果你坚定、温柔、专注，在大多数的情况下孩子能走出困境。在另外的少数情况下，你需要多给他些时间。如果你自己也被情绪影响了，在发脾气的状态下，你需要其他成年人来帮助你。

和孩子聊聊内心的困扰

即使孩子在哭，你也可以试着和他聊天，也许当时就有效果，也许得稍微等会儿，但都值得一试。让孩子的第一波强烈的情绪先过去，然后你再跟孩子解释发生了什么。"情绪就像洪水一样，你快被淹没了。"

孩子不知道到底发生了什么。他们只知道自己快要失控了，这感觉很不好。如果你知道其中原因，就告诉他们。如果他们情绪崩溃的触发因素是适应力不强，你可以告诉他们："你今天表现得很好，但今天要面临的转换情况太多了。"或者"午睡一醒来就发现家里有客人，这的确会让你很意外。"

如果触发因素是孩子极度敏感，你可以说："游乐园的确很有趣，但你已经接受太多的刺激了。"或者"我也很想爸爸。你总能提醒我，我们一家人需要花更多时间待在一起了。"

如果触发因素是他尚未释放的能量，你可以说："你已经安静地坐了很长时间了，但现在你的身体表示你该去跑步或者玩一会儿了。"

无论触发因素是什么，通过认识和准确描述这种情况，你都可以帮助孩子知道他身上到底发生了什么。对孩子来说，说出来本身就是一种安慰，因为在说出这种情绪的时候，他的心率会慢下来。这也让他知道了下次再经历类似的情绪或感觉时，可以用哪些词语来表达。

高需求的婴儿也会被情绪淹没，尤其是受到过度刺激、面临太多变化和新情况的时候。你要像对待大孩子一样与他们交谈。尽管你无法得到同样的回应，但总有一天你会的，那天会比你想象的更快到来。

发出温柔而坚定的声音

孩子在发脾气时很难听你说话。但汤姆成功做到了，这得益于他说话时的语调。汤姆发现，温柔的声音可以避免让孩子的情绪变得更加紧张，弯下腰来则可以让孩子更容易直视你。当孩子直视你的时候，控制眨眼的肌肉也会控制接收声音的中耳，孩子更容易听到你的声音。但如果孩子此时太沮丧，无法与你眼神交流或者听你说话。这时你可以稍等几分钟，再试试。你可以努力让自己的声音变得温柔而坚定，不要用大喊大叫来加剧紧张气氛。

确保规则明确

在孩子情绪爆发时，正确的行为规则显得非常重要。它们规定了界限，也为孩子提供了合理控制情感强度所需的指导。在孩子发脾气的时候你是没有办法约定规则的。你只能在其他时候立规矩。如果你还没有明确规则，那么现在就需要着手了。

问问孩子，他是否知道家里关于发脾气的规则。如果他不知道，你们需要坐下来谈谈，但你要聪明地找准讨论的时间，找一个大家都休息好、冷静、平和、放松的时候。讨论好之后你就可以享受其中了。三岁的孩子就可以参与制订规则了。请你大胆尝试，问问孩子的意见。他们说的话往往都很有意思。如果你家高需求孩子还在婴儿期或者学步期，你需要明确规则，并且大声告诉他，这样孩子就会开始学习掌握。

在我们家，关于发脾气的规则是这样的：可以哭，可以生气躺在床上。可以跺脚，可以像泰山一样大喊大叫，可以要求抱抱。但是不能打人、踢东西、捏人、朝着别人耳朵尖叫、在屋里乱扔东西、责怪别人、吐口水、抓人、拉扯或者骂人。

你家的规则可能和我家的类似，也可能截然不同。这不重要，重要的是这些规则要适合你家的情况，能让家里的每个人都了解并且遵守，包括你自己在内。明确的规则更容易阻止不恰当的行为。

明确后果

通常孩子会遵守明确的规则，但有时，某一刻涌上头的情绪会让孩子难以承受。因此，你一定要明确行为相关的后果，这一点很重要。因为这样你就能在必要时提醒孩子，当他打破规则或者在一段时间之后还尖叫不止时，他就需要承担后果，接受惩罚。

在孩子发脾气时，你可以简单提醒一下他相关规则和即将承担的后果，这往往足以阻止不恰当的行为。如果孩子真的违反了规则，你要告诉他们，"你是选择离开吗？"或者"你是选择一周不玩电子游戏吗？"要让孩子记住打人、踢人、吐口水或其他不当行为的后果是什么，会失去什么权利。对高需求孩子来说，重要的是他需要理解，他的行为正在帮他做出选择。这就是为什么你们要提前商量好不当行为的后果是怎样的，因为他需要知道自己在做什么选择。

通常情况下，简单地提醒一下就足以让孩子重返界限之内。如果这还不够，或者他还太小，你可能需要温柔而坚定地把一只手放在他的腿上或者胳膊上，然后说："停下来。我们的规则要求不能打人、踢东西。我不会允许你伤害到自己或者其他人。我来帮助你停下来。"

如果他转身离开，就让他走。如果你跟他说"和我一起呼吸"，他却大喊着拒绝，还想打你，那么你要紧紧抓住他的手，阻止他，并且告诉他，你会抱住他，直到他停下来为止。一旦他停下来了，你就需要动起来了。你可以在房间里快步走。你什么话都不用多说，就直接快走，不要拖着他，只是让他快速动起来，然后放慢一些速度，再让他来和你一起呼吸。

如果孩子长大了，还无法停下来，这就需要强制执行规则。高需求孩子非常擅长把自己的问题归咎于父母。明确告诉他，你不会承担这个责任。当他们因为你"忘记"在午餐时放盒果汁、或者没有洗他们最喜欢的衬衫而感到不高兴的时候，提醒他们，准备午餐和把衣服送去洗衣店是他们的责任，然后走开或者强制执行相关的规则。如果有必要的话，你可以再找一个家人来支持你，哪怕是给奶奶打个电话。不要让孩子干扰到你。你需要提醒你自己："我不怕孩子歇斯底里！"

如果你不知道要如何明确后果，请回顾第 7 章的内容。

在公共场合，也需要大声说出来

莫莉专心地听着我们讨论如何应对孩子因情绪过载而发脾气，然后摇了摇头。

"在家里，我可以给他一个拥抱，或者和他一起动起来，效果的确很好。我能感觉到他放松了。他开始交流，从呜咽变成了正常地说话。但我在商店的时候也用过同样的方法，没有效果。"

没有什么能比孩子在商场、餐馆或者家庭团聚时失控更可怕的事了。在公共场合你面临的挑战是，由于刺激水平更高，孩子的心率更难慢下来，从而更难让身体恢复平静。通常，你也没有把注意力集中在孩子身上。因此，在你注意到这一点之前，孩子的情绪已经积累到一定程度了。此外，别人的期望和社会规则也总是给你带来压力。

雪城大学的爱丽丝·霍尼格（Alice Honig）教授认为，我们应该"忘掉那些陌生人，反正也不会再见到他们"。你只需要照顾好自己和孩子。如果你和朋友或者家人在一起，可以请他们来帮助你。如果你不喜欢这样做，那么专注于你需要做的事，让自己和孩子平静下来，然后再来应付亲戚们。

在你安抚孩子的时候，说话声音大一些，让周围人也听到你说的话。让别人知道你正在有效地处理这件事，能让你觉得好受一些，也能堵住他们的嘴，免得他们提一些不必要的建议。

德布在一堂关于发脾气的课上分享道:"我们刚在饭店吃完饭,保罗还不想走。他正在给餐垫上色,他想画完。我等不及了,因为我还得去学校接女儿。'儿子,该走了。'我跟他说。

他开始扭来扭去,表示抗议。我知道我无法轻易把他带走了。每个人都在看着我们。我开始很大声地告诉他:'我知道你很不想走,你还没有完成你的画作。但是我们必须要去接你妹妹。你可以带着它,回家再画完。'我不知道这是否对他有用,但这让我觉得一切尽在掌握之中。"

不要在意你周围的人。如果他们是陌生人,何必在乎他们怎么想?如果他们是你的朋友,他们就会支持你。如果他们不支持你,那他们可能也不算真正的朋友。如果他们是亲戚,你可以听听他们的意见,然后参考他们的建议,做你想做的决定。这可能有用,也可能不适合你家的情况。总之,你自己来决定一切。

打屁股不管用

事实上,打屁股只会加剧孩子的反应,让孩子情绪失控。我的建议和请求是,不要打高需求孩子。**在高需求孩子强硬的举止背后通常是颗非常柔软的心。**同时,由于高需求孩子追求极致的气质,打屁股会让情况更容易失控。

5 招预防高需求孩子发脾气

让孩子平静下来、停止发脾气是没有唯一的正确方法的。找到能让父母和孩子都感觉舒服的办法,这非常重要。花几分钟想想,你最有效的策略是什么。

记住它们，这样在下次孩子因为情绪过载而发脾气的时候，你就可以用计划好的方案来应对了。

在孩子发脾气的时候，我们可以尽最大努力平复他们的情绪，但我们真正的目标是要预防大多数发脾气的情况。和高需求孩子生活在一起，不可避免会有发脾气的情况出现，但是我们的目标是追求进步，而不是苛求完美。不过，大多数发脾气的情况，在你与高需求孩子配合以后，是可以预防而不需要对抗的。这就是为什么后续行动至关重要，它有助于预防未来的情绪失控。

你需要告诉孩子他做得好的方面。通过关注高需求孩子做得好的方面，你能够帮助他们以最佳方式管理强烈的情绪。在他们发脾气以后，你可以说："我知道你很难过，但你记得没有打我。"或者"我很高兴你没有扔掉玩具。你真的长大了。6 个月以前，你还很难记住这条规则。"

关注他的适当行为

有些行为是你希望未来经常看到的。想想看，总有一些事是他做对的，找出来。

教他负责任

如果你的孩子把东西扔到墙上、搞乱他的房间或者把东西弄得一团糟，你可以帮他收拾一下。但你要提醒他，就算是情绪失控，也要对自己的行为负责。你可以和孩子重复家里的规则。他可以哭或者喊出来，但不能把东西扔到墙上。让孩子明白，你希望他学会控制自己激烈的情绪。鼓励孩子，你知道他一定能做到。就像他在足球场上练习一个动作或者在钢琴上弹唱一首歌一样，通过练习，他也可以学会控制自己强烈的情绪。

平息怒火

当他强烈的情绪消散以后，你要平息孩子的怒火。给他一个拥抱，并向对方保证，你们重归于好了。

为下一次做准备

或许在孩子恢复冷静，好好休息了一晚上以后，你们可以聊一聊。但不管什么时候，你要确保孩子知道到底是什么原因让他情绪失控，以及将来你希望他用什么语言和行为来应对这种情况，这一点非常重要。你可以和孩子一起回顾一下他都有哪些气质特质，帮助他了解，太多的变化、刺激或者其他任何情况出现，他都可能会失控，无法应对。你要告诉他："这次你真是给我惊喜。下次你可以说，'这不是我想要的'，但你不要再尖叫了。或者下一次在遇到很多噪声和很多奇怪的气味时，你可以说，'这些噪声和气味让我很难受，我们可以离开了吗？'但你不能大发雷霆或者骂人。"

让孩子知道，如果能与自己的性情和解，用语言表达情绪，并运用控制情绪的技巧，他就不会因为情绪过载而失控发怒。如果你不知道该说些什么，那就重读本书关于气质特质的每一章内容。最终，孩子能够在强烈的情绪压倒他之前，捕捉并且消解掉自己的情绪。

无法阻止孩子发脾气的时候怎么办

有时，尽管父母尽了最大努力去了解孩子的情绪，也教了他们如何有效地纾解和利用情绪，但他们仍然在发脾气。如果你发现自己很生气，抱怨孩子，看不到他的潜力，或者害怕再和他多待一天，那么这时，你就要寻求专业帮助了。你面对的可能是生理性疾病和气质问题的混合情况，或者就是单纯的生理性疾病问题。相信你的直觉，专业人士可以帮到你。

提前预约专业人士吧。请保护好你们之间的亲子关系，给予孩子支持，帮助孩子获得成功。孩子是不可替代的，父母值得花时间、精力和金钱来建立并维持与孩子之间的良好的亲子关系。

情绪过载的愤怒

高需求孩子的激烈反应让他们比普通孩子更容易因为情绪过载而发脾气，情绪的洪流会让他们不知所措、难以应对。因为孩子面对的是气质问题，所以无视它的存在并不能阻止它发生。

因情绪过载而发脾气的孩子需要听到：

这是情绪的洪流。

你被自己的情绪淹没了。

我在这里，我会帮助你的。

现在可以停下来了。你能做到的。和我一起呼吸。

你可以哭，但你不能踢人、咬人。

如果可以的话，我们会阻止让你情绪失控的情况发生。

父母需要这样做：

和孩子待在一起，靠他近点。独自面对如此强烈的情绪对孩子来说是非常可怕的。

在脑海中仔细回想孩子的气质特质，确定引发孩子情绪波动的原因。看看是不是因为他经历了太多变化、刺激，还是其他原因。如果可以的话，请阻止这些情况的发生。

在发脾气的高峰期，尤其是在下午晚些时候、发育高峰期、父母压力大时，以及孩子能量储备较低时，降低对孩子的要求。

确保你的孩子睡眠充足。

轻轻抚摸孩子。很多时候，一个拥抱、挠背或温暖的抚摸会关闭他情绪洪水的闸门。

帮助孩子动起来。身体动起来可以释放能量，能够帮助他平静下来。

不要打孩子屁股。当大家都不高兴时，打他屁股很容易让情绪失控。

明确规则和相应的后果。

发脾气过后，和孩子聊聊都发生了什么，并想出策略预防下次发脾气的情况。

父母如何处理自己强烈的情绪：

认识到孩子已经承受不住了，他不是故意要让你难堪的。

在处理了一天发脾气的情况后，散个步、洗个热水澡、请个保姆或者早点上床睡觉。照顾好自己，这样你才有精力帮助孩子。

如果你尽了最大努力，情况仍未好转，那么你需要知道什么时候应该寻求专业人士的帮助，这是健康关系的必要条件。

RAISING YOUR SPIRITED CHILD

第三部分

如何与高需求孩子共同生活

第 14 章

4 步安排成功的日常行程

我从来没有规划怎么做能成功。我只担心怎样
才能活下去。

——凯特，一个孩子的妈妈

在我的孩子还小的时候，去超市购物就是全家总动员。我们会拿两辆购物车，一辆给我丈夫，让他带着孩子在商场闲逛，一辆我推着，买我们需要的东西。你也许会觉得这很奢侈，但对我们而言，这是最基本的生存技能，可比去法院打离婚官司便宜多了。我们俩谁也不愿意独自把两周的囤货搬回家。我们还必须赶在周六早上大批人马出动之前，或者周六晚上大家都在家的时候出门。这完全不是我 16 岁时想象的家庭总动员场景，不过管他那么多呢。

孩子们每次都选择跟爸爸一起逛商场，有时我还觉得有些难受。我担心他们更喜欢爸爸。不过幸运的是，这种疯狂的想法只持续了一阵子，而且坦白来说，要是我，我也会选择跟着爸爸。他不会强迫孩子们坐在购物车里，而是和孩子们假扮成消防员的样子。坐在车上的假装是司机，挂在外面的是转舵手。其实当什么也无所谓，因为每个人都会上来下去好几回。

他们的游戏从奶制品货架开始，这是大家第一次下车的地方。他们开始检查酸奶货架，看看大瓶装和小瓶装哪种更好。接下来去哪儿则取决于他们的感受。有时候他们回到商场最前面买甜甜圈，毫无缘由，仅仅因为他们觉得需要买个甜甜圈。然后他们会顺着货架漫无目的地闲逛，一会儿跑到第 10 排，一会儿到第 5 排，一会儿又到第 2 排，一会儿又回到第 6 排。最后，他们在商场里走了个遍，推着购物车完全随心所欲地走一圈。

45 分钟后，我们在收银台碰面。我的车里装满了水果、肉、罐头。狗粮放在最下面，面包堆在最上面，摇摇欲坠。而他们有 20 升牛奶、两种口味的冰激凌、5 盒麦片、一个空的甜甜圈袋子、三瓶空的果汁和一张张灿烂的笑脸。

但是我们以前不是这么和谐的。一个高需求儿子、一个高需求爸爸、一个精力旺盛的女儿和一个固执己见且专注的妈妈，在想出好办法之前，我们家去趟超市简直像渡劫。

我们的经验是，逛超市是一项重复活动，这和我们生活中 75% 的事是一样的。当某件事是重复活动时，你可以根据以前发生的情况，预测你和孩子会有什么样的反应。如果你能预测每个人的典型反应，就可以成功规划这件事。你不用等到事态崩溃再去处理，完全可以避免坏事发生。

仔细想想，过去的一天里你在为什么事情烦恼。如果你和我们班上孩子的父母一样的话，那你可能会花半个小时在穿衣服这件事情上，还把孩子折腾得眼泪汪汪。其他可能的情况有：有人桌子也不收拾就拍屁股走人了，要么你自己去收拾，要么厨房还是一团糟；家庭作业又没完成好；你们又为去什么地方争吵起来。

你知道这些情况肯定会出现，因为之前总是这样。作为高需求孩子的父母，你可以利用自己的预见性为孩子的成功做计划。你可以把学到的有关气质的知识付诸实践，运用你已经学会的话术以及和高需求孩子打交道的技巧，应对日常生活中的困扰。我设计了 4 个步骤，你可以参考，这 4 个步骤会带给你无与伦比的力量。它们分别是：

- 第一步：预测反应；
- 第二步：营造环境；
- 第三步：通力合作；
- 第四步：享受奖励。

步骤 1：事先预测孩子的反应

预测反应意味着你每天早上醒来就要规划如何帮高需求孩子成功度过这一

天。真是有趣的想法，对吧？你应该关注的不是怎么纠正他的行为或者如何顺利度过这一天，而是如何让他获得成功。

早上起来的时候，你可以先在脑海中把这一天过一遍。孩子可能会干些什么？你们都会遇到哪些典型的麻烦？他今天的行程和往常一样还是会被什么事打乱？孩子会和陌生人交谈、见面吗？他会去哪儿？会有新的经历吗？他会不得不穿自己平时没穿过的衣服或者穿起来不太舒服的衣服吗？他会不会比平时安静些？会不会受到更多的外界刺激？

如果你对以上任何一个问题的答案都是肯定的话，你要想想在这种情况下孩子会有什么反应。如果你总是要经过一番斗争才能让他穿好衣服，今天也不会例外。如果今天要开始上体操课，而你的孩子不喜欢新事物，你也要为他的反应做好准备。

> 课堂上，我让父母预测一下经典的困难时刻。他们列出了以下几种：
>
> ● 穿衣服。
> ● 从幼儿园回家。
> ● 吃药。
> ● 离开舞蹈教室。
> ● 上床睡觉。
> ● 尝试新鲜事物。
>
> 我对大家说："现在回顾一下所有的气质特质，包括额外特质。哪些可以解释孩子的反应？"
>
> 吉姆看了看他的列表说："我的女儿穿衣服很困难，因为她不肯罢休，凡事都想自己来。而且她很敏感，衣服总是让她觉得不舒服、很恼火，再加上她适应力不强，换衣服对她来说是个挑战。"

我们又快速分析了其他几种情况。从幼儿园回家涉及的是适应力的问题。吃药问题是因为不肯罢休、极度敏感和追求极致。离开舞蹈教室的过程中刺激因素太多，对适应力不强和极度敏感的孩子来说是个挑战。孩子上床睡觉很费劲，是因为不肯罢休、适应力不强、极度敏感、追求极致，再加上额外的特质，比如缺乏规律性、精力旺盛。尝试新鲜事物则涉及追求极致以及消极的第一反应。

对照气质量表，你就能找到这些典型的困难时刻对应孩子的哪些气质特质。如果你能预测孩子压力爆表的时刻，你就可以用前文中我们提到的技巧来消解和预防这些情况发生。记住，孩子不会改变自己的气质，但他可以学会用大家可以接受的、积极的方式来表达自己的情绪。随着孩子长大，你可以让他也参与预测自己反应，帮助他了解哪些情况会让他压力倍增。他年龄越大，你就可以指望他承担起越来越多的责任。8岁的爱丽丝就能做到。

> 上周五晚饭前，我想去一趟超市。
>
> 爱丽丝在看电视。她看起来已经累坏了。但我不想等到周六，周末的超市里全是人。于是我提前跟她说："爱丽丝，等到播下个广告的时候，你得跟我一起去趟超市。"
>
> 她抱怨起来："妈妈，我不想去。我受不了超市那么多人和声音，还有那些灯。你不能等到爸爸回家吗？那样你就可以自己去了，我在家待着。"
>
> 我不知道该怎么办。一部分的我在想，我必须让她跟我去，否则就是向她屈服了。另一部分的我又觉得我应该听她的，她并非是想控制我，她只是在跟我陈述自己今天无法去超市，再等半个小时又不会要了我的命。但我也是个执着的人，这对我来说也挺困难的。
>
> 于是我给丈夫打电话，问他大约什么时候能到家，还跟他商量了一下。我是个外倾型，我必须听见自己思考的过程。他是个很好的倾

听者，还能帮我解决问题。他的观点很有说服力，因为他和爱丽丝很像，也更了解她。

"我能感同身受，"他说，"这周过得不容易，周二、周四晚上我们都出门了，我也感觉挺累的，我也受不了今天晚上再去超市。"

我又叠了一堆衣服，等到他回家才去了超市。我不知道我应该为她表达出自己的感受，没有发泄情绪而感到高兴，还是为我不得不等了这么久而生气。我仍然不确定这算不算屈服于她。但总之，我这样做了。不得不说，不带她去超市真是轻松多了。在我回到家时，他们已经准备好晚饭了。真不错，我猜最后我们都得到了自己想要的结果。

爱丽丝预测到了自己的反应和潜在的麻烦，她的妈妈尊重了她的看法。于是她们一起阻止了一次逛商场的情绪大爆发。尊重孩子气质意味着考虑孩子的感受，营造让每个人都满意的局面。

对于婴儿期和学步期的高需求孩子而言，所有预测都需要父母来做，但你要养成习惯，告诉他们你是怎么想的。他们会在听你说的过程中学习。一旦他们准备好了，就会自己来做这件事。

学龄前的高需求孩子可以自己做一些预测了。你可以通过提问来帮助他们学会这项技巧，比如"我们今天要去商店。你觉得你在商店感觉怎样？"或者"明天要上学了，你早上需要准备些什么？"

已经上学的孩子可以承担大部分预测了。你可以跟他们说："每周日晚上要跟爸爸分开对你来说确实挺难受的，变化对你来说是个挑战。怎么样能让你好受点呢？"或者"噪声让你很烦躁。上了一天课了，和你爱说话的妹妹一起待在车上确实让你很为难。要是给你个耳机帮你控制声音，你觉得有用吗？"

不过你要小心不要养成固定模式。随着孩子长大，他们越来越能够管理自己的情绪，你的预测要随之改变。尽管对两岁的高需求孩子来说可能无法和 12

个孩子一起在麦当劳过生日，但 6 岁的孩子就能做到。他们的反应变了，我们的预测也要相应调整。

在你想好一天的可能性之后，可以再想想一周、一月内会有哪些情况。你可以预料到，由于换成了夏令时，适应力不强的孩子会迎来睡觉时间和起床时间方面的挑战，所以你要提前做好准备。换季还意味着把牛仔裤换成短裤，这对极度敏感的孩子来说是个挑战。如果你妈妈把感恩节聚餐安排在两点半，还希望孩子也在场，这对你两岁的孩子来说正是午睡的时间，适应力不强的孩子会开心不起来的。

在你预测孩子反应的时候，也要考虑你自己的反应。换成夏令时是否对你来说也是个挑战？商场里的刺激水平是不是也把你快逼疯了？把你和孩子的反应都考虑进来，这样你才可以制定出成功的计划。

步骤 2：营造适合孩子先天气质的环境

在戏剧创作的过程中，有一位舞台设计师，他负责拿着剧本，创造出情节发生时相应的环境。他还与灯光师合作，制造线索来表现场景的变化和时间的流逝。

一旦布置好舞台，确定好线索以后，舞台监督员就要确保演员们每次都能拿到他们演出需要的东西，比如衣服、椅子、水。舞台监督还需要确保从一个场景转换到另一个场景的线索必须流畅一致。

作为高需求孩子的父母，你必须像舞台设计师一样思考，还要像舞台监督员一样执行。既然你的孩子属于高需求孩子，你就必须要为他营造出相应环境，帮助他表现得体。你必须知道哪些线索能够帮助他表现得更好，然后持续为他提供所需的道具和线索，直到他能自己处理这些情况为止。

实际上，我们可以有很多方式改变环境，从而帮助孩子成功。你所营造的环境越符合孩子的气质，身处其中的每个人就会越快乐。

罗恩预料到，精力旺盛的马特在坐了两个小时的车以后，不可能好好在餐厅吃饭。与此同时，他也知道他作息规律的爸爸肯定需要吃饭。所以罗恩安排了一次野餐。他选择了一个他知道马特会表现得好的地方，并为爸爸提供了所需的食物。就这样，罗恩为大家都能顺利聚会营造了环境。

有时，我们会不假思索地把孩子置于他们不可能做好的境地，比如带着高需求孩子去参加正式婚宴，或者在参加有 12 人聚会的晚餐的同时，还指望 6 岁的孩子能安静地玩耍。但是如果你仔细营造、选择环境，你可以帮助高需求孩子做好的。同时你也要考虑到家里人或者其他成年人的脾气，这也会对你有所帮助。

在你做出选择时，要考虑刺激水平、活动空间、可触摸的物品和易碎物品等情况。请你放心拿走那些看起来很诱人、但是又不能让孩子摸的东西。还要避免使用刺激性的游戏玩具，比如玩具枪或电子游戏。如果某次活动还需要孩子改变生活作息、结交新朋友，那么你需要挑选一个熟悉的环境，不要再去陌生的环境了。相信你自己，你可以营造一个有助于孩子好好表现的环境。

安排合适的活动

舞台监督员知道，如果他想让演员吃饭，就必须得有食物。如果他想让他们戴上帽子，就必须有帽子。合适的道具才能确保正确的行为。

作为高需求孩子的父母，你必须确保孩子有合适的道具，能够鼓励他去做你希望他做的事。如果你想让孩子安静坐着，那么你得确保他有书可以读或者有纸和记号笔能拿来画画。记住，追求极致的孩子需要舒缓、平静的活动。极度敏感的孩子喜欢能触摸、尝到和闻到的东西。精力旺盛的孩子喜欢动来动去。通过安排或者穿插一些高需求孩子喜欢的活动和东西，你可以避免他陷入麻烦。如果他没有合适的事要做，他会去摸不该摸的东西，或者跳到他不该跳的地方。

活动、物品和道具能让演员做他们应该做的事情。孩子们也是如此。

为内倾型孩子打造空间

为了给自己充电，内倾型高需求孩子需要偏僻安静的空间。在很多环境里，包括专门给孩子设计的教室，都没有能够让内倾型孩子躲起来恢复能量的地方。因此在你营造环境的时候，请注意一定要为内倾型孩子专门留出一定的空间，他们需要在那里维持自己的能量充足。

在你营造环境的时候，要让孩子知道你在干什么。在这个过程中，他可以帮你安排活动，去找能够帮助他顺利度过这段时间所需的东西。慢慢地，他就可以接手来完成这项工作了。

步骤 3：通力合作，顺利完成每日行程

父母无法独自顺利安排好计划，还需要高需求孩子的配合。互相配合不是玩游戏，而是尊重孩子的气质特质。

在剧院里，导演决定了哪些场景能够呈现，导演让剧本符合特定的环境和角色，也是导演来帮助演员理解剧本和自己的角色。在成功计划的过程中，你就是导演，你需要为孩子的成功规划。你来调整预期，来适应特定的情况和你孩子的特质。你来帮助孩子理解，父母对他的期待是什么，他如何才能尽最大努力做到最好。在之前的章节中，你已经学到了很多方法，这些方法能让你和孩子通力合作，激发他无穷的潜力，把这些都运用在计划上。

考虑孩子的能量水平

为了确保孩子能有最好的表现，你在安排约会、上课、聚餐或者外出活动时，要考虑孩子的能量水平。孩子的能量水平通常在早晨处于顶峰，在下午晚些时候或者晚上处于低值。你要仔细考虑，为孩子选择一天当中最好的时段，这样

才能帮助孩子取得成功。

> 朱迪说："我以前会把埃伦的体育课安排在工作日晚上，因为我想把周末时间空出来。但是哪怕她很喜欢上体育课，每次在去上课、再从课上回家这个过程中我们都会斗争一番。有一次我们错过了报名的日子，不得不在周六早上去上课。没想到效果完全不一样。她的能量水平明显高了很多。她周六早早就起来，准备好出发了。甚至下课带她回家的时候我都没遇到什么麻烦，也觉得自己更有耐心了。我们以后可再也不会在工作日晚上上课了。"

你在高需求孩子能量高峰期安排的活动越多，他会表现得越好。你需要的是找到最适合你的孩子的作息时间。你可以用积极的、预防性的方式来拓展孩子的精力，而不是与之抗衡。

当然，也不是每件事都能恰好安排在孩子能量充足的时候，但只要大部分的安排合适了，剩下的情况就好控制了。如果你发现自己无法更改某件事的时间，那就尽最大努力在开始活动前让孩子能量充足。

与孩子分享成功的愿景

什么是成功？如果你不告诉孩子，他就没法知道。你要确保孩子知道成功意味着什么，这样你们才能通力合作，实现目标。

如果你的孩子喜欢追求极致，你可以提醒他失控前的苗头，并告诉他如果需要的话，他可以做哪些安静、舒缓的活动。

如果你的孩子很固执，你可以帮他寻求肯定答案。

记住，要提前和你善于坚持的孩子说清楚规则和期望。一位家长分享道：

> 布里安娜今年5岁了。我们会坐下来一起谈论规则是什么。在出

发前我们会一起回顾规则，或者她干脆参与制定规则，这样到时候她就更容易遵守。

如果你的孩子极度敏感，你可以和他聊聊他的感受，提醒他过度刺激会有哪些苗头。

如果你的孩子极富洞察力，你可以和他聊聊你会如何获得他的注意力。你们一起写下指令、时间表或者画个计划图。

如果你的孩子适应力不强，你可以让他知道日程安排。汤姆会告诉儿子马克所有事情的特殊细节，借此赢得了儿子的配合。

让马克知道日程安排具体是什么，给他时间做决定，汤姆这样做让儿子的转换更轻松了。

知道何时结束

只要父母切实考虑需要高需求孩子表现好的时间或地点，孩子就能在餐厅、游乐场或旅行途中，甚至任何地方都表现得很好。我的家庭教育课程中最受欢迎的外出项目之一就是去明尼阿波利斯美术馆参观。我们需要坐 30 分钟的车到达目的地，然后花 45 分钟时间参观，接着再上车返回。最近，有一位不满的父母抱怨说，45 分钟不够参观艺术馆。我鼓励她先试试，再做决定。

后来我碰到她，问道："时间够吗？"

"对我来说不够，"她说，"但对我孩子来说足够了。"

优秀的导演知道合适的演出时长是取得成功的关键。你在安排家庭活动的时候，要把孩子的因素考虑进去。通常，孩子所需的时间要比父母认为的稍短一些。但总的来说，如果孩子在活动结束的时候脸上还挂着笑容，这意味着这次活动每个人都过得很愉快。对于极度敏感、追求极致、有时精力旺盛的孩子来说，时间应该比同龄人安排得再短些。因为相较之下，高需求孩子需要付出更多精力适应特殊情况。别误会，这可真的不是他们企图"控制"局面的计谋。

步骤 4：享受奖励，记得称赞自己和孩子

在精彩的演出之后，演员会收获观众的掌声和欢呼。当父母和孩子成功完成某件事以后，也值得因为干得漂亮而得到赞扬。抓住这些成功的时刻，尽情庆祝。

肯定孩子的成绩

高需求孩子容易把注意力放在自己做得不好的事情上，而不是关注自己做得好的事。你要让孩子知道，他表现得好，你是多么为他骄傲。在你告诉他的时候要微笑、拥抱、赞美。但是如果没人教过你如何赞扬别人的优点，你可能会觉得有点难。

蒂姆生怕培养出一个骄傲自大的孩子，他说："丹尼尔表现得很好的时候，我从来没有跟他说我多么为他骄傲。我认为他就应该做成这样。我担心如果我夸他的话，他会变得自负，或者总是在等表扬。我妻子提醒我，让我想想自己工作做得好的时候，老板表扬我的感觉。'难道你不觉得丹尼尔也想听到这样的话吗？'

我不得不同意这个观点。丹尼尔看起来还真的很吃这一套。有一天他跟我说：'爸爸，你跟那个讨厌的售货员相处还能保持冷静，做得真好。'没想到吧？我儿子居然拍了拍我的背。"

自由发挥创意

"我感谢他。"7 岁布雷特的妈妈告诉我们，"我会让他明确知道我

为什么事情表达感谢。比如，'谢谢你安静在剧场坐着，我们下次还这样，因为你真的表现得很好。'"

你也不用拘泥于表达溢美之词的形式。如果你告诉别人孩子把房间收拾得很好、很轻松就掌握了游泳课教的内容等等，孩子听到了，也会得到极大激励。然后高需求孩子会重复这些超级棒的表现。

自我表扬

作为高需求孩子的父母，你应该为微小的成功而拍拍自己以示鼓励，庆祝这个并不平凡的时刻。当你预料到了某个困难，并且成功避免的时候，你可以跟朋友分享、记在日记里，或者站在镜子前告诉自己："我真棒！"珍惜成功时刻，不要让这些时刻白白流逝，损失本应享受的赞美。请记住，导演和舞台设计师也是会得奖的。

相信自己的规划能力

为成功谋划，学会预测反应、营造环境、通力合作、享受奖励，能让你在面对典型的困难时充满力量。

有一天，我的朋友詹娜和我一起吃饭。她班上都是三岁多的孩子。她发现孩子们的想法其实都非常有趣。一个叫杰克的小男孩因为总喜欢大声抗议和坚决说"不"在同伴中出了名。"想要帮他成功，真的很困难。"那天她给孩子们介绍用手印火鸡的活动。要想印出火鸡图案，需要在手上涂上颜色。杰克的反应还是响亮地说"不"。如今，会不会画火鸡已经不会决定孩子们在学校是否成功。詹娜也知道这个道理。但是她认为，总是如此强烈地拒绝会让杰克在其他课堂上遇到麻烦，而对孩子来说学会尝试新事物以及与人合作的能力是至关重要的人生技能。她也预料到了，在其他孩子都画好火鸡装饰画交给爸妈的时候，杰克会有多么失望。我跟她说可以成功规划时，她的眼睛亮起来了。"我想这可能会有用。"她决定第二天就实施这个计划。她跟我说："一开始，我也不知道他为什么反应那么大，后来我发现每次只要他遇到新事物或者有出乎意料的事情发生时，他就会很不安。而且他还非常敏感，会注意到手套里的绒毛，衣服袖子湿了就要坚持换新衣服，也拒绝尝试手指画。我查了查气质量表，追求极致这一点他肯定符合，但这不是触发因素。然后我看到了极度敏感、适应力不强和消极的第一反应。哈哈，我发现了，他对触摸非常敏感，而且他的第一反应总是非常消极。即便是尝试不一样事物的念头都会使他发火。不过我能搞定这个情况！"

杰克那天过得很愉快，所以詹娜决定抓住这个适合教育的时刻，寻求他的配合。像舞台导演一样，她为即将发生的事做出了设想。我提醒杰克："记住，我和你说过，我们在学校里有时没有选择，有时可以选择。"

杰克点点头，回忆起我们之前的谈话。我继续说：

"这是我们别无选择的时候之一。制作手印火鸡带回家给妈妈很重要，练习尝试不同的东西也很重要。我们做完以后你可以再去玩。"

"我不！"杰克大声抗议，追求极致的那股劲儿上来了。但我并不认为他的抗议是种威胁，他只是想传递一种信息，表明他有多么不愿意参加这种活动。我把声音放低，很平静地说："我知道这很难，我们可以等到你准备好了再开始。"

他怒视着我："你不能逼我！"

"不，我不会逼你的，"我回答，"我们就等你准备好了再说。"

我的脑海里闪过许多想法：杰克会有什么感觉？我该如何营造环境，让杰克有足够的安全感，让他愿意尝试这项活动？"你知道涂在手上的颜料是能洗掉的吗？"我问杰克，想着是不是因为他害怕自己的手永远都会是彩虹色的。"颜料不会渗入你的皮肤。"

他扭动着身子，拒绝看我一眼，然后就跑了。"记住，我们结束这个活动后你就可以玩了。"我一边轻轻地把他带回来，一边提醒他。

我又猜了猜杰克会对什么感兴趣。"你想不想知道手会不会痒？"我在自己的手上演示着，用刷子轻轻地抚摸手掌，向他展示我一会儿会对他做什么。杰克静静地看着。"如果你想知道这是什么感觉，我们可以不沾颜料，就先用刷子刷你的手。"他伸出手，我用刷子轻轻地抚摸他的手掌。

"下面我们可以先在你的大拇指上涂上棕色的颜料，代表火鸡脑袋。你想在小拇指上涂什么颜色？"

他听着我说话，双手深深地插进口袋，然后喃喃地说："红色。"

"好的，我们会在你的小指上涂上红色，那么你的食指呢？你想在食指上涂什么颜色？"我举起自己的手问道。

"黄色。"这一次他回答得更快。

"好吧。"

他哼了一声，说："我不会把手从口袋里拿出来的，你不能强迫我。"

"我知道，你还没准备好。"

他叹了口气，仿佛要接受不可避免的事情。

我注意到了，便停了下来，想着也许再问几个问题就能帮助他克服强烈的消极情绪，行动起来。"你的无名指涂什么颜色呢？我们还没有决定呢。"

他皱起眉头想了想。"绿色。"

"好的，现在我们有红色、黄色和绿色。那么中指呢，涂什么颜色？"

"蓝色。"他宣布，肩膀明显放松了。

我举起自己的手，用刷子轻轻地碰了碰。"如果你想知道感觉如何，我可以像这样在你的手指尖上轻轻点一下。"

他把手从口袋里掏出来。我小心翼翼地在他的指尖上涂了一点颜料。

"不痒啊。"他惊讶地喊道。

"那我们试试另一根手指好吗？这次我会把颜料涂满你整个手指。如果你想让我停下来，你可以说'停！'我就会停下。"我再次用自己的手指给他演示。

听我说完后，杰克严肃地点点头，还深深地叹了口气。"这还不算太糟。"他说。

我们继续在活动中慢慢地配合着，直到杰克面前呈现出自己手印的火鸡，准备带回家。他一整个脸上都洋溢着欣喜的笑容。"他们肯定会喜欢的！"他喊道，从椅子上跳起来，把手印火鸡举得高高的。"这不算太糟。一点也不算糟！等会儿给他们看看这个！"

我和他一起大笑起来，举起手来击掌。"你做到了！你做了一个手印火鸡。这太不容易了！你是非常细腻的孩子，喜欢在尝试之前先想一想，但这次你做到了！下次会更容易的！"

那天下午，杰克是第一个出门的。他把手印火鸡高高地举在空中，跑去迎接妈妈，向她展示他那天取得的成就。

规划成功能够让你看到，孩子的消极反应并不是要挑战父母权威，他仅仅只是用强烈的方式表达自己的感受。提前预判这些感受能够让你走进他们的内心，向他们寻求合作。

考虑到杰克的脾气，詹娜推测出他可能会有哪些情绪。她知道，也许他在尝试新事物时感到不安全，也许他担心刷子刷在手上的感觉，或者颜料可能会导致发生什么情况。

要了解一个孩子的感受并不容易，但你可以考虑他的气质特质，努力从他的角度来看待问题，表达出你企图理解的信息。孩子会感觉到你的在意，也会感到安全，他紧绷的情绪也会缓和。

詹娜是在想办法和杰克合作，不是逼他，而是轻轻地推着他融入活动当中。当他反抗时，她并没有强行把他拉回去，但也没有让他走开。她只是简单地说："我们会等你的。"没有生拉硬拽，没有强行逼迫，只是轻轻地推一下，明确期待。这也就是我们需要练习的东西，练习会让情况变得更好。你能做到的。

研究人员称这种方式为脚手架：让孩子知道我们要一起做什么，向他展示我们即将要做的事，然后亲自帮助他。这就像学习攀岩一样。你不是自己一个人开始的。最初，有人会帮助你，告诉你手和脚应该放在哪儿，让你更容易攀爬。也正是你的保护者在真正控制着安全绳，在你上山时逐渐松开绳子，但就像一只支持你的手一样，他也会把绳子绷紧以便抓住你，以防意外。

通过规划成功，你可以：

- 避免日常争吵。
- 防止发脾气。
- 帮助孩子处理沮丧、愤怒和其他强烈的情绪。
- 减少抱怨。

小组里的几位父母都点头表示同意，这让我感到很兴奋，于是我接着念。

- 尽量减少早上在穿衣、饮食上的争吵。
- 避免睡前的不愉快和失眠。
- 策划生日派对和家庭聚会，这对每个人来说都很有趣。
- 和高需求孩子外出旅行时要确保舒适。
- 减少兄弟姐妹之间的争吵。

为孩子的成功做计划确实需要付出努力，尤其是在一开始。改变养育方式不容易做到，但是多加练习，为孩子的成功做计划就变得自然而然了，你甚至不用再刻意想它。你只需要这样做，很快孩子就会控制自己。

的确，其他孩子可能不需要你来帮忙为他们的成功做计划，但他们也会从中受益。他们会感激你给他们带来的平静和额外的时间。提前规划成功可以节省很多时间。当你没有陷入战斗或者沮丧的时候，你也有了时间和精力去做其他事。尽管依然会有意外发生，但通过为成功早做规划，我们可以回到许多正确的事情上。我们的计划会一年比一年好，意外更少，成功更多。这样做的结果是父母和孩子都有了自信。

对我来说，我无法事无巨细地写完所有高需求孩子遇到的日常困难，从睡觉到刷牙、洗头、上车，等等。但是，用我提到的 4 步方法来为孩子的成功提前规划，是解决你可能遇到的大多数问题的关键。在接下来的章节中，我将向你展示如何利用这个方法解决生活中最常见的日常难题。

时间、空间、详细计划

作为高需求孩子的父母，你可以为孩子的成功提前规划。你可以运用你对气质特质的了解、你学会的话术和技巧来管理孩子的情绪，以避免日常生活中的冲突。

预测反应：

描述孩子在典型困难情况下的反应。

列出孩子的反应所对应的气质特质。

营造环境：

孩子能在这个环境、地点表现好吗？

你可以利用什么活动或者拿什么物品帮助孩子顺利做好？

你为内倾型孩子打造了可以藏起来的地方了吗？

通力合作：

你将如何帮助孩子控制追求极致的情绪？

有没有办法对孩子说"是"呢？他知道规则是什么吗？

孩子可能会有什么感觉？

你将如何引起他的注意？

他知道日程安排以及接下来要发生什么事吗？

享受奖励：

孩子做得好吗？

你在哪些方面做得好呢？

第 15 章

解决睡眠问题

孩子们大约 9 点能上床，但你差不多 6 点就要
着手准备。

——《曲轴》（*Crankshaft*），连载漫画

一天早上，我发现邮箱里有封邮件，是前几周来上课的父母来信。她联系我是因为她两岁半的孩子晚上睡觉经常醒，甚至一晚上高达 6 次。她和丈夫身心俱疲，急需寻求帮助。自从孩子出生以来，他们就没睡过一个整觉，而现在，他们准备生二胎。

你可能会觉得，在白天消耗了这么多精力之后，高需求孩子应该会很容易入睡，但其实这种情况很少发生。的确，有些高需求孩子看起来很自然、很容易就睡着了，而且能一直睡到第二天早上。但他们是少数。如果孩子是这样的，那你要好好庆祝，你很幸运。但如果不是这样，你也没有必要绝望。这并不意味着你永远无法睡整觉，仅仅意味着孩子需要更多的帮助来学习成为一个能好好睡觉的宝宝。你可以尊重他的气质特质，帮助他好好睡觉，同时轻轻地鞭策他进步。你也不必逼得他在夜里尖叫。

找到合适的入睡方式

醒着和睡着是两种截然不同的状态。孩子睡眠能力中最脆弱的一个环节就是大脑必须从一种状态切换到另一种状态。高需求孩子经常会觉得，这种转变很有挑战。为了轻松入睡，睡个好觉，孩子的身体必须保持平静。当他处于能量平静的绿区时，大脑会告诉他的身体，睡眠是安全的。任何破坏这种安全感，并将高需求孩子推入红区的事都会让他更难入睡。这就是为什么听听别人的建议非常重要。你要仔细考虑，确定别人推荐的办法是否适合孩子的气质，是会让他平静下来，还是会让他过于烦躁，无法入睡。一次西非之行让我第一次有了机会来仔细考察当前被大众广泛接受的育儿方式。

我 20 岁的时候想去欧洲旅行。我父母说如果我要出国的话，必须跟着正规合法的学习小组一起出国。我找到了一个，但目的地是西非。在我看来，这不过是小事，好歹是出国了。结果，在一个漆黑的深夜，我发现自己一个人孤零零地提着手提箱，被扔在约鲁巴的一个院落里。这是一个围墙围起来的居住区。山羊和鸡在墙外面的排水沟里随意乱走，每天只有一个小时供水，供电也断断续续的。我哭了起来，但那是另一个故事了。那两个月，我的人生使命就是研究约鲁巴人的育儿实践。

我很快发现这个院子里没有婴儿床，也没有摇篮、摇车、婴儿座椅、学步车或者背包。所有三岁以下的孩子要么被妈妈背在背上，要么依偎在妈妈的身边玩耍，或者和她一起睡在垫子或者简单的床垫上。我见识到了另一种就寝时间和夜间喂养的情况。在这里，宝宝们困了就睡，饿了就从妈妈的背上爬到胸前来吃奶，而在宝宝吃奶的时候，妈妈几乎都没醒。在这里，压根就不存在就寝时间和夜间喂养的问题。

当我跟他们说，在我们国家，婴儿通常是在婴儿床或者摇篮里睡觉时，他们都很惊讶。当我再跟他们解释，宝宝不在母亲身边睡觉，会有监视器来监控宝宝睡眠情况时，他们深感震惊。他们无法想象要把宝宝从母亲身边"赶到"另一个房间去。我和你们分享这个故事，不是想来提倡家庭床，而是给大家提供另一种文化偏好。和约鲁巴人生活在一起的这段经历教会了我，很多我们坚信的育儿规则都是基于文化偏好而非事实。

对我来说最重要的是，对文化偏好的发现给了我一张"通行证"，允许我质疑所有不适合我家孩子的育儿规则、规范和技巧。这让我认识到，同一问题有许多不同的解决方法。我不必不加置疑就接受传统上那些"应该这样做"的说法。

对于高需求孩子的父母来说，这是一个重要的发现。因为我们面临的最沮丧的问题之一，就是对其他孩子有效的方法对我们孩子毫无作用。大部分人都认为正确的回应方式，对我们的孩子来说可能就是不正确的。我们陷入了满足孩子需求或者社会期望的陷阱。就像梅莉莎在我办公室跟我说的一样，这感觉就像是没有赢家的局面。

梅莉莎与我们分享了她的故事。

> "我 21 个月大的儿子睡觉一直都很困难。
>
> 　我们最近搬家了，没过多久，他就开始从婴儿床里爬出来。所以我们给他买了一张"大男孩"的床，但他还总是从床上掉下来，我把他放进去以后他会又哭又闹。他真能折腾自己。过去，在他睡觉前我总会抱着他摇晃一会儿。我朋友跟我说不能这样，但我感觉这会让他很放松，他似乎也很需要这样，于是我一直在睡前晃他。我猜在别人眼里，我这是向他"屈服"了。但我要做的只是晃他 5 分钟，把他晃到昏昏欲睡。然后我把他放在婴儿床上，拍他几下，他就睡着了。大多数晚上他都能连续睡 10 个小时。可是在新房间和新床上，连摇晃都不起作用了。我一把他放在床上，然后走出房间，他就会变得很疯狂。我能让他睡觉的唯一办法就是和他一起躺下。所有人都跟我说，我就应该让他哭闹，否则会给他养成坏习惯的。说实话我并不介意陪他睡，但我确实也有点担心。我可不想永远这样。"

梅莉莎感觉到了儿子的不舒服，并且凭借直觉意识到孩子需要妈妈在身边，才能有足够的安全感安心睡觉。之前她都感觉挺好，直到其他人都来告诉她不应该这样回应孩子。

"注意'应该这样做的事'。"我建议大家，"只有你们夫妻才能决定对你家来说什么是正确的方式。关于就寝时间的问题，没有所谓的正确方法。你已经认识到，你的儿子需要一些额外的帮助，才能在他的新房间和新床上放松下来，并感觉安全。你知道他的气质就是善于坚持又追求极致。他一旦开始哭，气氛只会变得更加紧张。你是在不妥协自己的情况下认识到他的需要的。一两天以后，当你们躺在一起时，你可以开始在你们之间放一个毛绒玩具或者放个小枕头。一旦他适应了，你可以试着坐到床边，然后慢慢地，坐到地板上或者摇椅上去。"

两周以后，梅莉莎打来电话。

"上次我们谈话时，我记得你说，要想帮助我儿子，我必须听从并且相信他传递给我的信息。我也必须相信自己能支持他，不管那些'应该做的事'和别人的期待。

我和孩子聊了以后，我非常确定他觉得在新房间和新床上没有安全感，需要额外的帮助。我还像以前一样抱着摇晃他，然后和他一起躺下睡觉。但是过了几晚以后，我开始慢慢地减少动作，从床上挪到地上，然后坐到椅子上。

他会躺在床上听音乐，但他并没有表现得不安。他时不时抬起头看看我还在不在。当他翻了个身，我能听见他的呼吸变了，我知道他正在进入状态，但还没有完全睡着，所以我轻轻地出去了。昨晚，我把他放到床上以后，最多待了 5 分钟就出来了。我们花了三周时间，他适应了，而且并没有哭闹。"

倾听你的孩子，相信他传递给你的信息，并且支持他。作为父母，你可能并不经常听到这样的建议，但它道出了与孩子建立健康、牢固关系的核心要素。**为了避免每天都与高需求孩子发生冲突，我们必须要有创造力，愿意承认他们的个性，有时还要足够强大，能够与别人的意见抗衡。**而这一切的回报是孩子更愿意和我们配合，以及从长远来看他们会取得成功。

孩子不是不想睡，而是睡不着

不光是梅莉莎会在孩子入睡时遇到问题。事实上，这是高需求孩子的父母面临的最频繁、最令人沮丧的问题之一。到了睡觉的时候，每个人都很疲惫、缺乏耐心。最糟糕的是，即便你使出浑身解数，也无法让孩子入睡。然而，你可以想办法去了解，对于高需求孩子来说，要结束这一天为什么这么困难。然后你可以帮他养成规律的作息，鼓励孩子顺利入睡，并尽你所能让孩子与你配合。

预测反应

你可以看看我们之前讲到的气质特质，了解你的孩子，提前预测哪些气质因素会导致他难以安静入睡。他是否极度敏感，容易受到过度刺激？他是不是能感受到别人的情绪并且吸收了他们的压力？他是不是不肯罢休，不喜欢中途停下来？他是否缺乏规律性，更难遵守固定的时间表？他是不是很活跃，总是在动？他是否因为追求极致而表现出非常强烈的反抗，总是需要你的帮助才能平复自己的身体？他是否觉得很难从一件事转换到另一件事，无论是从玩耍转换到睡觉，还是从清醒转换到睡着？这些特质中的任何一个都可能是孩子难以放松入眠的潜在原因。

也许是其中一种特殊的气质特质导致孩子的就寝特别具有挑战性，也可能是多种因素的结合。只有发现真正的罪魁祸首，你才能更好地理解你所面临的问题，才能平复内心发出的"孩子是故意激怒你"的声音。

让高需求孩子上床睡觉只是问题的一部分，另一个可能更令人沮丧的问题是他们会在半夜醒来。这就是为什么我一再强调，知道到底什么是正常的情况是如此重要。康奈尔大学医学院的医学博士安东尼奥·贝尔特拉米尼（Antonio Beltramini）在一项研究中指出，根据父母的描述，95% 的孩子在 5 岁之前的某个阶段，几乎每周都会在晚上哭醒或者大喊大叫；70% 的孩子每晚都会有规律地醒来一次或好几次。

科学家还发现，**男宝宝会比女宝宝更频繁地夜醒，追求极致的孩子会比其他孩子更频繁地醒来**。

> "克里斯托弗 18 个月大的时候就表现得不怎么需要睡觉。"他的妈妈葆拉在课上哀叹道，"我一年半没有睡过整觉，还有三个孩子要照顾，压力真的很大。"

> 特里坐在葆拉旁边，他拍了拍葆拉的胳膊，建议她："亲爱的，尽可能找机会小睡一会儿，因为你可能短期内看不到改善的希望。安迪从出生第一天起就睡不好觉，他现在已经 4 岁了。"

大家通常认为，高需求孩子不需要那么多睡眠，因为他们经常在半夜醒来，似乎很抗拒睡觉。但是心理学和脑科学教授约翰·贝茨发现，实际上**高需求孩子最容易被剥夺睡眠。他们甚至比其他孩子更需要充足的睡眠来管理自己强烈的情绪、保持专注、协调活跃的身体以及与他人合作**。

通常情况下，频繁夜醒和睡觉前的抗争并不是因为孩子不需要或者不想睡觉。相反，这很可能是对白天发生的事情的反应，这些事让他无法入睡。当孩子难以入睡时，与其心烦意乱，更重要的是你要意识到他的反抗可能是有事要发生的危险信号。

你能做的就是调整你的思考角度，从"他不睡觉"的想法转变为理解"他无法睡着"，然后仔细检查并改善可能会让高需求孩子难以入睡和难以持续睡着的事情。你要考虑孩子的气质特质、仔细检查他的作息时间表并监控他的压力水平，从而选择最有效的方法来帮助每个人获得他需要和应得的睡眠。

那么我们到底需要多少睡眠呢？小婴儿根据不同的年龄需要 14 ～ 18 小时的睡眠时间。1 ～ 3 岁学步期的孩子每天需要 13 ～ 15 小时的睡眠时间，其中包含小睡的时间。学龄前儿童大概需要 12 小时睡眠时间，同样最好也能包含一次午睡。学龄儿童需要 10 小时睡眠时间，青少年需要 9.25 小时睡眠时间，而现在青少年的平均睡眠时间是 6 小时 50 分钟。成年人需要 8.25 小时睡眠时间，而现在成年人的平均睡眠时间是 6 小时 54 分钟。这里说的都是平均数，这表明有些人需要更多或者更少的睡眠时间。孩子的表现和你的耐心程度会让你知道你和家人什么时候睡眠充足。

营造好的睡眠环境

好的睡眠其实是从早上开始的。讽刺的是，通常是白天做出的小决定会让你在晚上陷入思想斗争。想想看，你是否经历过以下情况：

- 让高需求孩子在午餐时喝一杯含咖啡因的饮料。
- 没让他睡午觉。
- 允许他因为"赴宴"而熬夜。
- 睡觉前给他洗澡。
- 让他在早上或就寝前看电视。
- 父母出差。

在你不知情的情况下，这些因素可能会让孩子过于清醒而无法入睡。咖啡因可以在孩子体内留存 8 ～ 10 个小时。如果孩子非常敏感，情况会更加明显。如果孩子没有午睡或者熬夜了，他的唤醒系统会激活，让他继续保持清醒。这些因素会作用于所有的孩子，但对追求极致又非常活泼的孩子来说，这些因素的作用会尤其明显。打闹和洗澡会让他的体温升高，从而更难入睡。研究证明，即使你每周出差，孩子和其他父母在家，你刚走的头一两个晚上，他体内的压力激素水平还是会升高，这让入睡更具挑战。同样，性格高度敏感和追求极致的孩子最容易受到这些事情的影响。早上看电视，而不是起床到外面的晨光中活动，可能会打乱孩子的生物钟，使不规律的孩子更难适应任何作息时间表。这就是营造环境如此重要的原因，当孩子醒着或睡着的时候，环境能清晰地与大脑进行交流。

我们的大脑就是一个生物钟，它告诉我们什么时候该睡觉，什么时候该起床。它以 25 小时为周期运行着，这意味着如果我们不进行"设置"，我们会逐渐推迟就寝时间。为了帮助高需求孩子睡好觉，你必须采取措施来"设置"他的生物钟，这样你就可以让大自然帮助孩子进入良好的恢复性睡眠。

你可以从设置规律的起床时间着手，看看你的日历。孩子最早什么时候会醒来，你可以考虑把这个时间设定为每天的正常唤醒时间。看到这里，如果你感到厌恶，想合上这本书，请容我先解释一下。规律的起床时间会清晰地向大脑传递一个信号：已经早晨了！该醒了！然而，如果你本应该在早上 6 点叫醒孩子，他却一直睡到 8 点，这种感觉就好像他一天在明尼阿波利斯醒来，第二天却在加利福尼亚醒来一样。他的大脑会有时差，不知道什么时候该保持清醒，什么候又该睡觉。

我知道父母也渴望能有睡懒觉的早晨，但如果你培养了孩子有规律地就寝起床，会发生两件事：一是，你不需要睡懒觉，因为你和孩子会有充足的睡眠；二是，你并不是永远无法睡懒觉，你只需要把时间控制在 30 ～ 60 分钟就可以了。

接下来是培养规律的用餐时间。膳食也有助于设定生物钟。如果孩子上学了，请将用餐情况与学校相匹配，这样你就可以与学校配合，让孩子保持一致的时间表。

安排好锻炼的时间。你最好能让孩子起床以后到户外去晒太阳，也要安排下午晚些时候在外玩耍的时间。

不要放弃。如果孩子才 5 岁或者还不到 5 岁，你需要为他安排午睡的时间。吃完午饭，过一小会儿，孩子们平均会在 27 分钟内睡着。如果孩子通常不午睡，那就给他留出 45 分钟时间来安静地玩耍，让他不看电视、不玩游戏，只看书、玩拼图或者躺着天马行空。如果 45 分钟后孩子还没能入睡，午休就结束了。你还要确保小憩和午睡时间与孩子在幼儿园的安排相匹配。注意，18、19 个月大的婴幼儿需要不止一次小睡时间。

现在来选择晚上的就寝时间。举个例子，如果学龄前儿童每天早上 7 点起床，还能小睡 90 分钟，那么晚上就寝时间应该是 8 点 30 分，这样他在 24 小时内总共可以睡够 12 个小时。如果孩子已经是学龄儿童，早上 7 点起床的话，那他需要在晚上 9 点之前睡觉。这不是上床的时间，而是孩子睡着的时间，是你希望孩子真正熟睡的时间。

接下来你要想想孩子的情况。他需要多长时间做好睡觉的准备，让身体和大脑平静下来？大多数孩子需要 45 分钟到 1 小时。因此，如果你想让孩子在 8 点 30 分之前睡着，那就意味着他的上床时间必须是晚上 7 点 30 分，最晚 7 点 45 分。

通过让孩子养成可以预测的、在理想情况下一周 7 天都可以落实的生活习惯，你就顺应了自然规律，让孩子的大脑明白这是睡觉时间了。这样做的结果就是，孩子能够迅速地从清醒状态"切换"到睡眠状态。

让孩子好好睡觉，父母的坚持很重要

没有一个神奇的计划能够让所有的高需求孩子在不折腾的情况下乖乖上床睡觉，还能整夜老实待着。每个家庭的就寝时间和日常生活都会有所不同。没有一种方法可以为孩子上床睡觉做好万全准备，但在我看来，有效的睡前提示和生活习惯需要满足三个标准：

- 能够为孩子提供具体的睡前活动，父母可以在几个月甚至几年的时间里重复这些活动。最终，孩子能自己学会。
- 孩子在上床睡觉时感到平静、安全和满足。
- 孩子的所有看护人都同意这项习惯，并对此感到很舒适。

如果你已经做了尝试，记下那些帮助孩子放松下来、轻松切换到睡眠状态的方式，并尽量多地去尝试，看看哪种方法适合孩子。下面我为大家列出了一些其他父母认为有效的办法。

不同的先天气质，要用不同的睡眠技巧

如果孩子追求极致

尽量让孩子平静下来

瑞安出生的时候体重约 7.3 斤，但开始喂养以后他长得比较慢，还瘦了 0.7 斤左右，而且连着 5 天都没有再长回来。但他现在被喂养得很好，体重在稳步增长。瑞安刚出生的几个晚上，爸爸妈妈和他彻夜未眠。他妈妈后来告诉我："在我们来上课之前，或者他是我的第一个孩子的话，我可能会担心得要命，心想，'哦，不，难道我们以后再也睡不着了吗'。但现在即使我深感疲惫，也会理解他，难怪他会感到沮丧，因为根本睡不着。所以他一旦睡着，我就会抱着他，这样他能睡得久一些。我意识到，瑞安需要安抚也需要睡眠，所以我会抱着他睡。这样抱了他一两天以后，他不再那么沮丧，也可以练习好好睡觉了。

他之前吃奶的姿势不对，所以我不得不教他咬得更深一些。为了教他正确的姿势，我不得不把他往下抱，拖着他的背。这让我俩都很难受。他在尝试的时候，会前后扭动小嘴。我发现他脸色变红的时候，我就会停下来。当他进入红区的时候，脸色真的会变红。这要是我家大一点的孩子，我会继续尝试。但我意识到瑞安是因为不知道该怎么做而感到非常沮丧，我就没有再逼他了，而是抱着他走了走。几分钟后，我们又试了一次。这次很有效果。现在他的饮食和睡眠情况都好多了，我可以让他躺下睡觉了。"

研究发现，追求极致的孩子入睡和持续睡觉的难度更大。他们是出了名的夜猫子，打个二三十分钟的盹，就会一直保持清醒，哪怕自己早已筋疲力尽。这是因为他们身上有很多"警醒"的发射器，这些发射器很敏感，而那些能让他们睡觉的发射器却处于不敏感的水平。

很多关于睡眠的书会鼓励你让孩子哭出来。不过幸运的是，就连这些书的作者也开始意识到这个建议存在缺陷。一般人认为，孩子哭几分钟后就不哭了，但高需求孩子不会。他们会任由自己体内的系统运行，追求极致的高需求孩子会承受不了自己这么强烈的反应。他们无法停下来，会大哭上几个小时而不是几分钟。这并不是因为他们想要"拿住你"，这只是他们的生理反应。随着时间流逝，他们会变得越发不安。反而，睡觉的这场战斗会耗时更长。

有些孩子的反应会很大，甚至会呕吐。一些专家会警告你，如果你更有同理心地回应孩子，就会被孩子控制。专家建议："如果孩子呕吐，清理干净以后再把他们放回床上。"但是小婴儿呕吐不是为了控制父母，而是因为压力太大。他们也很少会吐得很整齐。没有什么比走进房间时发现呕吐物喷在墙上、地毯上、动物玩具和婴儿床的每个角上更糟糕的情景了。如果你的孩子容易呕吐，你需要帮助他深呼吸、冷静下来，这样他就不会反胃了。你对孩子的支持也将为你俩都避免沮丧和不适。

让追求极致的孩子睡好觉的关键在于确保他的身体平静。当他很有安全感，感到很平和的时候，20 分钟的小睡会突然消失，取而代之的是 90 分钟到 2 小时的恢复性睡眠。晚上也是如此。奇迹般地，他夜间醒来的次数会急剧减少。

你的存在和气味能让你家追求极致的孩子平静下来。和约鲁巴人一起生活的经历以及向他们学习的决心让我非常乐意建议你，如果摇晃、按摩、挠背可以帮助孩子放松并安然入睡，你可以随时这样做，并且还可以将它们保留为就寝时的日常习惯。摇晃孩子时，你可以在他胸前放一条薄毯子，这样他就能闻到你的气味。孩子躺下时，你可以把他裹在毯子里或者和他一起躺在床上。他只要闻到你的味道就会很有安全感。

追求极致的婴儿会竭尽全力想和你保持身体接触。但奇怪的是，只要他的身体一接触到床，就会尖叫起来。除非你愿意把他放在哺乳袋里，否则我会建议你稍微"强迫"他一下，这样才能让宝宝在床上安然入睡。

与其他不爱追求极致的孩子不同，高需求孩子需要父母更多的帮助来安抚和平静自己的身体。对他们来说，学会独自睡觉需要循序渐进。所以，我不会建议你放任孩子哭，我会让你把孩子抱起来，一直抱着他到他熟睡，然后再把他放下。第二天，我会鼓励你再次和他"练习"。这样就意味着，白天在你不太累的时候，摇动、哺乳喜欢追求极致的宝宝，然后当他刚刚睡着、又还没完全沉睡的时候，把他放下。你也可以和宝宝一起躺下，试着快速地拍拍他，发出让他安心的声音，让他知道一切安好，可以安心睡觉了。刚开始他可能会不愿意，会尖叫，你要给他 15～30 秒的时间"练习"醒着躺在床上，然后在他变得心烦意乱之前再把他抱起来，不过你可能得再花 45 分钟来让他平静下来。接下来你可以再次抱着他，直到他睡着再放下他。第二天你再和他一起练习。持续做这样的练习，随着他的进步，放下的时间可以更长一些。直到有一天，他会觉得躺在床上很舒服，能独自入睡，而且睡得很好。这通常需要几周，有时需要更长时间。不过，你一定要继续晃着他，给他按摩，或者放一首舒缓的摇篮曲，让他养成入睡习惯。他需要这些额外的帮助，也能因此而茁壮成长。

如果孩子已经到了学步期，你可以像本章开头提到的梅莉莎一样，试着拉把椅子到他的房间，坐在椅子上看书、叠衣服，或者用笔记本电脑工作，直到他睡着。慢慢地，你可以挪得远一些，先试着到房间外面待 15～30 秒，你要跟他保证你会很快再进去。你要坚持每天晚上都练习，慢慢延长在外面的时间，直到他能舒服地独自睡着。

一天晚上，在我们提到要在就寝时间和孩子一起躺下的时候，凯茜嘀咕道："我不想和她待在一起，我还有好多其他事情要做，而且我也需要休息片刻。"

我们都能和凯茜共情。漫长的一天结束后，我们也很累了。我有一个朋友，在我家孩子还很小的时候，她的孩子正值青春期。她告诉我："父母使命的一部分就是等待。孩子小的时候，你等待他们入睡。孩子长大了，你等待他们下舞蹈课或者约会完回家，不管怎样你永远都在等待中。"

追求极致的高需求孩子需要父母帮他平静下来。这不是什么麻烦的事。你试着把这看作是种奖赏，而不是又一个需要满足的需求。在这个时刻你不再需要和他们交流，你只需坐下来思考、阅读或者完成针线活。让它变成你一天中愉快的时刻。反正要是孩子因太激动而无法入睡的话，你迟早都得跟他们打交道。如果你尝试做别的事情，最终还是只能把他们追回来放在床上，朝他们大喊大叫，把每个人都弄得很紧张。与其让自己沮丧，不如对此抱有期望，并将这样的时刻安排到一天的计划里。总有一天他会不再需要你的拥抱，而且这一天比你想象的来得要快。

也许你不介意在孩子放松并学会躺在床上的过程中和他们待在一起，但你也会想知道应该如何对待其他孩子。这就需要创造力了。因为并不是每个孩子都需要这么多的帮助才能放松自己。有些孩子，比如我的女儿，一上床就睡着了。这样的孩子需要你在别的时间段投入时间和精力。你可以在他需要的时候，比如午睡以后或者放学以后陪伴他。如果你在睡前只能陪着一个孩子，不必感到内疚。你可以用不同的方式满足不同孩子的需求。

如果不只一个孩子需要你的帮助才能放松下来，那你只能在两间房子中间坐着或者轮流去陪他们，周一在这个屋，周二去那个屋。你需要培养孩子自己的生活作息，让孩子知道无论是和你一起还是独自一人都能享受"联结与平静时刻"。比如，你可以给一个孩子念书，让另一个孩子自己看书，然后交换，让第一个孩子睡觉或者自己看书，然后去陪刚刚自己看书的孩子。一旦两个孩子都很确定自己也能平静下来，你会发现他们会更愿意自己尝试练习。

决定每个孩子睡在哪里

对追求极致的孩子来说有一个非常重要的问题，这是你的床还是我的床？对于不容易入睡、经常醒来的孩子来说，你很快会遇到家庭床的问题。在世界上大多数的文化语境中，家庭床都不是问题，反而是可以期待的事。然而在美国社会中，这却是一个需要回答的问题，否则可能会成为争论的焦点。

追求极致的婴儿能够很快意识到，他们需要身边的成年人来帮助自己平静。因此，他们想要你的陪伴，不想被放下不管。通常情况下，这样的孩子只想被你抱着睡或者睡在你身边。那你该怎么办？

美国儿科学会建议，婴儿要单独放在与父母分开的床上，但应该在同一个房间。然而像美国母乳协会之类的母乳喂养团体认为，美国儿科学会建议母婴不能同睡是因为缺乏对母乳喂养管理的基本了解。为了证明母婴同睡的好处，他们引用了圣母大学母婴行为与睡眠实验室主任詹姆斯·麦肯纳（James McKenna）的研究成果。

其实两个协会关心的都是安全问题。解决问题的关键在于找到安全的方式来安抚你追求极致的宝宝，让他平静下来。如果你确实觉得，母婴同睡对你家来说是解决问题最好的办法，那就执行安全的睡眠程序。选择没有任何缝隙或者褶皱的床面，以免宝宝被困住。确保床上用品足够简单，不要有羽毛床具、厚重的被子或者枕头。选一个足够大的床垫，这样就不用担心宝宝翻身会掉下来。你还可以考虑把床垫从床架上拿下来，直接放在地板上，以免宝宝从床上摔下来。

请不要在躺椅、沙发或椅子上和宝宝同睡。如果你吸烟、喝过酒或者酒精饮料、正在服药或者体重过大，都不要和宝宝同睡。这些因素都会降低你的敏感度，难以判断宝宝在床上的位置。

只要对孩子来说是安全的，你的家人如何睡觉都没有明确的对错。你也要和伴侣谈谈，选择双方都同意的方案。

有些家庭会在父母床边放一张婴儿床或者摇篮。还有的家庭会让大一点的孩子睡在自己的房间里，这样爸爸妈妈可以单独睡觉，但他们允许孩子在半夜醒来时和他们一起睡。或者有人会在床边的地板上放一个睡袋，以便孩子在半夜寻求与母亲的"联结"。我们的目的是找到一种方法，能够让高需求孩子轻松、快速地平静下来，并且承受尽可能少的压力，这样所有人都可以睡得更安稳。

当你决定购买家庭床时，要意识到你可能会在几个月或者几年后改变想法。

选择权在你手上。与其一开始把孩子放在婴儿床上，然后在这种方法不起作用时再抱起孩子，还不如一开始就让孩子和你睡在一起，然后逐渐过渡到婴儿床。虽然这可能需要练习和时间来让孩子适应，但只要你和孩子都做好了准备，你就有可能逐渐帮助他舒服地睡在自己的床上。

确保午睡时间

追求极致的高需求孩子需要付出更多的努力才能控制自己强烈的情绪。这就是为什么确保他们能够午睡非常重要。通常他们不愿意午睡，因为他们更容易神经紧绷。但正是这样的孩子，比其他任何孩子都更需要你花费更多时间来帮助他们平静自己的身体，这样他们才能够在午间休息片刻。

如果孩子不肯罢休

养成可以预测且限制明晰的生活习惯

对于不肯罢休的孩子来说，就寝时间是最愉快的时光，因为可以稍微有所越界。

对于每个家庭来说，具体什么时候就寝是非常个性的选择。但你应该明确就寝对你的家庭而言意味着什么。想想你自己就寝前会做哪些准备工作。你是不是会看会儿书、检查门是否关好、换上睡衣或吃点夜宵？你的这些习惯都能帮你的身体从活跃状态调整到休息状态。这些行为向你的大脑发出提醒，要准备慢下来了，它们也是指导你该怎么做的工具。

当你成年以后，这些提醒的行为已经内化为你的生活习惯了，以至于你自己可能都意识不到。当你的第一个孩子到来以后，也许你只是在睡觉时把孩子放在床上，或者在某个特定时刻把他放到婴儿床里，而完全没有意识到孩子也和你一样，需要关于睡觉的提醒。正是这些可预测和确定的提醒，让不肯罢休的孩子更容易接受该上床睡觉这件事。在与高需求孩子交流多年和做了大量研究的基础上，我建议你可以采取以下 4 步措施，帮助孩子养成作息习惯：

- 做些转换性活动。
- 享受联结与平静时刻。
- 做出睡觉的提示。
- 切换到睡眠模式。

紧张的孩子无法入睡——理解了这句话，你就能记住这 4 个步骤了。

做些转换性活动

转换性活动是一种特定活动，提醒孩子现在应该停下手头的事，准备睡觉了。你可以选择任何活动和道具，调暗灯光、放些安静的音乐、让孩子吃些零食、收拾玩具、上楼、穿上睡衣、换上纸尿裤、上厕所或刷牙。具体是什么活动不重要，但这些活动需要明确地提醒孩子，一天结束了，现在该准备睡觉了。同时，每天晚上都应该坚持这些活动，只有这样孩子才能够逐渐养成习惯。

如果你选择让孩子在睡前吃零食，要考虑哪些零食适合睡前吃、哪些不适合，再次强调，这要一以贯之。你每次破例，都为争论和潜在的权力斗争开了个口子。孩子越大，你可以回旋的余地就越多，但对于学步期的孩子来说，最好、最简单的办法就是一以贯之。

联结与平静时刻

在转换性活动之后，是联结与平静时刻。这时你可以和孩子依偎在一起，亲子阅读、听听音乐、抱着他摇晃或者分享一天中的趣事。这样的活动包括一起听音乐、抚摸丝绸毯子。当你和一个孩子待在一起的时候，让另一个孩子自主阅读，或者把他逐渐摇晃睡着。如果你准备看书，先想好你准备读多少页、谁来选书、会读多长时间，然后每晚坚持这种模式。你还可以挑选那种到了设定的时间，颜色会逐渐消失的计时器，这表示阅读或者聊天的时间结束了。

为了避免频繁的改变，你在选择这些活动的时候要考虑到孩子的成长。阅读对各个年龄大小的孩子来说都适合，按摩后背也对任何年龄的孩子来说都很愉快。

你需要在联结与平静时刻避免肢体活动。和孩子摔跤、跳舞、跑步或者打闹会让他筋疲力尽，这些行为太过刺激反而会让孩子兴奋起来而不是平静下来。这样一来，你没有促进他入眠，反而很容易让他兴奋过度，最终导致难以入睡。

做出睡觉的提示

一旦你感觉孩子的身体已经平静下来，就可以做些提示行为来提醒他该睡觉了，可以是祈祷、打开音响、唱首摇篮曲或者关灯。这些行为表示聊天时间结束了，现在该翻个身，好好睡觉了。

切换到睡眠模式

最后一步是切换到睡眠模式。你可以继续坐在孩子身边，或者陪着他躺下，但不能再有互动了。如果孩子需要你拍一拍他，这是可以的。渐渐地，当你听见他的呼吸变缓了，就可以把手从他身上挪走了。你的目标是让他以这样的方式入睡，因此半夜他要是醒来的话，你也可以再用这种方式哄他睡着。如果你睡在他旁边，他要睡着的时候你还陪着他，这是没问题的，但如果你准备去别的床上睡，那就让他抱着丝绸毛毯或者找些安抚玩偶陪着他。

你可以选择任何措施，只要确定你能够坚持执行并养成日常规律就好。这样一来，你就为孩子提供了可预测的行为，不肯罢休的孩子就不会在每一步都与你争论了。

如果孩子极度敏感

营造巢穴一样的环境

请你试想一下你最喜欢的睡觉环境，是不是非常温暖、柔软、安静？除非你怀孕两个月了，不然大多数人不会在聊天的过程中、做饭的时候、开着收音机的时候睡着。我们需要合适的环境来促进睡眠。我们需要一个巢穴，因为我们是哺乳动物，哺乳动物喜欢待在自己的窝里，孩子也是这样。如果他们很躁动或者在做别的事，是不太容易入睡的。我们必须为他们营造适合睡觉的环境。这种环境氛围能够提醒他们的身体和大脑，该慢下来准备休息了。

仔细观察，孩子最容易在哪里睡着？哪些道具能起到辅助作用？如果他最容易在车里睡着，你并不是要每晚开着车带他出去转圈，而要注意是什么因素让他在车里更容易睡着。是因为车在动吗？那摇晃他可以吗？是因为车里更安静吗？那你能不能把家里电视关了？是因为发动机的嗡鸣声吗？那你能不能把家里的电风扇打开？

极度敏感的孩子需要自己的小窝有舒服的手感，还能免受破坏性刺激的侵扰。如果你能做到，就让极度敏感的孩子到最安静的房间去睡觉，通常这个房间的窗户会远离街道，也可以是离炉子和空调外机最远的那个房间。为了让孩子在太阳升起以后还能继续睡觉，你可以考虑让他睡在家里朝北、朝西的房间，如果行不通，就买遮光窗帘和床上用品。你可以记录下孩子的睡眠习惯。他盖上厚被子是不是会舒服地窝在里面？还是他压根儿不喜欢睡觉时盖东西？什么颜色、质地、味道的床上用品能让他平静下来？通常情况下，他是否喜欢挤在墙角而不是躺在床中间？

安静、刺激少的环境对于敏感的孩子非常重要。他们必须能够屏蔽一切声音、光线甚至气味才能睡着。如果他们需要睡眠灯，灯的光线一定要足够弱，避免产生强烈刺激。如果他们要听故事磁带，请你尽量选择轻松的故事，情节不要太跌宕起伏。如果他们房间里有电视或者电脑，你也要拿走。

如果你们外出睡觉，记得从家里带上点道具，可以是床单、孩子最喜欢的安抚玩偶、枕头或者毯子，让这个环境看起来、摸起来、闻起来都和家里相似。在和家里小窝越相近的环境，孩子越容易睡着，从而孩子才能得到充分的休息，更好地适应新环境。

为孩子挑选宽松舒服的睡衣

放弃那种连脚的、袖口有弹性的、带花边的可爱睡衣吧。敏感的孩子受不了有束缚感、让人痒痒的或任何会刺激他们感觉的睡衣。你可以考虑让孩子穿运动衫、大号的 T 恤、宽松的棉质短裤、肥大的睡袍或者干脆让他裸睡。

聊聊孩子的感受

因为高需求孩子自己也很焦虑，所以他们需要知道自己为什么很难入睡。高需求孩子有丰富的想象力，如果我们无法给他们一些实在的理由来解释为什么他们需要时间放松下来，他们就会自己想象一些理由。他们需要听见父母告诉他们：

- 你对声音、气味、光线、感觉都非常敏感。对于你来说，要在一天结束时屏蔽这一切是很有挑战的。
- 爸爸出城了，这对我们所有人来说都有些压力。你总是第一个感受到的。
- 你可以安安静静地躺在这儿。深呼吸，放松你的肌肉，你很快就能睡着，你并没有生病。
- 你是个有深入思考力和感受力的孩子。有时候你可以把这些想法写到日记里，这样你关上日记本的时候就把这些事放下了，不用在睡觉的时候惦记了。
- 我们一起上楼，一起把东西收拾起来，这样我们就有时间来聊天和放松了。

不要在临睡觉时洗澡

我们的身体会降低温度来帮助入睡。洗澡不能安抚敏感的孩子，反而会让他体温升高、更难入睡。如果你的孩子也是这样的，请你选择在吃饭前或者早上给他洗澡吧。

如果孩子极富洞察力

帮助孩子倾听父母的信息

在就寝时间，孩子必须遵守很多指令。他们必须停下手头的事、换衣服、吃点零食，还有其他你安排的准备睡觉的事宜。当孩子得到鼓励时，最能听进去话。为了让准备入睡的这段时间成为愉快的时光，你可以拥抱他、给他挠背、做任何能够让他感觉舒服的事，这样孩子就有动力好好听你的话了。记得关掉电视，要和孩子有眼神交流。要是你正在打电话或者做其他事，就不要试图指导孩子准备睡觉了。你要把精力放在孩子和他需要遵循的指导上，这样你们两个就都可以集中精力完成任务了。

如果孩子适应力不强

给孩子充分的时间

漫画《曲轴》(Grankshaft) 里有一集，爸爸妈妈正穿外套准备出门，他们转过身对爷爷说："孩子们大约 9 点能上床，但你差不多 6 点就要着手准备。"

对适应力不强的孩子来说，上床睡觉需要花点时间。你要是想抓紧时间或者省略部分例行程序，只会让这个过程变得更长。因为追求极致的孩子会因为太多太频繁的转换而倍感压力。你需要在一日生活计划里安排好睡觉时间，提前做好心理准备，哄他上床至少要一个小时，这样你就不会感到沮丧了。如果用时更少，还会是个不错的惊喜。

从收尾工作开始

听起来很难理解是不是？从收尾工作开始？但我们无法让高需求孩子上床睡觉的主要原因之一，在于他们不想停下下手里的事。就寝程序需要从结束眼前的事开始。在开始转换性活动之前，你可以通过说出这些话来结束孩子正在做的事情：

- 还有 10 分钟时间，我们就要准备睡觉了。你得找个契机停下来。如果你自己找不到，我来帮你。
- 你想把它保存在哪儿？
- 搭完最后一块积木，就不要再玩了。
- 你可以再接 5 次球，然后我们就不玩了。

设置一个计时器可能有帮助。计时器是一个很好的工具，可以让适应力不强的孩子有时间转换，特别是那种到某个时间颜色逐渐消失的计时器，这样孩子就能观察到时间的流逝。有人会用音乐盒，播放 10 分钟的音乐，然后音乐逐渐减弱。对声音很敏感的孩子，会觉得音乐更加悦耳。

通过画画来制订计划

适应力不强的孩子如果知道接下来会发生什么，会更容易转换和听话。你可以做个图表或者图画书，来描述日常生活中的所有步骤。孩子做完一件事以后，可以打上勾。鲍勃和乔妮就是用这种方法结束了睡觉前的亲子争斗。

如果孩子缺乏规律性

培养连续一致的作息

如果孩子缺乏规律性，那么对父母来说，培养孩子连续一致的作息是很具挑战性的。他可能经常抗拒规律的作息，让你怀疑自己是否做错了什么。但事实是，虽然与缺乏规律性的孩子一起培养一致的作息需要付出更多的努力，但一旦你帮他做到以后，他就会茁壮成长。

为了让缺乏规律性的孩子摆脱准备睡觉时的困扰，你必须从一整天着手。这样的孩子真的需要你为他制作一个每日时间表，这样他才能有固定的就寝时间、起床时间和午睡时间。只有每天在同样的时间做相同的事，他才能培养和维持规律的 24 小时模式的生物钟。

最初几天，你需要记录下孩子的睡眠模式。感受一下，他通常会在什么时候睡着。如果你想把它调整到更早的时间，记下他通常早上会在什么时候醒来。如果 9 点醒，那就提前 15 分钟，也就是在 8 点 45 分的时候叫醒他。第二天再做一次。你这样做的时候，要意识到适应力不强的孩子很讨厌被早早叫醒，他们会哭上整整 15 分钟，而且通常还会再次睡去。你要做好准备。培养高需求孩子是很痛苦的过程，选择一个生活压力最小的时候再来做这件事吧。

一旦你连续两三天提前 15 分钟把孩子叫醒，就把他的就寝时间提前了 15 分钟。你可以继续逐步提前他的起床时间和就寝时间，直到达到合理的时间。同时，你要现实一点。实际上基因决定了我们是"早起鸟"还是"夜猫子"。如果你的孩子是个"夜猫子"，把就寝时间安排在晚上 7 点是不太现实的。然而，如果你能坚持一周七天都提前叫醒孩子，那你就能把他的就寝时间提前到晚上 8 点。

如果孩子要睡午觉，那么也有必要调整午睡时间。你不能指望孩子下午 3 点半到 5 点半睡了午觉，然后 7 点或者 7 点半又能回去睡觉。如果孩子能在下午 3 点前午睡，似乎效果最好，当然小宝宝除外。午饭后，按照自然规律，他的能量会有所下降。你可以利用这个时间，让孩子练习入睡。当你为了提前孩子的就寝时间而提早叫醒他的时候，一定不要让他在午睡的时候再多睡 15 分钟。记住，你想要的是他晚上提前 15 分钟睡觉。你也不要为了让他在晚上睡觉前感到疲惫而完全不让他午睡，过度疲劳会让追求极致的孩子在就寝时更不好对付。只要确保孩子早点睡午觉就好。

为了不让你的努力付诸东流，要记得在日历上标出转换到夏令时的节点。给孩子们三周时间来适应这个变化。你要比其他人提前至少两周着手让孩子适应。否则，夏令时开始的那周很可能会有一场灾难。你可以逐渐改变孩子的就寝时间，每天或者每两天提前 15 分钟叫醒孩子，直到他适应了新的时间。你也要同步调整你自己的时间表。在日历上标出启用夏令时的第一个周一和周二，如果可能的话，你不要在上午 10 点半之前安排约会。这样的话，即使家里的事情处理得不顺利，你也能从容应对，而不会感到压力。换句话说，你得让自己起得足够早，这样你才有足够的时间来帮助孩子。第一个周二通常是最糟糕的，因为那时他的作息完全乱套了。

你不能强迫缺乏规律性的孩子强行入睡，但你可以坚持一个明确的就寝时间。渐渐地，即使是在周末，有了坚持贯彻的日常作息，孩子也会相对顺利地适应。你付出的努力会换来孩子良好的行为。

如果孩子精力旺盛

抓住窗口期

很多孩子在就寝时间会变得"疯狂"。他们会在房子里跑来跑去、蹦蹦跳跳、打闹摔跤。其他人很容易被他们的能量吸引，开始和他们一起打闹。但这种狂热的能量实际上是一个信号，表明你已经错过了孩子睡觉的窗口时间。如果你仔细观察，你会发现孩子有一个容易入睡的"窗口期"，通常，这个时间会比你想象的要早得多。仔细观察，一些孩子会揉眼睛，变得有些笨拙，会摔倒，做事的时候会稍微慢下来，会寻求爱的感觉，或者想要抱抱。这些就是窗口期的标志，你要确保当孩子到达窗口期时，你已经准备好让他睡觉了。

精力旺盛的孩子的窗口期通常只有 15 分钟，你要是错过了，他会再次放风，在接下来的 45 ～ 90 分钟，你会面对一个无法入睡的"野孩子"。这种情况出现之后，你要逐渐让他放松下来。你可以先把他抱起来用力晃一晃，然后放慢动作，暂时让他离开你的怀抱，然后再抱起他，再晃一晃，这次更慢一点儿。如果孩子年龄比较大了，你可以鼓励他深呼吸，然后慢慢吐气，教他先绷紧身体的每块肌肉，然后再放松。当你帮助他慢下来的时候，记住他不停地扭动并不是为了惹你生气，而是因为他的身体太紧张而无法入睡。你可能还会发现，如果你把他紧紧地裹在被子里，会帮助他放慢身体的速度。

鼓励孩子的表现，和他一起拥有好睡眠

加强合作

当你回顾一日作息时，为了让孩子知道自己表现如何，你可以这样说：

- 你穿睡衣时表现得很好。
- 你记得我们只看了两本书。

- 我只提醒了一次，你就待在自己床上了。
- 我感受到了你的成长，你已经准备好自己睡觉了。
- 谢谢你在我放下小宝宝的时候自己看书。
- 你做到了！你睡了一整夜。你睡得真香！

　　你甚至可以记录下他表现好的时候，并考虑给他奖励。问问你学龄前的孩子，他想要什么礼物。一定要是孩子自己想要的奖励，否则这套机制是不起作用的。我认识一位家长，她曾经许诺给她 5 岁的女儿买辆自行车，条件是她接下来的一个月里每晚都要待在床上。"不了，谢谢，"孩子回答道，"反正我过生日的时候也能收到一辆自行车。"深入交流以后，他们决定用一顿麦当劳的欢乐餐作为奖励。

　　孩子总能带给你意外，所以不用去揣测他们的想法。帮助孩子选一些对他有吸引力，同时又在你的预算和能力范围内的礼物。我最喜欢的奖励是孩子和妈妈一起做顿饭、完成一件任务，或者一起做些开心的事。

　　让孩子知道，如果每晚他都能不吵不闹就上床睡觉，并且一直待在自己房间直到睡着的话，就可以得到两块钱的奖励、一颗星星贴纸，或者你们商量好的任何东西。孩子越小，拿到奖励越快。三岁的孩子可能需要在第二天早上收到奖励。5 岁的孩子则需要连续收集三个才能兑换奖励。一旦就寝时进展顺利，你就要停止给孩子奖励。奖励的作用仅限于在特定时间内教会孩子新的行为习惯。一旦他学会了，并且内化于心了，就不再奖励他了。这是情理之中的事。你可以在任何时候表扬他完成得很好。

满足自己的需求

　　你要想各种办法满足自己的睡眠需求，要知道你的健康对孩子的健康至关重要。我们都读过这样的故事，战俘被剥夺睡眠，以减缓他们的思维，使他们疯狂，并让他们承认犯下或没有犯下的罪行。睡眠不足是一种真正的折磨。如果你和一个不规律的、适应缓慢的、固执的、敏感的、紧张的孩子一起生活过，或者正在生活中，你很容易同情战俘。当你筋疲力尽时，你会发现自己处于一种困惑之中，不知道餐桌上的饭是怎么来的、下班回家的路是怎么走的。你把自己从一天拖到另一天，缺乏体验快乐的能量。

良好的睡眠对你的健康和幸福至关重要，而且它能给你更多的耐心。让好好睡觉成为全家的头等大事，当然也包括你自己。一旦孩子进入梦乡，你也要允许自己快点儿去睡觉。记住你的目标是保证 8.25 小时的睡眠。一旦你得到了自己真正需要的睡眠，你不仅会感觉更加舒服，而且你会惊喜地发现孩子的行为也改善了很多。

养育者无须责备自己

你的孩子没有任何问题，你也没有做错什么。有时候很难让人相信，在这个世界上，一觉睡到天亮也是种特质，并非人人能拥有。**但没有任何可靠的研究证明，孩子的睡眠模式与其接受的养育质量有关。**

如果你的孩子晚上没有睡好，你不用特别难过，这并不是你能力欠缺的表现。除非孩子睡眠不好与高烧或者其他疾病有关，否则你不必担心孩子出了什么问题。

你要找到适合你自己的日常作息，忘记教条中的"应该做的事"。敏锐地关注你独一无二的孩子，照顾好你自己。当孩子平静、安全地上床睡觉，而且你也满意这种作息的时候，要鼓励自己。允许自己在满足孩子的需求时不感到内疚，但同时也要设定限制，要尊重你和其他家庭成员。

事实上，缺乏规律性、极度敏感、不肯罢休、精力旺盛的孩子需要付出更多努力才能入睡。你可以抱有期望，但现在你知道了如何通过调整日常作息、在白天做出改变等方式，让他的大脑知道睡觉是安全的事。

你真的可以做得更好，永远记住，追求进步而非完美是我们的目标。

无规律、精力旺盛、高敏感、入睡困难

对于高需求孩子的父母来说，孩子的就寝时间和夜醒是两个最常见也最棘手的问题。不过借此你也有机会认识到为什么孩子很难结束这一天，从而安排有利于他睡眠的生活习惯。

预测反应：

先看看气质特质都有哪些。然后了解你的孩子，预测哪些因素会让他难以平静下来入睡。他是不是很敏感、容易过度紧张？他是不是很固执，不愿意休息？他是不是缺乏规律性，无法执行作息时间表？转变环境对他来说很难吗？他很活泼并且动来动去吗？他的抗议之所以有力，是因为他追求极致吗？这些气质特质都会让他更难放松和入睡。

营造环境：

养成生活习惯，提醒孩子该上床睡觉了。

安排一些放松活动，随身带上道具，这样可以在孩子半夜醒来的时候轻松重复这些活动，或者在旅行时也能进行活动。

避免需要体能的睡前活动，采用能抚慰孩子的行为，让他平静下来，并清楚地告诉他的身体和大脑睡觉是安全的。

通力合作：

在孩子睡觉前，要留出时间与他们交流、让他们平静下来，并形成惯例。

安排一些睡前活动，比如看书，让孩子练习自己平静下来。

和你的伴侣轮流哄孩子睡觉，这样孩子就不会坚持只有你才能哄他睡觉，你也不会为此所困。

给孩子足够的时间准备睡觉。匆忙或者省略部分例行程序只会让这个过程耗时更久。

在开始就寝的例行程序之前，帮助孩子结束手里的活动。

明确就寝时间和起床时间。

（享受奖励：）

当孩子配合你的时候，表扬他。

先满足你自己的需求，这样你才有精力来帮助孩子。

找到适合你的生活作息，忘记那些"应该做的事"。

第 16 章

如何让孩子好好吃饭

你千万别从他手里把麦片拿走。非要拿走的话，
就得重新放回架子上，然后让他自己拿下来，
否则他是不会吃的。

——玛莎，4 个孩子的妈妈

在用餐主题课的前一周，我要求父母在中午的课上带一袋午餐。

在课上，我要求父母拿出自己的午餐，打开，把食物放在自己面前。他们完成这项任务后，我让他们站起来，把椅子挪向右边一个位置，午餐还在原来的地方。我解释说，今天他们将要交换午餐，每个人要吃现在摆在自己面前的那份。我看到了大家的眼神，知道自己成为了众矢之的。戴安娜喘息着，近乎恐慌。她对一些食物过敏，却不知道自己面前的沙拉里有什么。汤姆又饿又不开心，他面前原本是莉迪娅的位置，她却忘记带午饭了。莉迪娅经常会忘事，因为她很少吃午饭，即便吃也吃得很少。但现在她看着摆在自己面前的三明治、薯条、小柑橘和香蕉，不寒而栗。

我停顿了一会儿，继续说："我希望你们在吃其他东西之前，先吃水果、蔬菜。你们有5分钟时间吃饭，因为做完这个练习之后我们还有一个练习要做。我再提醒一下，你们必须吃完所有东西才能离开。"然后我背靠在椅子上，悠闲地交插着双臂，微笑地看着他们。在大家疑惑着这样是不是有些不合适的时候，我快速扫视了一眼桌子上的食物。

突然，贾森低声咆哮着："我可不碰这酸奶。我讨厌酸奶的质地。哪怕我在荒岛上快饿死了，我也不会吃酸奶。"酸奶的主人克里斯蒂娜举起双手，耸耸肩说："我不知道我是在为你准备午饭。""没有冒犯的意思。"贾森很快表示。我用眼角捕捉到盖尔脸上慢慢露出了笑容，她拿到了一片巧克力蛋糕，上面有焦糖酱和山核桃，还有一个鲜红的苹果和一个特大号的三明治，三明治上面堆满了火鸡、火腿和奶酪。这是山姆为自己准备的午餐，可现在他正沮丧地吃着面前已经被压扁的花生酱三明治和果冻，脸色显得很苍白。

对我班上孩子的父母来说，幸运的是我没有真的这么不会做人。这仅仅是换位思考的练习。很快，在他们还没开动之前，我就让大家拿回了自己的午餐。但是对于很多高需求孩子来说，这种惊喜、恐惧、兴奋、失望、沮丧、厌恶和开心混合起来的复杂情绪，是他们每次坐下来吃饭时的真实体验，除非我们提前和他们沟通，通力合作。

高需求孩子有敏锐的味觉。他们能辨别出各种品牌食品的区别，肉的口感可能会让他们觉得不适。他们心里已经决定了哪些食物可以搭配或者混合在一起。一想到果冻沙拉和土豆泥搭配，他们就会生气，而且绝对会很反感。

让高需求孩子来到餐桌前，老实坐在那里，并确保他们吃些貌似营养的食物，这种事会让高需求孩子的父母感到手足无措。但通过配合孩子的气质特质，父母不仅有可能让用餐更加平和，而且还能创造机会与孩子一起愉快地交流和放松。

孩子如何才能好好吃饭

是什么让孩子吃饭这件事变得棘手？对于很多高需求孩子来说，他们的敏感使得他们对吃什么、不吃什么很坚定。追求极致的气质会让他们的反应更加强烈。不肯罢休的气质则让小老虎们想自己动手尝试。极富洞察力会让他们"蜻蜓点水"，吃会儿、玩会儿、观察一会儿、说会儿话、再吃会儿，但是永远无法完成任何事情。适应力不强的气质会让孩子一开始就很难坐在餐桌前。额外的特质也可能会影响孩子用餐的时间。缺乏规律性会导致孩子不定时地有饥饿感。精力旺盛促进了孩子的进食欲望，但消极的第一反应又导致他频繁地不想用餐。

不管你相信与否，高需求孩子其实和别的小孩没有太大不同。儿童发展类书籍会告诉你，所有的幼儿都有偏食（坚持只吃一种特定的食物）或者绝食（不吃任何东西）的倾向。其他孩子也会磨蹭，比如他们会把吃的东西吐出来、在椅子上扭来扭去、弄洒牛奶、对第一次吃的食物有抵触情绪、吃东西不规律等等。这都是普通孩子的表现。只不过高需求孩子更强烈的气质特质，会让你处于微妙的境地。

问题经常出现在学步期阶段，这时孩子的食欲会下降，这是正常的。理查德·鲁宾（Richard Rubin）博士在《学步期儿童》（*Your Toddler, Ages One and Two*）一书中写道："婴儿出生后 4～5 个月，体重会增加一倍，一年后会增加两倍。但在接下来的一年半时间里，增长率会大幅下降，一个学步期的孩子在这 18 个月内体重只会增加 2.5 千克左右。按理说，他的胃口也应该会变小。"

许多父母没有意识到孩子这种正常的食欲变化。他们只知道学步期的孩子会突然拒绝进食，这往往会引发喂养大战，忧心忡忡的父母会与食欲下降的学步期孩子对抗起来。但餐桌没必要成为战场。通过预测孩子典型的情绪反应，理解食欲自然会下降的道理，你就可以以积极的方式应对。

营造好的用餐环境

埃琳·萨特（Ellyn Satter）在《用爱和理智养育孩子》（*Child of Mine, Feeding with Love and Good Sense*）一书中提出了一则维持积极喂养关系的指导原则："你负责吃什么、什么时候用餐、在哪儿用餐。孩子负责吃多少、要不要吃。这个原则，既要求你做你该做的事，又能让你在做完以后摆脱困境。是否把健康的食物带回家取决于你。由你来确保饭菜和零食有营养，并按照时间表供应。不过在你做到这些以后，你就可以放下了，把剩下的事交给孩子，并且相信他会做好他那部分的职责。"

鲁宾博士在《学步期儿童》一书中提到了许多年前由克拉拉·戴维斯（Clara Davis）博士进行的一项实验。该实验证明，如果给孩子机会，他们会自主选择健康的饮食。鲁宾博士写道："戴维斯博士给一组 8 ～ 10 个月大的婴儿提供了各种各样的营养食品，完全让他们自己决定想吃什么和吃多少。她发现，随着时间的推移，这些婴儿都选择了被营养学家称为均衡饮食的组合。每一餐看起来都是不均衡的，经常连续几餐都不均衡，但是几天后，每个婴儿的选择加起来都是营养极好的搭配。"

搭配营养均衡的食物

根据美国农业部的说法，营养膳食应该包含以下几组食物：

- 谷物。
- 水果。
- 蔬菜。
- 肉、禽类、鱼、干豆、蛋和坚果。
- 牛奶、酸奶、奶酪。
- 有限的脂肪、油、糖。

如果你能给孩子提供这些食物，你可以相信即使很小的孩子也可以做出很好的判断。如果橱柜里没有饼干，孩子就吃不到；如果冰箱里没有汽水，他就喝不到。你可以控制的是给孩子准备哪些食物。如果你想让孩子吃水果，那就准备些水果，把水果放在孩子手边作为零食，或者把水果和孩子最喜欢的通心粉、奶酪放在一起让他食用。如果你想让孩子喝牛奶，就确保牛奶又鲜又诱人。更好的情况是，让他看到你也在喝牛奶。这就是营造环境，准备道具，做出合适的行为。

让加餐成为时间表的一部分

加餐实际上是满足儿童营养需求的重要部分，但对于一直想吃东西或者不怎么吃东西的孩子来说是个麻烦。如果你在两餐之间，比如一餐结束两三个小时之后，提供一份营养的加餐，你就不需要担心孩子吃零食的问题。这件事的关键在于可预测，你要在孩子有饥饿感的时候给他加餐，而不是在他饿坏了以后才给。

埃琳·萨特建议，加餐是一顿"迷你餐"，能让孩子暂时不饿。因此，加餐需要有蛋白质、碳水化合物和少量脂肪。这种搭配很能让人满足，也适合孩子，而且还能让他在下一顿饭之前仍有饥饿感。比如你可以给他饼干、奶酪、一片苹果片和水，香蕉上涂点花生酱，或者燕麦片花生酱加牛奶，偶尔也可以给他块曲奇作为加餐，它们不是孩子完全不能碰的"禁果"。

当你可以预测性地给孩子准备美味营养的加餐后，之后的半小时他不太可能"请求"再吃零食了。如果碰巧他确实又要吃，你会更舒心地建议他再去玩会儿，而不是再吃点儿。通过这种方式，他学会了饿了就吃，饱了就停下来，感到无聊或者需要情绪支持的时候就去找点儿事做或者找人陪，而不是一味地吃东西。如果身体长得很快，他真的感到饿了，你可以随时给他准备新鲜的蔬菜和水果。

一起用餐

如果你们时间安排得很紧，就很容易"边跑边吃"。但明尼苏达大学的莱斯莉·莱特尔（Leslie Lytle）博士表示："全家一起吃饭非常重要。"研究明确表明，经常和全家一起吃饭的孩子比偶尔一起吃饭的孩子有更好的整体营养摄入。如果你们无法每天聚在一起吃饭，那就从每周一顿饭开始。大家都同意到一个地方去吃饭，不允许有任何借口、不允许工作到很晚、不允许去朋友家、不允许踢足球。可以是周日的午餐、周三的晚餐或者周六的早餐。关掉电视，好好说说话。如果这对你们来说是新规矩，多花点时间让这成为大家的习惯。你会惊讶地发现，全家人很快会很期待这项仪式。

如果你不会做饭也不喜欢做饭，可以订阅烹饪杂志，它每月都会提供美味营养的食谱。但是，即便你们只是外卖订比萨，也可以把比萨从盒子里拿出来，配上新鲜水果沙拉，再布置好餐桌，然后大家坐下一起吃饭。

每个人对食物的感受不同

食物看起来是真的，你可以看到、闻到、摸到、尝到。但对我们每个人来说，它仍然意味着截然不同的东西。令我惊讶的是每个人的感知是如此不同。我和爸爸、爷爷一起长大，他们总是先拿起一块派吃，表示他们想在还有肚子享用甜点的时候吃。我后来也遇到过一些像他们这样的人，但是大多数人都认为甜点是最后才吃的，而且是在主菜盘子被收走之后才能享用的。

在配合孩子的气质之前，我们必须先意识到自己从父母、亲戚、老师或者朋友那里了解到的正确用餐方式是怎样的。以下是其他父母提到过的情况：

- 在我们家，吃饭是非常受限制的。我们必须每样东西都吃一口，而且只能吃非常固定的量，并且不经同意是不能离开餐桌的。

- 我妈妈有个阿姨总是唠叨说她有多瘦。我妈妈很讨厌这件事，因此从来没有跟我们说过任何关于吃饭的事。要是我们吃饱了，盘子里还剩一口，那就剩在那儿了。没有任何人会强迫你。

- 早餐在我家是一天中的大餐。每个人都必须在早上 7 点半入座。你什么时候上床睡觉并不重要，但你必须坐在早餐桌前。我不吃早餐，从来都不吃。直到今天，我一看到煎饼就恶心。

- 我妈妈的亲戚中有一半都很胖，另一半则不胖。她真的很担心我们会像家里那些肥胖的亲戚一样被歧视。所以她不让我们吃糖，也不允许我们吃第二份饭。

- 我们从来没有真正谈论过食物。有什么我们就吃什么。如果觉得饿了，就吃点零食，就这样。这没什么大不了的。

想想你了解的关于食物的信息。检查一下，看看它们是否会影响孩子的气质需求。这些知识是否足够支撑你承担起为孩子提供营养食物的责任？你允许孩子自己决定吃什么和吃多少吗？你的父母和祖父母并没有我们今天掌握的健康饮食的知识储备，因此你要确保你的信息准确并且适合当今的生活方式。明确界定你和孩子各自的责任。当你的期望和责任明确后，就更容易配合孩子的气质特质。

不同的先天气质，要用不同的饮食策略

如果孩子追求极致

教孩子礼貌地拒绝

如果你用心做了一顿饭，只为让你的高需求孩子坐下来好好吃饭，结果他们只看了一眼，然后尖叫着说"呸"，这可真是非常令人沮丧的经历。如果你的孩子反应强烈，你可以告诉他，他可以拒绝食物，但他需要说："不用了，谢谢。我不想吃任何东西。"

有一天，我在课堂上提出了这个建议。一位母亲非常严肃地皱了皱眉头。"你觉得行不通？"看到她的表情后我问她。

"我倒是希望如此，"她回答，"上周我们在我婆婆家吃晚饭。马克是个追求极致的孩子。他不喜欢我婆婆放在他盘子里的红薯。当奶奶把红薯放在他盘子里时，他尖叫起来，但奶奶似乎没有注意到。马克把红薯拿起来，然后扔到墙上。我感到很羞愧。"

"那是刚学会走路的孩子，"我说，"他肯定是在表明他要自己选择食物。但是我们需要帮助他，让他知道可以扔球但不能扔食物。你告诉孩子，他可以说'不用了，谢谢'或者选择不吃，但一定要让他知道乱扔食物是不对的。"

几周之后她反馈给我们说："我真的很害怕再去婆婆家吃饭，尤其是发生了上次的事之后。但我尝试了你的建议。我们出发之前，我告诉他，如果又遇到不喜欢的食物，他需要说，'不用了，谢谢你。我不喜欢这个东西'。他很健谈，所以他能说出来，但我不确定他是否明白我的意思。

后来我婆婆试着把西葫芦放到他的盘子里。'不用了，谢谢。'他说。我婆婆停下来看着他，非常震惊。他又说了一遍，这次声音更大了，'不用了，谢谢！'

我心想：哦不，又来了。结果我婆婆停下了，看着我说，'好吧，我想他真的不想要'。然后就绕开他走了。

奶奶已经尽了自己的责任，为他准备了西葫芦，接下来就需要马克自己决定要不要吃了，我们也需要尊重他的拒绝。"

追求极致的高需求孩子需要父母好好教他们讲礼貌。他们对食物反应很强烈，需要知道如何用正确的词语表达他们的需求，对那些总看到事情缺点的、严肃的、善于分析的孩子来说更是如此。即使他们注意到生菜略显棕色，不愿意吃也没有关系，他们需要的是以一种委婉的方式来表达。

如果孩子不肯罢休

萨特建议说："大多数关于喂养的争论都是出于对孩子的关心和错误的建议。经常有建议鼓励父母否定孩子表达的信息，然后刻意强调某些食物、进食的量或者吃饭的时间。但当你强加刻板的要求时，喂养这件事本身就会被扭曲。"

重要的是你需要知道，孩子对每组食物的实际需要量其实是非常少的。我们建议学步期的孩子吃一份肉、禽类或者鱼类，这些加起来也仅仅是一两匙的量。对于 8 岁及以上孩子我们才建议吃一个整蛋。不满 8 岁的孩子吃部分鸡蛋就已经够了。

营养学推广专家玛丽·达林（Mary Darling）表示："要相信孩子的胃口。先给他四分之一的苹果。如果他还想要的话，再多给他一些，但是要让他告诉你什么时候饱了。"在吃饭这件事上，你要允许希望听到肯定答复的固执的孩子起主导作用，这对于培养积极的饮食习惯起到了非常重要的作用。

让孩子参与准备食物

你知道吗，哪怕一岁的小婴儿都可以帮你洗蔬菜水果，包括擦土豆、胡萝卜、撕生菜、择豆角。两岁和三岁的孩子可以用锡箔纸包住土豆，把东西从罐子里倒出来，混合并且拌匀调料。大一点的学龄前儿童和低年级的小学生可以把调料洒在食物上、卷面团、用打蛋器打蛋、用削皮刀削皮、用餐刀切或磨碎东西。高需求孩子在准备食物的过程中参与得越多，他们就越有可能吃饭。如果你让他们切面包，面包就不会切成他们不想要的样子。如果他们自己从罐子里倒糖浆，糖浆就直接倒在煎饼上，而你可以控制倒出来的量。如果他们自己涂花生酱的话，三明治上花生酱也是合适的厚度。

的确，在一开始的时候，你无法干活，反而会花更多的时间教孩子应该怎么做，但我们希望你是花时间来教孩子怎么做，而不是和孩子争执。这样想就会好很多。从长远来看，精通厨艺的孩子会为自己感到骄傲，他们更能自给自足，并且会喜欢更多样的食物。

让孩子参与食物的准备过程，也是种很好的方式来缓解这段痛苦时间的压力。每天这段时间，孩子最需要你的关注，你却不得不去准备晚饭。要是他们正站在水槽边的凳子上使劲洗土豆，你就能保证他们不会在这时跟弟弟打架。不管他是洗了几分钟还是十几分钟，烤土豆都会很美味。如果你想让不肯罢休的孩子停下来，赶紧把土豆放进烤箱，那就先设定好计时器。

不要将食物作为奖励或者惩罚

当你以积极的态度准备了各种各样营养丰富的食物时，孩子会让你知道他什么时候饿，什么时候不饿。贿赂他吃下东西或者把食物拿走只会打乱他内在的信息。一旦孩子失去了读懂自己身体信息的能力，就容易饮食失调。研究表明，被贿赂吃下东西的孩子实际上吃得更少，而那些食物被拿走的孩子则吃得更多，因为他害怕吃不到自己需要的东西。你要问的两个最重要的问题是"你饿吗？"以及"你吃饱了吗？"，然后让孩子来决定。

甜点也可以很有营养，尤其是有水果的甜点，不管是什么都给孩子准备一份，并且允许他自己选择要不要吃。不要让甜点成为奖励，或者把甜点作为惩罚拿走。

如果孩子极度敏感

一次提供多种食物

高需求孩子吃东西都很挑，他们的味觉和嗅觉确实比一般人更灵敏。因此，他们对食物的反应也更强烈。为了避免因他们强烈的反对而感到被拒绝和不受重视，父母可以提供一份同时包括蛋白质、蔬菜、水果、牛奶和主食的餐食。如果汉堡的味道让他们感到恶心，他们可以很快将注意力转移到你准备的面包、新鲜蔬菜或者水果派上面来。你要知道他们的反应并不是对你厨艺的评价，他们的确只是对味道和气味很敏感，但这并不意味着他们永远不会吃某种食物。你可以继续放心舒适地准备这种食物。让孩子看着你自然地享用它，也是种温柔的"鼓励"，有一天孩子可能会给你惊喜。

谨防孩子食物过敏

食物过敏和高需求没有直接联系，但是许多高需求孩子确实有食物过敏。在一次采访中，劳拉说："布拉德对一些食物非常敏感。我们花了很长时间才弄明白。刚开始我们觉得他只是挑剔、固执。我们会强迫他吃东西。现在我们才认识到，他不喜欢汉堡和辛辣的食物，因为吃了以后他会便秘，还会抱怨身体不舒服。"

当你负责提供有营养的食物，孩子负责决定他要吃什么的时候，你可以放心地尊重他的判断，他不一定是挑食。

如果孩子吃完饭以后会有疯狂的行为，你应该记下来他刚刚吃了什么，随后有什么反应。尤其要注意他最喜欢吃的食物，孩子可能会对这些食物过敏。

尽管我没有科学研究的支持，但是许多父母跟我说过，孩子对药物有过度反应。你需要密切监测孩子用药的剂量。他实际上可能比同龄的或体型相当的孩子需要的量更少。似乎因为他们敏感的气质，高需求孩子很容易出现过度用药的情况。

聊聊感受

敏感的孩子需要听见父母说：

- 你的品味很好。
- 你善于做选择。
- 有一天你会成为大厨。
- 有时候你需要多看一眼食物，才能准备好去享用。
- 你可以说："不用了，谢谢。"
- 你可以说："我肚子饿了。"
- 你可以说："我吃饱了。"

性格敏感的孩子需要用这些话来表达他们当下的感受。他们表达得越好，就越能自如地处理这些感受。

如果孩子极富洞察力

面对一个每顿饭都能吃 45 分钟的孩子你会怎么办？真正的问题是他为什么每顿饭要吃 45 分钟。他是在享受悠闲用餐还是心不在焉？有时孩子花 45 分钟吃饭，是因为他要跳起来看一只鸟，给婴儿递奶嘴，或者去拿放在外面的球。他不是在吃东西，而是像小羊"吃草"一样绕着桌子转，捡一些零碎的东西。这类孩子需要你来为他设限。例如，你可以说："如果你三番五次离开餐桌，你就是在告诉我你其实并不是很饿。如果你想吃饭，你就得好好坐在这里。"

仅仅设限可能还不够。你还需要帮助孩子保持注意力集中，在坐下来和他一起吃饭之前，一定要关掉电视、捡起散落的玩具、收拾好其他会分散注意力的东西。如果孩子喜欢悠闲地吃东西，你要有所期待，做好计划，享受自己放松的时间。

但是如果孩子似乎比其他孩子更频繁地呕吐，或者因为吞咽、咀嚼有困难而用了更长时间吃饭，那你就要预约职业治疗师，带孩子去看看了。治疗师可以帮助你评估孩子的吞咽情况和咀嚼肌肉的发育情况，如果有必要的话，还会教你做一些强化训练。

如果孩子适应力不强

培养生活规律

孩子不仅经常想吃饭，而且经常需要吃饭。他们的身体每两三个小时就吸收少量的营养是最舒适的状态。仔细想想你提供零食和用餐的时间。孩子通常什么时候会饿？你可以确定一日三餐固定的时间和几次吃零食的时间，并且要确保这适合你的孩子。你可能会遇到麻烦，因为你想在 6 点半吃晚餐，但孩子在 5 点半就准备好要吃饭了。与其要求孩子来调整时间表，还不如你做出调整，把你的用餐时间提前，直到他长大一些，能坚持更长时间。或者你也可以在 5 点半为他准备晚餐，6 点半准备睡前点心。饭后留出足够的时间来完成睡觉的准备工作，这样他也能得到所需的睡眠。和过度疲劳且饥饿的孩子一起吃饭并不是件有趣的事。

明确的转换时间

孩子不会轻易停下游戏去吃饭，你需要给他们足够的时间来做好变化的准备。

布伦达说："我得提前几分钟把托德带来。我发现，如果我让他把最后几样东西放到桌面上，就能给他留出转换时间，否则，他会在椅子上扭来扭去，不高兴。他坐在桌旁的时间正好帮助他经历转换阶段，并且通过事先干预，他似乎可以解决这个问题了。"

记得清楚地提前告知孩子，到吃饭时间了，并帮助他找到一个停下来的契机。这样一来，你就可以帮助他"搞定"这顿饭。

让孩子知道菜单上有什么

　　凯特告诉我："我和儿子最大的一次争吵，是因为我事先告诉他我们晚餐要吃金枪鱼砂锅。然而，当我开始准备时，我发现家里没有面条和奶油汤了。于是我决定改做热金枪鱼奶酪三明治。当时他在外面玩，我正享受片刻的宁静。我没有告诉他这个变动。我像往常一样提前 10 分钟叫他来吃晚饭。他洗了手，坐在桌边看了一眼食物，突然就哭了起来。这太出乎他的意料了。他原本指望晚上吃金枪鱼砂锅，结果在他又累又饿时，还要接受金枪鱼奶酪三明治这个意外。这让他陷入了困境。"

让孩子了解菜单的内容。当他知道会发生什么时，他会做好准备来吃饭的。如果你不得不像凯特那样做出改变，一定要在孩子上桌前通知他。

晚餐前的这段时间会有很多转换情况。孩子们放学回家，父母下班回家，有衣服要换，有食物要准备，有家庭作业要做。孩子在此刻的能量储备往往又很低，发脾气也更频繁。如果你在下午 3 点左右给他准备一份营养丰富、令人满足的加餐，应该能给高需求孩子提供足够的能量，让他们平静度过晚餐时间而不至于失态。如果孩子那时在幼儿园，你一定要通知幼儿园老师，给孩子准备一份点心。当你去接孩子的时候，你可能会发现孩子的表现有明显的不同。

如果孩子缺乏规律性

萨拉告诉我: "我两岁的孩子从来不和我们一起吃饭,她最多能坐在桌子上待 5 分钟,但她不吃。两小时以后,她又要吃麦片。我父母说我们应该打她屁股,让她坐下来吃饭,或者在午饭后拿走所有的食物,这样她在晚饭时就会饿。我对这两种解决方案都不满意,但我不知道还能做什么。"

关于高需求孩子的用餐,我最常被问到的问题是 "如果孩子不吃饭,但过后又想吃零食,你会怎么办? "。人们通常认为孩子拒绝吃饭是因为固执,但事实可能与此无关。真正的问题是孩子不规律的身体节奏,孩子的身体不容易适应规律的作息。如果孩子每天在不同的时间段感到饥饿,这不是他要故意为难你,而是因为他天生的身体节奏就是如此。这就是为什么安排加餐对孩子整个饮食非常重要。

对于缺乏规律性的孩子来说,你需要看他一整天的表现,而不是仅仅用一顿饭的表现来检验你做的对不对。看看他是否在 24 小时内摄取了需要的营养食物。学步期的孩子通常一天只能好好吃一顿饭。这很正常。大一点的孩子也可能一天只能好好吃一顿饭,但如果你仔细观察,你会发现那一顿饭再加上规律的营养加餐,能满足他们的身体需要。这个问题不用担心。

如果你仍然担心,请查看儿童增长图表。孩子的情况和他在图表上对应的位置一致吗? 假如两岁时他在 50% 的位置,那么 4 岁、6 岁时他还在那个位置吗? 如果他还在差不多的位置,你不需要担心。如果有明显的变化,你应该咨询儿科医生。

你还可以监控孩子的能量水平。如果他的能量水平对他来说是正常的,那你就知道他的需求是满足的。当他偶尔有顿饭不吃的时候,你也不必感到不安。反正过一会儿你还可以给他准备一份健康的加餐。

即使你的孩子到了饭点不饿，让他到餐桌边坐着也很重要。吃饭不仅可以满足孩子的营养需求，也是家庭成员分享每天生活的社交时间。对孩子来说，学习这些社交技能也很重要。对于学步期的孩子，你可以期待他们坐到餐桌边陪你坐5分钟。随着孩子的年龄增长，你可以让他们多陪你坐会儿。这种生活习惯能教会他在家庭聚餐时的社交技巧，包括祈祷、交谈、做规划和一起用餐。通常，坐在餐桌旁也会触发饥饿信号，引导他来和你一起享受这顿饭。即使是缺乏规律性的孩子，如果每天都这样重复，他也会养成和家里人一样的作息习惯。

父母不必成为快餐厨师

如果零食满足了孩子的部分营养需求，你就不必为了他不吃饭而想吃零食和他吵架了。这没关系，因为正餐和加餐都包含了均衡饮食所需的食物。为了不让自己看起来像快餐厨师，你需要教孩子自己准备零食。这样一来，他将学会如何满足自己的需求，并且做出健康的选择。

如果孩子精力旺盛

学步期的孩子不容易长时间坐着。精力旺盛的孩子好好坐着的时间会更短。事实上，精力旺盛的人，不管是儿童还是成年人，都无法长时间坐在椅子上。你可以在开会时观察好动的成年人的表现。他们会扭动脚、轻拍手指、起身去喝杯咖啡、找借口去洗手间，还会用很多其他社交场合允许的方式来动来动去。他们的需求是真实存在的。

如果你知道孩子需要动来动去，确保他在坐到桌边之前就已经充分运动过了。如果你和孩子一起旅行，不要指望他在安全座椅上坐了三个小时以后，还能在餐馆吃饭的时候老实坐着。你需要提前计划。试着在公园或者服务区停下来，你可以找个地方野餐，孩子可以在坐下来吃饭前尽情跑跳。如果你做不到，就让他在餐厅大厅里走走，直到食物端上来，而不是坐在餐桌边等待。你需要的是用某种可行的方式，为他的能量找到一个释放的出口。

能否在餐桌边坐得住，很大程度上取决于孩子的年龄和当时的情况。出于安全因素和社交认可的考虑，你可以运用这样的规则，"吃饭的时候要坐在餐桌旁"，这很重要。

欧洲大多数孩子比美国同龄孩子在餐桌边坐的时间更长。不过他们可以在餐桌上进行娱乐活动。比如，父母允许孩子参与聊天，有时孩子们还可以拿着书在餐桌边看，直到得到允许离开餐桌。

如果你想让孩子和你一起吃饭，那就允许他参与聊天或者安排一些他喜欢的餐桌活动。但是你要知道，孩子非常需要运动。当他被要求长时间坐着时，压力就会增加。你的期望应该实际一些。即使你让他能够在餐桌上玩耍，最好还是把漫长而正式的晚餐留到只有成年人参与的晚上吧。

日常锻炼是健康饮食的关键因素。孩子需要每天至少一个小时的体育活动时间。锻炼结合有益健康的食物选择以及可预测的规律的膳食和零食，能够帮助孩子养成健康的习惯。

如果孩子有消极的第一反应

第一反应总是消极的孩子很可能会告诉你，他们讨厌尝试一切新的食物，不管是什么。但父母不要被这种反应迷惑。如果你不想有食物剩在盘子里，那么可以在上菜前问问孩子是否喜欢。如果他说不，那就尊重他，不要管他。然而，你可以尽情讲自己是多么喜欢这种新食物，并且在下次吃饭的时候再次准备。孩子消极的第一反应可能会让你认为他不喜欢某种食物，而实际上他只是需要时间来适应。当你准备让他尝试新的食物时，一定也要准备一些孩子喜欢的其他食物。这样你就不用担心他不吃任何东西了。

同时你要注意，对于学步期的孩子来说，先把食物放进嘴里，然后吐出来是正常的。他是在探索，发现质地和味道的世界。他没有"拒绝"食物。你可以继续为孩子提供食物让他选择。初学走路的孩子可能在决定要不要吞下去之前，会把食物放进去又吐出来，这样重复 5 ～ 15 次。

享受和孩子一起好好吃饭的时光

教导孩子举止得当最有效的方法是在孩子做出适当行为时进行强化。当高需求孩子说"不用了，谢谢"时，要让他知道你很高兴。在他正确使用餐巾和叉子时，要表扬他。孩子可能在 10 岁之前都不太能用好叉子。如果他愿意尝试新的食物或者待在椅子上，要表扬他。在他学习自己准备食物时，也要对他的能干和独立表示欣赏。

根据实际情况灵活处理

如果孩子已经成功坐了 5 分钟，现在想离开桌子了，你完全应该让他走。你希望的是在和谐的氛围中结束用餐，而不是听到孩子的尖叫。

如果你担心孩子的饮食，可以咨询儿科医生。如果医生的建议对孩子不起作用，那就和有执照的营养专家聊聊，或者多读几本营养书籍。很多途径能够回答你的问题，最重要的是，许多答案都足够灵活，可以满足你们全家的需要。

自己也要吃好

遵循埃琳·萨特的建议，为孩子准备好需要的食物和膳食，然后自己抽离出来。当你再不充满担心地控制孩子吃多少的时候，你们会更加享受餐桌上谈话的乐趣。

环境套餐、气质套餐、营养套餐

让高需求孩子坐在餐桌前不乱跑，让他们吃一些看似营养的食物，这种事往往让高需求孩子的父母手足无措。通过配合孩子的气质特质，你有可能让用餐时光变得更加平静。

预测反应：

是什么让孩子的吃饭问题变得棘手？对许多高需求孩子来说，他们的敏感让他们对吃什么和不吃什么有非常强烈的意见。追求极致的气质让他们的反应更加强烈。不肯罢休让小老虎们想自己动手尝试。极富洞察力会让他们"蜻蜓点水"，吃会儿、玩会儿、观察一会儿、说会儿话、再吃会儿，但是永远无法完成任何事情。适应力不强的孩子一开始就很难坐在餐桌前。缺乏规律性会导致孩子不定时有饥饿感。旺盛的精力促进了孩子的进食欲望，但消极的第一反应却又导致他频繁地不想用餐。

营造环境：

提供种类丰富的健康食品，然后让孩子自己决定要吃多少。

准备富有营养的加餐，在可预测的时间提供给孩子，这样你就不需要为该吃什么或者什么时候吃和孩子争论了。

通力合作：

仔细思考你了解的食物和饮食信息。看看它们是否干扰了你对孩子敏感的情绪需求的回应。

让孩子知道，他可以拒绝食物，但他必须用尊重对方和得体的方式表达。

让孩子参与准备食物。高需求孩子在准备食物时参与得越多，他们就越有可能吃饭。

让孩子知道菜单上有什么，并且菜单如果有任何变化，要在他坐下吃饭前告诉他。

在你判断孩子是否遇到饮食方面的问题之前，先观察一整天，而不仅仅是凭借他一顿饭的表现做出判断。

即使孩子对新食物的第一反应是消极的，也要尽量再尝试一次，他可能会改变主意。

享受奖励：

追求实际。知道什么时候该结束用餐，这样你将收获和睦而不是孩子的尖叫。

享受有仪式感的家庭聚餐。

第 17 章

如何让孩子好好穿衣

你能爱我本来的样子吗，还是一双裤子就会让
你不爱我了呢？

——戴夫，一个高需求孩子

我桌子上放着一封信，上面用加粗的字体写着"戴夫来信"。我想可能是我的某位员工想和我表达些什么，于是我拿起来看了看。

在一个普通的早晨，我对本说："本，快点把袜子穿上。"我几分钟前就已经要求他了。如你所见，在我们家让本穿上袜子是一种仪式，是需要考虑许久才能做的事。袜子必须仔细检查，然后再看看是否有接缝，是否有松了的、令人讨厌的线或者任何可能给本带来不适的东西。但只有本好不容易穿上袜子，你才能知道自己到底做得如何。袜子是刚刚好呢还是要去调整一下？或者应该帮他把袜子脱了穿在另一只脚上吗？

我开始偷笑。我从来没见过戴夫。但我们有共同之处，给孩子穿衣服像一场大冒险。我继续往下读。

正如我说的，穿袜子是一种仪式。今天早上事情进展得一点都不顺利。我很生气。虽然我很不想生气，但我还是生气了。"袜子怎么会这么难穿？"我问。他也不知道怎么回答，耸了耸肩。"马上穿上袜子！"我大叫。我以为我会被我家这位意志坚定的年轻人挑战或对抗，但我错了。

"我需要你帮我一下，爸爸。"他用简单的语言告诉我。本的眼泪和他的需要让我认识到一个意义重大的问题。他似乎在问我：你的爱是无条件的吗？你能爱我本来的样子吗，还是一双袜子就会让你不爱我了呢？

　　我停了下来，被戴夫的话所震撼。"你能爱我本来的样子吗，还是一双袜子就会让你不爱我了呢？"我们有各种各样的袜子，白色棉袜、有蓝色线圈的棕色袜子、礼服袜、旧袜子、新袜子，不管它们是什么形状或者样式，我们每天都会以穿袜子和脱袜子来开始和结束。对大多数人来说，这似乎无关紧要，但在高需求孩子的家里，穿袜子可能是一件会引起分歧的事情，父母会在房间里追着幼小的孩子，因为他们想逃离会划伤皮肤的标签、太紧的松紧带和伤害皮肤的织物。

　　穿衣服之所以会成为一个重大挑战，不是因为孩子太固执、不合作、追求自由，而是因为这就是他们的气质特质。

营造穿衣空间

　　"看看你家孩子的气质画像，"我对班上孩子的父母说，"哪些气质特质会让孩子穿衣服这件事变得很困难？"

　　"肯定是极度敏感，"鲍勃回答道，"安娜只穿裤子，因为她不喜欢穿裙子的感觉。"

　　"真有意思，"凯茜评论道，"因为我也觉得是极度敏感，但是萨拉只穿裙子，因为裤子太紧了。"

　　巴布补充道："我们家的情况是精力旺盛。乔纳森穿上一只袜子就跑了。"

　　大家提供的答案越来越多，我都记录下来了。孩子到了 7 月份还想穿线衣是因为适应力不强。追求极致的孩子会因为卡在高领毛衣里或者无法扣好衬衫扣子而大发脾气。孩子打乱早晨的安排，并不是因为他们想让父母失去理智，而是他们的气质就是如此。

看看孩子的气质画像。他是不是极度敏感所以衣服的质地会困扰他？如果他很难改变穿衣风格或者类型，是因为适应力不强吗？他很难专注地听指令，是因为他洞察力太强吗？他对穿什么衣服非常固执是因为他不肯罢休吗？他是不是很容易因为追求极致而受挫？无论你的孩子有什么样的气质，你都可以预测他会对穿衣服这件事有什么反应。然后你就可以开始为顺利完成穿衣而做准备了。没有人每天都需要以吵架来开始这一天的生活。

特定的穿衣空间

父母的目标是让孩子在合理的时间内独立、得体地穿好衣服。这意味着他们需要一个特定的环境，让他们能够专心完成这件事，听从指挥，并且你要准备好易于穿着、适合当天天气和场合的衣服。

想一想在家中，哪些事情会阻碍孩子顺利穿上衣服？是什么分散了他们的注意力？

凯茜马上提到了电视。她说得对。电视会干扰你与高需求孩子的交流，因为它会发出"听我说"的信息，并经常导致孩子受到过度刺激。早上尽量不要让孩子看电视。事实上，你可以考虑把早上不看电视作为规定，这样确实有助于日常生活更顺利。

任何东西都有可能会分散孩子的注意力。你必须弄清楚是什么让你的早晨变得不顺利。父母告诉我的"元凶"有以下几种：

窗户。"迈卡会跑到窗前看鸟儿、看汽车。他会变得兴奋难抑，我也会变得兴奋起来，我们就会一起看。如果我真的需要给他穿衣服，我必须把窗帘拉下来，直到他穿好。"

开着的门。"杰夫总是会跑开。他不是故意捣蛋的，只是因为他喜欢跑。我唯一能给他穿上衣服的地方是厕所，而且还得把门关上。对他来说，门开着就是在向他发出奔跑的邀请。"

玩具和其他"东西"。"这在我们家是个笑话。凯蒂完全不能好好穿衣服，除非她周围什么都没有。每个玩具和物品都必须收好，否则她就会开始摆弄它们。"高需求孩子有他最喜欢的衣服，那些舒服、合身、看起来又好看的衣服。衣柜里的衣服选择太多只会让过程变得更复杂。你可以和孩子一起检查衣柜，把杂物清理掉，只留下他最喜欢的，以及减少配件的数量。每做一个决定都需要花费时间和精力。

仔细观察你所处的环境。任何阻碍孩子努力完成任务的东西都需要被处理或者拿走。当你可以简单地通过改变环境就能让孩子合作的时候，就不要"诱导"他表现不好。一旦你拿掉那些阻碍成功的东西，就可以开始寻找能帮助到你的东西。以下是我知道的一些有帮助的东西：

合适的衣服。如果你想让孩子穿合适的衣服，你必须先给他准备好合适的衣服。如果你不想再让高需求孩子穿短裤，那就不要让它出现在房间里。

合理的布置。安排好孩子的衣柜抽屉，一层放"正式衣服"，一层放"校服"，一层放"玩耍时穿的衣服"。孩子可以帮你决定每层抽屉里放什么。然后，你们在做选择的时候就直接到对应的抽屉里找就好了。

室内 / 室外温度计。用温度计来确定适合天气的衣服。在孩子的房间里放一个温度计，能显示室内室外的温度。确保温度计足够大，你可以在 20 摄氏度的地方贴上短裤的图片、25 摄氏度的地方贴上背心、15 摄氏度的地方贴上运动衫、0 摄氏度的地方贴上保暖夹克。有了这些指示图，即使是三岁的孩子也能看懂温度计，知道今天该穿什么样的衣服。他无法像和父母争论一样和温度计争论。于是你可以利用温度计来缓解一些战斗压力。

一面镜子。准备一面镜子，让孩子看到自己的进步，帮助他保持专注和愉快。

好扣的扣子。买那些容易拉上的、有大纽扣的、前面有尼龙扣或者方便拉链的衣服。不要买不方便穿脱的衣服。你可以鼓励孩子独立、快速地穿好合适的衣服。检查一下孩子现在的环境，做出必要的改变来帮助孩子顺利穿好衣服。如果你的孩子已经三岁或者三岁以上，就一定要让孩子自己参与整个过程。

穿什么衣服，也要考虑孩子的期望

父母和孩子在谈论穿衣问题时，往往会因为期望的不同而产生冲突。虽然父母希望孩子能够独立穿衣，却仍然希望他的选择符合父母的标准，而父母的标准有时和孩子的不一致。

"杰夫是那种 1 月想穿短裤，6 月想穿冬季夹克的孩子，"夏洛特说，"在很长一段时间里，我一直在和他争论，但最后我决定让他自己尝试，当然要在合理的范围内。现在，我会让他穿着短裤，或者穿夹克出去，几分钟后，他自己就会回来换衣服。"

"之前我一直想要个我可以随意打扮的小女孩，"帕蒂告诉我，"但当我生了个对衣服完全不感兴趣的孩子时，我意识到，我必须要处理好希望自己的孩子什么样以及愿意放弃什么的问题。"

当我们和孩子一起合作决定穿什么衣服的时候，我们需要审视自己的期望。这些期望对孩子来说现实吗？是否符合孩子的情况？我们可以选择如何让剧本适应每个人。

不同的先天气质，要用不同的穿衣策略

如果孩子追求极致

教孩子准确表达

当谈到打扮自己时，高需求孩子似乎分成两个阵营。一个阵营有"我什么都自己动手"的思维定势，另一个阵营认为"没有帮助，我什么也做不了"。"不

会做"的这类孩子明白穿衣服这件事会令人沮丧，因此，他们倾向于寻求你的帮助。这有助于他们保持冷静，所以我们的任务是鼓励他们主动尝试。关于这一点，我们在讨论"极富洞察力"这个气质的时候会详细阐述。"什么都自己动手"的孩子则会因为感到受挫而追求极端！

　　"塔拉就是个'什么都自己动手'的孩子，她总会惹恼父母。'每次我上班快要迟到的时候都这样。'她爸爸告诉我。

　　每次都会这样，小宝宝坐在餐椅上哭着要下来。我 7 岁的儿子上学前需要吃早饭，而塔拉坚持要自己穿衣服。如果她挑了一些自己能穿的衣服倒还好，但是，有时候她想穿针织连衣裙和 T 恤。这种衣服需要把脖子钻进两个洞，把胳膊钻进 4 个洞里，她自己是不可能穿上的。我等待着，她咕哝着把我推到一边去。她把手臂穿过一个洞，但裙子却扭了过来，另一半转到了她身后。如果我试图帮她，她就会尖叫着拍打我的手。她不停地尝试，直到最后愤怒地把裙子从头上扯下来，扔到地板上，然后一脚踢到房间的另一边。"

塔拉实际上在做父母想让她做的事。她很想自己穿衣服。她很上进，也很独立。但当她的协调性无法满足她的想法时，问题就出现了。她需要用语言来表达她经历的挫败感，需要适当的出口来发泄这种挫败感，如果她需要帮助，你可以帮她将任务分解成可以更顺利完成的部分。

如果你的孩子像塔拉一样，你可以和他谈谈追求极致的问题。教会他表达挫折、愤怒的词语。让他知道他可以跺脚大喊，他也可以寻求帮助。然后帮他把整个过程分成更容易完成的小步骤。如果你不确定如何做到这一点，继续往下读，在"极富洞察力"这一节你会找到答案。

巧用幽默

幽默有助于减少孩子的挫败感，消解他极致的情绪，并且赢得他的合作。

上了一节课以后，芭芭拉给我写信：

　　"今天是从布雷特不让我给他擦屁股开始的。那时还不到早上 8
点，我可以想象如果照这样发展下去的话，这一天会是什么样子。通
常情况下，我会要求他让我做这件事，但紧接着就是此起彼伏的尖叫。
从他出生那天开始，我们的生活就像一场大战。但这次，我决定不和
他斗争了。我想知道怎样能和他通力合作。我们课上讨论过用幽默来
避免发脾气，于是我不再强求，而是开始闻空气。'哎哟，好臭的屁！'
我惊呼道。我假装在浴帘后面找'臭屁'的来源，然后在水槽下面找。
他大吃一惊，然后开始大笑，并且自己往肥皂盒下面看。最后，我们
在他的后背找到了，完成了任务，高兴地走出了浴室。在上你的课之
前，面对这种事我肯定会大发雷霆。而幽默感帮助我们两个都学会了
欣赏他的气质特质。"

穿衣服不一定是件很严肃的事。如果你和孩子经常意见不一致，或者你发
现自己变得心烦意乱，可以试着用开玩笑来化解追求极致的情绪，对此一笑置
之。利用孩子的幽默感来化解困难。将内衣当作帽子戴在头上，或者袜子穿在手
上可以缓解紧张感。微笑摇摇头，这会提醒你和孩子，你已经经历过这些情况，
你会挺过来的。

如果孩子不肯罢休

买好衣服是关键因素

在穿衣服这件事上，父母应该尽可能多地对不肯罢休的高需求孩子说"好
的"。不肯罢休的孩子喜欢选择他们要穿的衣服，并且通常有强烈的个人风格意
识。他们知道自己喜欢什么，不喜欢被拒绝。这意味着你和孩子在穿什么衣服上
达成一致是非常重要的。

你可以买那些孩子容易穿上的衣服，能和衣柜抽屉里任何一件衣服搭配，

而且是很舒服的那种。你可以不买或者只买有图案的裤子和普通纯色 T 恤，来避免你们会因为这些衣服与格子花呢、鲜花图案不搭配而争吵。

如果你的高需求孩子尚在襁褓或者还在学步期，这件事就很容易做到。你可以考虑买他需要的柔软的、无束缚的衣服，然后让他自己挑选。很快，他就能非常清楚地表达他对要穿什么和不穿什么的看法。然后就是找到我称之为"达成穿衣共识"的时候了。

"达成穿衣共识"能够让高需求孩子自由地扭动脖子和伸展手臂。这些衣服是孩子不管怎么动也没有任何刺激、怪异感觉或者疼痛感的衣服。但你不能就此止步。如果只考虑舒适度，那你衣柜里会装满宽松运动裤、超大号棉 T 恤、宽松的太阳裙和经过严格检查、没有多余的线头和接缝的袜子。"达成穿衣共识"还应该让高需求孩子的父母骄傲地昂起头，对路人微笑，并且愿意承认站在他们旁边的是自己家孩子。

"达成穿衣共识"有助于消除每天早上穿衣服的烦恼。你们可能要花 5 个小时的时间买衣服，但可以换来一个月相对轻松的早晨。但是因为和高需求孩子一起购物也并不令人兴奋，你可以自己权衡利弊。就我个人而言，我选择"达成穿衣共识"。因为这样我可以在心理上做好准备，而不是孩子每天早上突然拿出来某件衣服就要穿上。购买"达成穿衣共识"的关键要素如下：

我会听你的。让孩子知道你们将要开始一项艰巨的任务。"艰巨"这个词会把孩子吓退，所以你要从定义开始，而不是一上来就争论。告诉他你们要去购物。当他抱怨完以后，因为大多数孩子不喜欢购物，你要请他仔细听你说，告诉他："我不会让你买任何你讨厌的东西。但我也希望你能灵活些，尝试买我建议的衣服。"同意合作以后，你们都会满意地达成共识，确定一套衣服不适合、看起来很可怕、面料让人痒痒，或者确定一件衣服正是你们两个都想要的那件。

做好准备多去几趟。如果明天有活动，你们今天才准备一套服装，这简直是自找麻烦。许多高需求孩子的第一反应是消极的。这意味着他们第一次试穿某件衣服时，可能会讨厌它。你可以暂时把它留在商店，祈祷不要很快被人买走，然后在回家的路上谈论这件衣服，寻找这件衣服和他最喜欢的旧衣服或者已经习惯的衣服的相似之处。你可以说："你穿那套蓝色衣服真好看。这让我想起了你最喜欢的粉色套装。还记得你一开始也不喜欢那个吗？现在你好喜欢穿那件衣服，而且衣服现在太小了穿不了你还很难过。你先想一想，也许我们可以回去再看看。"说完就别再唠叨了，保持安静！

休息一下。达成共识的购物需要极大的耐心、极强的自我控制力，以及厚着脸皮抵御售货员尖锐的目光。千万不要饿着肚子去买东西。你们可以先逛一个小时，然后停下来吃点儿小吃。尽管你才是真正需要吃东西的人，但孩子不会介意休息一下的。

"在我家，实际上我的高需求女儿在服装和风格上的看法远远超过了她哥哥。最近，我们第4次尝试为她找一件合适的衣服去参加婚礼。我们已经逛了7家店，现在正要去第8家。我们至少试了15套衣服，其中大部分都是我选的。有一条裙子看起来很可爱，但她不喜欢，说颜色不对。另一条粉色的裤子搭配T恤外套更不行，因为材料又硬又粗糙，她不喜欢那种感觉。一条黑色裤子搭配短夹克她也是同样的反应。我试着告诉她可以先挑一套带回家让爸爸参谋参谋，结果没用。她开始哭了起来，还提醒我，我答应过她不买任何她讨厌的东西。

我快要失控了，但还没要发脾气。店员给了我一个眼神，仿佛在问我：你要怎么处理这种情况？

我甜甜地笑着说：'我们经常这样买东西。'趁店员不注意，我们溜出了更衣室，离开了商店。这样做不太好，但感觉不错。

我有点想发火。我们没有买到任何我女儿愿意接受的东西，这当然令我沮丧，但我意识到这对她非常重要。她说不想要这些衣服不是

为了看看能把我逼到什么程度。而是因为对她来说，我们试过的那些
衣服确实感觉都不太好，或者她觉得不够吸引人。尽管如此，两个半
小时的第 4 次购物之旅已经让我的忍耐到了极限。

'你越来越沮丧了，妈妈。'她说。

'是的，确实。'我承认，'我们要不要再去一家商店？'我说道，
一定要把这项工作做好！

她仔细地打量着我。'我想我们最好还是回家，'她说，'从你的表
情来看，我觉得你的脾气需要缓和一下！'

她是对的。我的脾气确实需要缓和一下。我们回家了，没有人尖
叫失控，我们仍然是朋友，幸运的是这时距离婚礼还有 6 天时间。"

一旦有合适的就抓紧买。一直到第 6 次购物之旅，我们终于找到了能达成
共识的服装。这是一次破纪录的冒险，因为我们通常只要两三次购物就能搞定。
但我很幸运，那套衣服居然在打折。有时候我会花比预期更多的钱，但我知道，
如果我们最终找到合适的衣服，只要我同意，她会每天都穿，最终还是物有所值
的。如果我们要买出去玩的时候穿的衣服，我会选择同款的其他颜色，然后多买
几件。风格一样又怎样？孩子觉得很好，我觉得也不错。一套不同的服装不值得
我们再花 5 个小时的时间和精力。

关于"达成穿衣共识"，非常重要的一点是，它尊重父母和孩子的感受。
逛街很累，但是感觉很好。你们一起配合了。你最不想做的事情就是和孩子建
立一个非赢即输的局面，输了意味着要穿妈妈或者爸爸喜欢的衣服。对孩子来
说，自己选择穿漂亮的裙子或者鲜艳的毛衣比被迫穿某件衣服要好得多。"达
成穿衣共识"让你们建立起一种配合关系，这种关系有可能到了高需求孩子的
青春期还能继续保持。它的长期价值巨大，而且从短期看，也会为早晨带来
宁静。

当孩子改变主意时

尤其是在孩子学步期和学龄前时期，你可能会在"达成穿衣共识"之后，却发现孩子改变主意了。永远不要让你高需求的孩子马上穿任何新买的东西。在你剪掉标签之前，让他先在家再试穿一次。那时，也只能在那时，你才能把标签剪掉。如果你已经做了所有这些事情，而他仍然拒绝穿，那你绝对有权利来一声人猿泰山一般的尖叫，来发泄心中的沮丧。

当你把不好的情绪发泄完以后，坐下来和他一起仔细检查这件衣服，找出问题到底在哪儿。会不会是领子太高了？腰部的松紧带太紧了？袖子太短或者太束缚了？记下这些状况。你要确保自己认真听孩子表达，不要忽视他的抱怨。这样做你能减少闲置在衣柜里的衣服。

因为高需求孩子非常执着，如果他认定了一套衣服不适合，你甚至可以考虑把它送给用得上的人。当它放在抽屉或者衣柜里闲置时，你可能会诱惑孩子再去试试。但这些尝试通常会以挫折和争斗告终。即使在服装预算非常紧张的家庭，父母也使用过这种解决方案。这是否算浪费？极端地说，算是。然而，客观地说，这说明了我们所有人都会犯错。我们可以从中吸取教训，以便下次做出更好的选择。

有时候当遇到一些特殊的情况，我们必须要求孩子穿上对我们来说很重要的衣服。这样做是恰当的，尤其是当孩子不想穿适合天气的衣服，或者不理解特定情况下的社会规范时。但是，当你提出要求时，要注意不要像珍妮那样让自己陷入困境。

珍妮刚刚上完"孩子，挑战"的课程。在课堂上，她学到了自然结果和逻辑结果的概念。孩子要承担自己做出的决定的后果。于是，她决定在她三岁儿子身上实验一番。当时他们计划在30分钟后出发去参加幼儿园组织的野餐。但科里还没穿衣服。为了实践一下自然结果，她说："科里，如果你在该出发的时候还没穿好衣服，那你会穿着睡衣出门的。"

但珍妮没有学到的是，三岁的孩子还无法理解聚会的社会规范。他到最后也没穿好衣服，所以珍妮不得不让他穿着睡衣去。孩子倒是玩得很开心，丢脸的却是珍妮。因此，要确保你的最后通牒不会适得其反。

如果孩子极度敏感

注意衣服质地和合身程度

敏感的孩子真的能感觉到衣服上的绒毛、线头和凸起。他们会注意衣服是怎么发出声音的、光线是如何反射的以及衣服对皮肤的束缚。

为了能让他们配合，你要相信他们，买衣服时选择像棉这样的摸起来很舒服的天然纤维材质。不要买合成纤维的衣服，比如聚酯，这类衣服可能会起球，会刺激孩子敏感的皮肤。

你和孩子合作时要有创造力。对于讨厌穿裤子的孩子来说，打底裤和紧身裤可以让腿部保暖。对于讨厌穿裙子的女孩来说，有些漂亮的裤子甚至也能适合需要着盛装的场合。镶珠的鹿皮鞋可以取代僵硬的漆皮皮鞋。棉毛衫看起来也和羊毛衫一样好。现在男孩和女孩都可以穿平角裤。面罩可能和紧勒的帽子一样好用。寻找一个富有想象力的解决方案，会有的！

买衣服时，你不仅要看外倾型材质，也一定要看看里面。接触到孩子敏感肌肤的是里面的材质。它需要足够柔软、舒适。确保衣服标签能够摘下来还不会留下划痕。贴花图案从外面看可能很可爱，但里面常常很硬，让人很不舒服。

谈谈孩子的感受

高需求孩子需要理解为什么穿衣服对他们来说如此困难。重要的是告诉他们：

- 你对温度的变化有反应。
- 你很敏感。你刚穿鞋子总觉得不太舒服，但是你可以穿几分钟试试，看看是不是能感觉好些。

- 你有很强的洞察力。这让你很难穿好衣服，因为你总想做其他事情。

- 你精力充沛。对你来说，要站着不动穿上衣服或者换好尿布是件困难的事。

- 你很执着。你喜欢自己穿衣服。但当你需要帮忙的时候，是可以找人帮忙的。

- 我觉得是衣服上的标签让你不舒服。我们可以把它剪下来，这样你就会感觉衬衫舒服多了。

孩子的词汇量越大，他就越能向你解释他的感受和他需要你做什么。良好的沟通可以防止产生误会。

当孩子说"热"的时候要相信他们

高需求孩子追求极致又充满活力。血液在他们的血管中涌动，让他们觉得热。当你穿高领毛衣和羊毛衫时，要是让孩子穿短袖 T 恤，你可能会觉得疏忽了孩子，但可能这才是他真正需要的。**你要相信孩子会让你知道他冷不冷。**你可以鼓励他把毛衣放在背包里，这样他在需要加衣服的时候就能穿上了。

睡衣也是如此。冬天，当家里的其他人还穿着法兰绒睡衣和袜子上床睡觉时，高需求孩子穿着轻便的 T 恤和拳击短裤可能就会很舒服了。

如果孩子觉得不舒服就换掉

如果你让孩子穿上了特殊的衣服，就要知道什么时候让他脱下来。你可以给女儿穿上有褶边的蕾丝连衣裙，让她和奶奶照张合影，然后趁她还在开心的时候就让她脱下来，这要好得多。如果假期的晚餐需要穿特别的服装出席，别忘了带上一件运动服。处理掉那些经常让高需求孩子疲惫不堪的衣服。当他筋疲力尽时，他会不再配合，开始发脾气。

你还可以尝试给孩子擦些乳液或者按摩，花几分钟为他擦上乳液或者用力按摩敏感的手和脚，这样在他穿上裤子、袜子或者手套时就会更容易忍受。

如果孩子极富洞察力

> 贾森的妈妈抱怨道："贾森已经 7 岁了，每天早上还要求我给他穿
> 衣服。他躺在床上，或者像缓慢流动的熔岩一样从床上滑下来，直到躺
> 在地板上。他就像没有生命的物体一样，连一根手指都动不了。幸运的
> 是，他三岁的弟弟已经能自己穿衣服了。所以如果我愿意的话，我是可
> 以帮助贾森的，但坦率地说，我已经受够了。我宁愿对他大声嚷嚷。"

在穿衣服这件事上，贾森是个什么都不会的孩子。但父母要像我们在第 10
章中谈到的可口可乐营销总监一样激励他，让他自己想去穿衣服。

发挥想象力

高需求孩子有很丰富的想象力。你可以以此来激励他穿衣服。问问他今天
早上想扮演什么，也许是宇航员、消防员、圣诞老人。一旦他选定了角色，你就
假装给他穿的衣服是角色的衣服。当你给他穿袜子时候时，可以将袜子当作是宇
航员的袜子；穿毛衣的时候，把毛衣说成供氧服；把衬衫套在他头上时，说是穿
上太空服。好好享受这个活动吧。当宇航员比穿上旧的棕色灯芯绒裤子更让孩子
有动力。当孩子专注于有趣的事情时，他也更容易保持冷静。

战略性妥协

你也可以同意孩子先穿上一只袜子，然后鼓励他穿上另一只袜子，这样激
励这个"不会做"的孩子。你穿上 T 恤，他穿上毛衣。你可以边穿衣服边和他讨
论即将到来的一天。分散注意力可以帮助他顺利完成任务，他还不会感到沮丧。
渐渐地，你可以退出这个过程，做得越来越少，直到孩子能自己穿衣服。在他穿
衣服的时候，你可能还是得坐在房间里，但是至少他正在自己穿衣服。

给出准确的口头指令

当你指导孩子时，你要确保指令清晰简洁。你可能会说："把衬衫放在床上。

现在把你的头穿过头洞，现在是一只胳膊，然后是另一只胳膊。"这个过程可以分成容易完成的小步骤。帮助孩子看到都有哪些小步骤，这样你就能让他学会自己穿衣服了。

如果孩子适应力不强

穿衣服的过程充满了转换。它要求孩子停下正在做的事，可能要走到另一个房间，然后换衣服。对于适应力不强的孩子来说，在这个过程中很有可能出现冲突。

留足时间

你可能希望能在 10 分钟内给孩子穿好衣服，但事实是你可能需要 45 分钟。他真的不是故意想让你迟到的，他只是试图找到正确的"感觉"，并完成从一套衣服到另一套的转换。在这过程中每个人需要花费大量的时间和精力。你可以把需要的时间提前安排到时间表中，这样你就不会感到匆忙。

建立生活习惯

建立一个每天早上都要遵循的模式，这一点很重要。这个日常程序可能是孩子早上 7 点起床，躺在床上听 20 分钟收音机，或者和父母依偎 10 分钟。你不要期望一个适应力不强的孩子醒来以后，能马上从床上跳起来，开始做事。他办不到。你需要再给他留出 30 分钟穿衣服，或许 40 分钟吃早餐、刷牙、拿背包、穿外套等，8 点半准备出发。至于这些活动是什么，或者你以什么样的顺序进行这些活动并不重要，你只要确保每天程序是一致的且不混乱就好。

提前选择

高需求孩子需要花时间适应新想法。他在前一天晚上就要选择第二天穿的衣服。如果这是季节的转换时期，你一定要为他挑选一套保暖、一套凉爽的衣服，然后第二天早上让温度计做出选择。

为换季做好准备

我记得曾经向一组父母打招呼说"立春快乐！"，没想到收到的却是一阵抱怨。

"快乐什么啊，"一位父母反驳我，"上周真是一场磨难，因为要换季了，衣服也要换了。"

高需求孩子不喜欢任何变化，包括不同季节需要不同的着装。习惯了冬天的长裤子，到了穿短裤的季节，他们会把短裤的下摆拉得更长。他们会尖叫，对笨重的大衣和羽绒服大发脾气。你可以提前几周准备好要换的新衣服，让他们慢慢适应变化，把其中一些衣服提前放在他们的卧室里，让他们玩扮装游戏。当孩子准备好并真正穿上它们的时候，他们已经适应了。

如果孩子缺乏规律性

尽量让孩子自己做

即使是 5 个月大的婴儿也能自己脱下裤子，你只要从他脚后跟上松开裤子，然后让他抓住末端使劲拉下就可以了。孩子自己拉拉链、扣扣子、穿脱衣服的次数越多，他在穿衣服时用来打滚或者跑开的力气就越少。一旦高需求孩子能够站立，就让他站在镜子前穿衣服。你要尊重他动来动去的需求，但是镜子会吸引他的注意力。

重复做一件事就会成功

一旦你给孩子穿好衣服后，就尽情欢呼吧。为自己喝彩，为自己的耐心和聪明才智喝彩，为孩子和他的不断成长喝彩。确实一切都在变好。

最近的一次研讨会后，一位女士走过来对我说："我的女儿现在 12

岁了。当她还没上学时，我给她穿衣服要花三个小时。她受不了袜子里的棉绒球。我每天得早上 7 点坐在那里，从她的袜子里拔出细小的绒球，因为我知道如果不这样的话，她会尖叫一个小时，或者把袜子从脚上扯下来。不过现在，她可以完全不哭不闹穿上袜子。她爸爸问她是否还记得从袜子里找棉绒球然后丢出去的事。她说，'当然记得，现在这件事还是让我很生气，我只是忍着而已'。"

重复做一件事会让高需求孩子体会到成功。他们做的事情越多，就越舒服。过去的"战斗"逐渐消失，下一个阶段的"战斗"会开始，从袜子到怎么也梳不好的头发。但他们至少可以依靠之前的成功，提醒自己现在这些也是可以解决的问题。

穿衣、用餐、就寝，以及其他经典的艰难时刻都不必成为你们每天必经的战斗。你可以为顺利度过这一切提前做好计划。你可以尊重孩子的气质，相应地调整你的反应，从而预防问题或者至少减少问题的出现。请你敢于采用与众不同的办法，不要让一双袜子把你们分开。

换装空间、气质衣橱

穿衣服对大多数人来说似乎无关紧要，但在高需求孩子的家庭中，穿上袜子和衣服却可能是一件决定性的事情。父母会在房间里追着幼小的孩子，孩子会想逃避会划伤皮肤的标签、太紧的松紧带和伤害皮肤的织物。穿衣服是一个很大的挑战，这不是因为孩子固执、不合作、自由散漫，而是他们的气质使然。

预测反应：

看看孩子的气质画像。尽你所能，找出是哪种气质特质让孩子觉得穿衣服这件事不舒服。极度敏感通常是主要原因。适应力不强和追求极致也可能是相关因素。

营造环境：

营造穿衣空间，帮助孩子专注于手头的工作。拿走玩具和其他吸引注意力的物品，以免这些物品分散孩子的注意力。

用室内及室外温度计来帮助孩子决定当天穿什么，以避免权力斗争。

买那些容易让孩子自己穿脱的衣服。

准备一面镜子，帮助孩子保持注意力集中。

通力合作：

教会孩子描述他在穿衣服的过程中经历挫败时需要的词语，这样他就可以表达出来而不是只会尖叫。

买孩子容易穿上的衣服，这件衣服最好与衣柜抽屉里的任何一件都能搭配，而且很舒服。

为了挑选双方都能接受的衣服，和孩子一起去购物。在你找到合适的衣服之前，你要多逛几次商店。

当孩子告诉你他觉得很热的时候，要相信他。

给孩子充足的时间穿衣服，不要感到匆忙。提前为换季做好准备。

享受奖励：

记住，重复能带来成功。随着时间的推移，穿衣对孩子来说将不再是一个问题。

允许其他人帮忙。如果孩子上了幼儿园，在你到达幼儿园之前，先让老师帮他拿外套。如果是双亲家庭，父母要轮流帮孩子穿衣服。

RAISING YOUR SPIRITED CHILD

第四部分

如何帮助高需求孩子社交

第18章

与其他孩子和睦相处

妈妈，你觉得你有办法让她跟人好好相处吗？

——梅甘，高需求孩子的姐姐

　　妈妈和宝宝懒洋洋地躺在早教教室的地板上，明亮的彩虹色降落伞在他们身后散落着。他们玩球、把东西晃得咯咯响、对着镜子里的自己又笑又闹、互相扮鬼脸。这时老师唱了起来："大家快来围成圈，围成圈。"

　　在教室的观察窗口，站在我身旁的六年级学生问道："她为什么要这么做？小宝宝又不知道什么是圈。"

　　"没错，"我回应道，"他们确实不懂。我们必须先教他们什么是圆圈，以及一群人围坐成圆圈时应该做什么。现在我们只是让他们接触这个想法，但是几年后，我们会希望他们知道围成圈到底是什么意思。"

我们的社交技巧和礼仪是学来的。这是我们在社会中与人合作时需要的生活技能。在不失尊严的情况下，高需求孩子必须学会如何适应和融入群体。他们必须学会管理自己的情绪，不要总是让父母为他们排忧解难。

孩子总有一天要离开你，开始和邻居、老师、同学接触，并融入集体，这可能是段轻松的旅程。对于很多的高需求孩子来说，理解和接受自己的气质风格是取得成功的必备条件。然而，有些孩子在这个过程中可能会遇到障碍。他们可能在邻居中不受欢迎，因为他们可能会推人、打人。在公交站如果被人欺负了，他们可能会大哭起来。或者他们遭到别的父母或者孩子的拒绝以后，就会拒绝和对方互动甚至打招呼。看着孩子努力寻找与他人相处的方式，对父母来说是非常痛苦的。

虽然许多孩子似乎在没有指导的情况下就学会了社交，但对于具有丰富的洞察力或者追求极致的高需求孩子来说，他们可能需要一点额外的支持和练习，才能融入群体，并且在当中和谐地发挥作用。如果孩子有这种情况，你必须先帮助他管理自己强烈的情绪，然后再退出，让他自己去尝试。

与人交往时，孩子是"跳入型"还是"退缩型"

多亏了神经生物学家，我们知道了潜在的生物学因素会导致我们的孩子以一种特定的方式与他人交流。肯尼思·H. 鲁宾（Kenneth H. Rubin）博士在其著作《友谊的因素》（*The Friendship Factor*）一书中描述了三种类型的孩子：

- 愿意接近其他孩子并能轻松与他人互动的孩子。
- 会"跳入"状况中，但当别人没有做出预期的反应时，会努力控制自己愤怒的孩子。
- 面对其他孩子会"退缩"，在进入社交状态时经常感到恐惧和不适的孩子。

如果高需求孩子愿意接近其他孩子并能轻松与他人互动，你要为自己的幸运感到庆幸。如果孩子属于第二、三种类型，你也不要绝望。记住，虽然生物学指标很重要，但这并不说明孩子的命运就是如此。

跳入型

如果我们能窥视每个孩子的大脑内部，会看到非常不同的事情发生。跳入型孩子大脑左侧的活动更频繁。这是一个精力充沛、追求极致的孩子，他似乎渴望兴奋，这样会让他感觉良好。一些研究人员称这种类型的孩子是"寻求刺激的孩子"。一开始，当他"跳入"时声音太大、靠得太近，或者太过激动的时候，他可能很难辨别情况。当事情不像他希望的那样发展时，他可能会大发脾气。

　　詹娜惊讶道："凯拉肯定就是这样的，每当我们走进别人家、游戏小组或者学校时，我都会看到她有这种反应。她的身体紧张激动得抖动起来。她就像是被人拉着一样紧张。'那边是什么？这些人都是谁？有什么玩具？我应该先去哪里？'她的声调会提高。她不会和大家打招呼，而是脱口而出'你在做什么？'，语气听起来不温柔，显得很愤怒。"

　　尽管生物学指标让这样的孩子比较难以融入群体、交到朋友，但他可以通过学习，掌握能在任何社会环境中都成功融入的办法。事实上，如果你能引导他的能量、发现他的兴趣所在，他可能会成为团队中的领导者，甚至是运动健将。

退缩型

　　仔细观察退缩型孩子的大脑内部，你会看到与前一种类型不同的反应。这类孩子的右脑更活跃。他们适应力不强，在新的环境中会感到不舒服，而且通常非常敏感，因此会小心翼翼地对待社交场合。

　　珍妮佛告诉其他人："当达娜还在蹒跚学步的时候，孩子靠近她比成年人靠近她还糟糕。她不仅会畏缩在我身后，而且会直直地看着我的眼睛，一动不动。然后，她会举起双臂让我抱她，恳求着喊'妈妈，妈妈'，还会一直盯着我。"

　　尽管我们会尊重达娜这样退缩型孩子的气质，但他们最初的谨慎反应并不意味着他们将永远在社交场合中感到焦虑和不适。这类孩子也可以通过学习成功地与人交往。

　　鲁宾博士告诉我们："你的孩子与别的孩子相处时的核心倾向，与你的任何行为都毫无关系。尽管如此，你还是可以并且应该通过调整、缓和、服软、引导、塑造或者加强等方式来应对孩子的倾向，从而促进他的社交能力发展。"

通力合作

你应该像篮球教练一样帮助孩子发展和加强社交能力，而孩子是球员。这意味着孩子在球场上，而你在场边。置身事外并不意味着不管孩子。

作为教练，你要适应比赛的节奏和微妙的变化。你有权力叫次数有限的暂停，从而帮助球员保持冷静。你可以安排练习和设计游戏，但最终还是要让孩子自己实践。你要强化这些练习，这是非常必要的。但是，请记住，如果你在比赛中走上球场并试图接管球员，裁判可能会判你技术犯规。

身为旁观者的教练并不容易，尤其是在孩子有社交方面的困难的情况下。你可能会发现自己进退两难，经历着一系列困惑或焦虑的情绪。

有时是尴尬。你在外面的公共场合，会感觉好像只有你的孩子抱着你的腿不愿意松手，而你也不知道这是为什么。

有时是焦虑。一想到要去参加家庭聚会，你就会不寒而栗，因为你知道孩子肯定会和其他孩子抢玩具、和堂兄妹争吵。

还有时是愤怒和恐惧。孩子可能会遭到拒绝，特别是在你也不擅长应对社交场合的情况下。你在应对这些情绪时下意识的反应是要么保护孩子免受欺负、做最坏的打算，要么变得和孩子一样沮丧。这时候就需要使用到我们在本章中提到的这些方法了。

关注孩子的优点

不要总说孩子害羞，而要提醒自己他是一个敏锐的观察者。他是在深思熟虑地处理各种情况和应对各色人。与此同时，如果你的孩子正在和其他孩子打架，也不要忘记正确引导他的这种"热情"，与其想着你的孩子总是颐指气使地指挥其他孩子站在哪里或者说什么，不如看到他身上的领导潜力。这些积极的想法有助于你期待孩子成功。这种思考角度对你有利，你会更容易介入，更能安抚你的孩子，并与他配合。

在日常生活中创造练习社交的机会

作为孩子的社交技能教练，你能做的最重要的事情之一就是创造实践的机会。如果孩子属于退缩型，实践对他来说似乎是违反直觉的。

> 有一天萨曼莎和小组成员分享道："我会避免和本一起外出，他可以穿着睡衣在家和我一起玩，或者自己一个人玩一整天，他都非常开心。但只要一出门，哪怕是去图书馆或者小卖部，他都不喜欢，就想回家。待在家里似乎是他最喜欢的状态。"

但是社交技能是需要学习的，这意味着你的孩子需要实践的机会。如果你全职在家照顾孩子，那么你每天的时间表中应该安排"外出"时间。如果孩子每周都重复这些活动，他会更容易适应当地的人和环境。一开始你可以先选择小型的集体活动，通常这些活动的刺激水平较低，孩子也不会被要求在现场表现自己，因为成为关注的焦点会让他不知所措。一旦他进行了大量的实践，并取得了多次成功，就会逐渐掌握社交技能。

社交技能对于高需求孩子来说至关重要，有助于充分发挥他的优势。 如果孩子在婴儿期或者学步期，当你们在一起的时候，你可以让他坐在你面前的地板上，而不是坐在你的腿上。或者，如果可以的话，你侧身躺在地板上，让孩子坐在你前面。这样一来，你实际上就是在场外，提供了令人安慰的支持，但如果让游戏场地在孩子面前敞开，他会很容易走向其他孩子和玩具。你要避免用抱住他的方式来保护他，或者避免站着的时候抱着他。如果孩子总是被迫被父母放下，那么孩子自己走到其他小朋友身边一起玩耍的过程会更有挑战性。

如果孩子在与同伴相处时遇到困难，你可以试着邀请比他稍微小一点的、善于社交的孩子到你家。研究表明，与年幼的孩子一起练习是他们学习社交技能的一种非常有效的方式，这些技能最终将运用到与年长孩子的互动中。如果你想要成功实施这些步骤，那么就要控制时间，一个小时应该足够了。

你可以安排各种各样的活动，包括舒缓、镇静的活动。分享是最难学习的技能之一，所以首先你要准备比平时多几倍的玩具。这样一来，孩子就能够在处理复杂的分享问题之前，先练习其他社交技能了。

当孩子和同伴一起玩耍时，请保持关注，这样你就可以强化孩子做得好的地方。但你要避免打断他们的游戏，在适当的时候，可以称赞两边的孩子都做得很好。你可以这样表达：

- 配合得很好啊，孩子们。
- 你做到了很好地倾听。
- 你们轮流玩得很好。
- 你好好跟埃米说你想轮流玩。
- 你同意了皮特加入你们一起玩。

随着孩子逐渐长大，你要为他打造舒适有趣的活动和空间，这样其他孩子就会喜欢在你家"待着"。你的孩子可以继续练习，你也有机会了解孩子的同伴关系。

记住，熟能生巧，而成功建立在之前成功的基础上。通过强调孩子的优势，你帮助他建立了自信，而这种自信会延续到其他的社交场合。

不同类型的孩子如何融入群体

我和一群父母站在观察窗口。"当你的孩子想加入别人时，要仔细观察，"我告诉他们，"告诉我你看到了什么。"

"汤米和特里正在为一大块橡皮泥争吵。汤米直接从特里手里抢走了橡皮泥。"卡丽说，她因为沮丧而言辞变得尖锐了。

"迈卡站在后面，看着孩子们打扫卫生。他没有加入大家。"苏说，她的声音因失望而变低。随后她又大声说："现在他加入大家了。他等到了一把空椅子，坐下了。现在他正在和劳拉和布拉德聊天。"

为什么迈卡成功融入了群体而汤米失败了？**研究表明，进入群体后不立即引起别人注意、询问相关问题，避免与其他成员发生分歧的孩子才更容易成功。**

这对于严肃和善于分析的孩子来说是很重要的信息，因为他们在遇到新情况以后会立刻提出评论性的意见。你要教孩子在进入群体之后，先暂时保留自己的想法和建议。

跳入型

如果孩子倾向于"跳入"状况中，并且不太容易融入群体，你可能需要教他先停下来，跟大家有眼神交流、打招呼、倾听。通过倾听，他可以判断情况并提出相关问题，或者找到他认同的部分。当他了解了正在发生的事情后，就可以成功融入进去。

"我已经试过了，但没用！"萨拉暴跳如雷地说，"我已经这么说了好多年，要学会停下来，但是他还是会突然闯入别人的活动。他现在 6 岁了，我想他坚持这样是因为他知道他会找到自己的办法。"

"路易是个精力旺盛的孩子，不是吗？"我问。

"是的，但这有什么关系？"萨拉质疑道。

"精力旺盛的孩子通过身体来学习。如果你想让他们停下来，多看一看、听一听，不能只用语言来表达。你必须用身体展示给他们看。"

萨拉眼睛亮了，说："你可能是对的。他总是听他的曲棍球教练的。

教练说停的时候，他就停了，但是他的整个身体冲了出去，像刨冰机一般。"

孩子越小，精力越旺盛，你就越需要帮助他停下来，让他多看、多听。首先，你可以练习动作，将双手放在身体两侧，双脚并一起，做一个大的停顿。然后你可以说"去看看他们哪里需要帮手""找一个没人在玩的玩具"或者"你先观察，然后就可以想出融入他们的办法了"。

通过教孩子停下来看一看、听一听，你能帮助他发现微妙的线索，这些线索将告诉他什么时候以及如何成功地融入一个群体。

退缩型

对于退缩型孩子来说，问题往往是做得太少而不是做得太多。这类孩子很谨慎，可能会尝试接近甚至徘徊在周围，但从来没有真正融入群体。研究表明，50% 首次尝试加入一个团体的请求都会遭到拒绝。当孩子第一次尝试失败时，他需要你鼓励他再试一次。

这就是为什么当孩子僵住、转向你、把头埋在你的腿上时，你要忍住自己想去保护他免受这种尴尬的冲动。这个动作传递给孩子的是"有些东西太可怕了，爸爸妈妈在保护我"。虽然给孩子一个安慰的拥抱或者简单拍拍他很重要，但不要把孩子拉到你的腿上，用亲吻和拥抱让他窒息。相反，你可以安慰他一会儿，先别说话，然后当你感觉到他的身体稍微放松后，轻轻地鼓励他向前继续探索。为此，他需要感到很安全。所以你可以安慰他说："这真是个非常有趣的玩具。它让我想起了家里你的那个玩具。她看起来人很好。也许你可以给她看看那个玩具。"

当孩子开始走向其他人时，你要注意他可能会回头看你。他在看你的脸，判断他应该有什么反应。你可以向他微笑点头，鼓励他继续。虽然你的角色是陪练，但重要的是你要温柔地把他推上球场，在那里他才能练习技能。你鼓励的微笑会让他的路更平坦。

个人空间意识，会影响孩子的社交程度

　　一旦孩子融入群体中，如何给个人空间划界就变得尤为重要。个人需要一定的空间，才能感觉舒适并有效开展工作。外倾型，尤其是精力充沛的高需求孩子，特别喜欢侵犯他人的空间，因为他急于分享自己的想法。

　　一天，我在教室里看到蕾切尔和戴维在玩火车。每辆车都有一个连着六节车厢的火车头，火车在轨道上一圈又一圈地转。蕾切尔急着追上戴维，想向他展示她的火车，结果却把他的车追尾了，还导致了火车出轨。戴维突然哭了起来。

　　老师说："蕾切尔，看看你的火车头在哪里，看看它是怎么碰到戴维的火车的。他一直在告诉你他不喜欢这样。你需要让你的火车保持在戴维的火车后面几十厘米，这样你们两个就可以一起用这条轨道。"

　　然后她指给蕾切尔看她的火车应该在哪里。蕾切尔停下来，等着戴维把他的火车在轨道上重新摆正，然后火车又发动起来。她尽最大努力让自己向后退了七八厘米，拼命想停住，并且停下了。

　　她想和戴维一起玩。她并不想惹他生气，但这一举动的刺激和想要分享兴奋的欲望已经让她看不到边界。她需要有人帮助她了解情况，让她意识到无形的界限，只要她掌握了这一点，她就成功了。

　　无论是提醒孩子看看他的脚在哪里，让他看看自己是不是站得太近，还是提醒他的手在哪里，让他不要摸别人的脸或者在别人不想被触摸时触摸别人，你都是在帮助孩子了解别人的个人空间需求。这种意识很重要，能够防止他侵犯别人的空间或无意识地冒犯别人。

　　追求极致的高需求孩子还可以通过他们的声音跨越社交界限。米娅是班上声音最大的孩子。她会咆哮、尖叫、咯咯笑、怒吼。其他孩子只要看到她来了，都用手捂着耳朵。

　　老师跟她解释说："米娅，我喜欢你的热情，但有时这种声音对其他人来说是无法承受的。你看看其他孩子，他们用手捂着耳朵。你看看他们是怎么躲你的。你可以留意一下每次你大叫时他们是如何躲起来的。你的声音伤害了他们的耳朵。我知道你并不是故意想伤害他们的，但是你可以听听自己的声音，试着轻声说话。"

老师的话帮助米娅明白了自己行为的后果。

　　几个星期以来，我看着老师和米娅一起配合，老师不会在她大声说话的时候介入，而是在她的音量合适的时候关注她。"多么美妙、舒适的声音，米娅，"老师会重新强调一下，"这是你朋友喜欢听到的声音。"通常，孩子不知道合适的声音听起来或者感觉起来是什么样的。你要在他做得正确的时候关注他，并且让他模仿那种声调。这是最好的教导方法。

　　高需求的孩子都很有洞察力。通过利用这种能力，他们可以学会辨别他人传递的微妙线索，也就是划清界限的信号。一旦他们学会了，我们就不难发现在领导岗位上和受欢迎的团体中有很多高需求孩子。这只需要你有敏锐的眼光，并提供一点点帮助。

学会用语言而不是拳头来解决冲突

　　芝加哥大学的史蒂文·波格斯（Steven Porges）博士认为："社会交往需要安全感。"兴奋和恐惧会把你的孩子，尤其是追求极致的孩子送到产生紧张能量的红区。你要记住，在红区，孩子的心跳会加快，难以进行眼神交流，甚至很难注意到别人的声音。更有可能的是，他会进入战斗、逃跑或呆滞的状态。他会停止思考，进入生存反应。追求极致的孩子必须学会管理这些强烈的反应，以便在社交场合保持思考、表现得体。

　　一天早上上课时，托德、彼得和本正在玩游戏，他们假装去野营。桌子上放着塑料炸薯条、热狗和葡萄当作野餐。彼得拿起一根热狗。在没有任何警告的情况下，本从他手里把热狗抢走了，还吼道："这是我的！你不能拿。这是我的！"彼得扑向热狗。本揍了他一下。这一击擦过彼得的颧骨，把他从桌子上方打到地上。

这就是挑战所在。当孩子变得不安和生气时，很容易做出愤怒的反应。但是你生气的孩子最需要的是你的帮助，你要先让他平静下来。当你认识到他发脾气不是有意的，也不是不可改变的反应时，你就更容易看到自己其实是他的教练。作为教练并不意味着我们要允许追求极致的高需求孩子具有攻击性。即使事情不像预期那样发展，我们也可以要求他们用合适的方式来展示追求极致的气质。幸运的是，本的老师是一位非常有经验的教练。

　　在我看着彼得和本发生冲突的时候，老师走到了本面前。她弯下腰，和他平视，命令道："停下来。我不能让你伤害彼得。我们的规则要求不准打人，即便你再生气也一定不能打人。"

　　本看上去几乎松了口气。彼得非常感激老师此刻的支持。高需求孩子需要知道，当他们可能受伤或者危害发生的时候，我们作为孩子生命中的成年人，应该负起责任来。我们要执行这条规则，不允许一个孩子伤害另一个孩子。停止潜在的危险行为并不意味着指责他们。这样做只是阐明了规则，并为以更积极的方式解决问题奠定了基础。

　　老师对本说："我想你肯定很生气，但你必须用合适的表达告诉彼得。你准备好和他谈谈了吗，或者你需要休息一会儿冷静一下再说？"

　　本继续向彼得挥舞着拳头，彼得正靠着老师站着。老师抚摸着彼得的背和本的胳膊，试图让他们冷静下来，并阻止本再次打人。

　　她很坚定，然后更加温柔地继续说道："本，感受一下你的身体，你很紧张。你看看你的手，看到它是怎么握拳的了吗？有没有感觉你的眼睛正眯着？你很紧张。过来坐在这里。"

　　老师轻轻地把本带到角落，轻声和他说话："等你的手能伸直了，眼睛能睁大的时候，我们再回去和彼得说话。"

　　她和本待在一起，什么也不说，她用亲密而柔软的肢体语言告诉他，她在这里支持他，她在乎他。彼得也来了，但在安慰着抚摸了本一会之后，他搬回了"营地"。

你必须教育高需求孩子，当他沮丧或者不安的时候，可以把自己抽离出来，这是可以接受的。当像本一样的孩子被自己的紧张情绪压倒时，他需要你的帮助，才能弄清楚到底发生了什么、哪里出了问题。通过安抚他而不是对他发火，你能够帮助他的大脑重新运转起来，他才能有更好、更容易接受的反应。这种支持性的练习提高了他的社交技能，并帮助他从最初的反应转变为更有效的习得反应。

　　婴儿专家玛格达·格伯（Magda Gerber）的视频《在帮助中自立》(On Their Own with Our Help) 建议，当两个孩子发生冲突时，你需要更多地关注攻击方，而不是受害者。因为攻击方其实更害怕。他没有意识到发生了什么。除非有人教过他，否则他不知道该怎么办。

　　孩子打架时，特别是歇斯底里、非常敏感的孩子打架时，我们必须让参与其中的每个人都谈谈感受。高需求孩子必须学会表达自己的感受，以及倾听他人的感受。同理心是需要学习的。通过谈论感受，我们也允许孩子表达自己的情感，分散紧张的情绪。这是分享的时候，而不是指责的机会。

　　这看起来似乎很简单，不是吗？当然，实际情况通常不会像这个教室里那样顺利。

如果孩子之间身体上的侵犯变成了语言上的侵犯，这说明他还没有做好聊一聊的准备。他的话是在告诉你，他还需要暂停下来冷静一会儿。你可以告诉他："我看得出来你仍然很难过，还无法解决这个问题。"然后坚持让他回到暂停状态。但是之后，当他准备好以后，你就要带他回来解决问题。太多时候，父母会把高需求孩子从冲突中带走，却没有再带回来解决问题。这样做的结果是，他们没有学会恰当地表达自己的情绪，也没有学会用语言而不是拳头来解决问题。

在本书第 8 章，我提到了要多说"是"。以积极、健康的方式处理冲突意味着达成一个所有人都能接受的解决方案。一旦孩子表达了自己的感受，你就可以去探索他们关注的重心所在了。

寻找肯定的答案教会孩子尊重不同的观点。它让不肯罢休的孩子能够放手并且非常配合。它还减少了挫败感，因为每个人都知道他们的声音会被听到。对于年幼的孩子，特别是对那些必须努力控制自己强烈情绪的追求极致的高需求孩子而言，你必须在让他们自己解决问题之前，先和他们一起练习解决问题。否则，这就像把他们留在游泳池边，然后说"我相信你能学会游泳"一样没有效果。

当你第一次帮助孩子和同龄人一起寻找答案时，他们可能很难想出主意。你可能不得不提出建议。但是很快，通过练习，他们就能自己做到了。到孩子四五岁时，你会发现他们开始自己寻找答案了。他们会跑进屋里拿一个计时器，保证每个人荡秋千的时间都是 5 分钟。他们会编一首顺口溜，让每个孩子都有机会跳绳。如果一个办法不奏效，他们会再想另一个。他们会认识到，不同的兴趣驱动他们做出不同的选择，他们会找到让每个人都开心的方法。

知道如何找到肯定的答案，与他人合作解决问题，是一项重要的社交技能。这可以阻止不肯罢休的孩子与父母之间的争斗。孩子可以在教室里运用这项技能，在家里与兄弟姐妹、朋友相处时运用这项技能。

当高需求孩子被嘲笑时怎么办

兄弟姐妹之间的玩笑，孩子之间的玩笑，情侣之间的玩笑，玩笑无处不在。学习处理玩笑也是一项重要的社交技能。但对于高需求孩子来说，这可能是一堂棘手的课。弗兰克在课堂上与我们分享了他的故事。

> 我儿子已经把开玩笑发展成一种艺术了。一天晚上，我和阿尔在车里。我正全神贯注地在想工作中的一些事情，所以我没有注意到他。突然，我听到他问："爸爸，你知道克瑞莎有几个男朋友吗？"
>
> 我没理他，我的血压开始不断上升。要知道克瑞莎才6岁。
>
> "爸爸，我看见她在房子里追着布雷恩，亲他。"他坚持说。
>
> "阿尔，"我厉声说道，"克瑞莎甚至都不在车里坐着。你为什么要说这些？她不在的话你捉弄不了她。"
>
> "爸爸，"他冷静地回答，"因为这样总会吸引到你的注意。"

洞察力强的高需求孩子总是知道怎么吸引我们注意。他们能充分认识到每个人最脆弱的地方，而且一击即中。然而，虽然孩子并非有意的，但是察觉到别人的弱点真的可以伤害到对方。孩子需要学会用积极而不是消极的方式来运用他们的能力。你可以让他们开一些善意的玩笑，同时教孩子注意他人的面部表情、言语和肢体语言，以免越界。就像你要告诉他们社会中的其他界限一样，你也应该教会孩子把握玩笑和适当捉弄的界限，确保孩子明白羞辱、嘲笑或者伤害他人的言论都是不允许的。取笑不能成为辱骂的借口。孩子不知道辱骂意味着什么，你必须教会他们。当一个孩子开始叫另一个孩子"筷子腿""蠢货"或者说任何其他嘲笑的名称时，你必须说："停下来。这是语言虐待。这在我们家是不允许的。"

当高需求孩子成为取笑的对象时，他们追求极致的气质会让他们成为易受攻击的目标。如果他们感到尴尬或者愤怒，强烈的反应可能会压倒他们。

在一次采访中，我问 8 岁的索基姆上一次有人取笑她是什么时候。

她告诉我："当时我在滑旱冰，我戴着耳机，这样我就可以听音乐了。我只想一个人待着。林赛一直在烦我。她说，'你的屁股突出来了'。艾莉森一直在给我取各种外号。我想踢他们、骂他们，我想揍他们一顿。我知道我要哭了，因为他们伤害到我了。他们真的让我很生气。他们没有任何权利对我说那些话。"

"你做什么了吗？"我问，"你打他们了吗？"

"没有，"索基姆摇摇头，回答道，"我知道我不应该打他们，即使我想这样。我需要我妈妈告诉他们离我远点，但她没有听到那些人说我，所以我忍住了。我不想让他们看到我难过。我就像爸爸告诉我的那样，笔直地站着，直直地盯着他们。然后我就回房间了。如果让我离开几分钟，我就不会发疯了。我看了会儿电视，这能帮助我冷静下来。"

索基姆已经学会了如何应对嘲笑。尽管她对对方充满敌意的话语反应非常强烈，但她已经学会了保持冷静。她站得笔直，然后回了房间，远离了骂声。

孩子并非总是能"拉下脸"或者远离别人的嘲笑，但孩子应该掌握更多办法，阻止嘲笑引起的情绪爆发。你可以和孩子谈论开玩笑这件事。聊聊看，哪些事他能接受？他能走开吗？他能告诉他们停下来吗？他能和别人聊聊吗？他能不能用幽默一点或者赞同对方的方式来处理，就像贾森一样？

我站在当地高中的入口，看到了 16 岁的贾森。他把钥匙落在校车里了，现在他在门口等着妈妈来送另一把。这时，身高 1.9 米的足球运动员乔走了过来，开始找贾森的麻烦。"丢钥匙了？打电话给你妈妈？"贾森微笑着，点头同意。"是啊，相当愚蠢，"贾森说，并补充道，"但没有在返校日把自己锁在车外那么糟糕。"乔脸红了，他点头同意并且笑着走开了。直觉告诉我，乔返校日的时候肯定也在等"妈妈"来送钥匙！贾森的幽默加上一点"回敬"达到了目的。

有时，开玩笑更具伤害性，因为出言不逊的人想要进行直接的口头对抗。为了应对这一点，孩子可能需要一点帮助。

　　6岁的汤米不是班上唯一被凯蒂折磨的男孩。不知什么原因，凯蒂把目标对准了男孩们，经常无缘无故地跑向他们，踢他们的小腿。汤米是个善良温和的孩子，他不知道该如何应对。幸运的是，他有一个知道怎么做的好老师。她教全班同学不仅要说"停下"，还要做"停下"的手势。每当凯蒂准备要踢人的时候，汤米或者其他任何被盯上的孩子都会转过身来，把右手放在张开的左手下，明确地要求她停下来。

　　凯蒂猛地停下来，当她停下以后，老师会马上过来帮忙。她搂着凯蒂，告诉她："我不会允许你伤害任何人。看看汤米的脸。你觉得他快乐吗？不，他看起来很悲伤。我知道你不想伤害他。你想和他一起玩吗？你还能用什么方式告诉他呢？"几天后，凯蒂不再踢人了，而汤米，这个善良的孩子，也能站得笔直，大步穿过教室时也更自信了。

你要鼓励孩子与你交流，这样你就能知道他正在经历什么，确保他已经明确了自己的选择。你也要知道，当开玩笑过界，变成了霸凌，成年人就需要介入了。

学会分享

分享是所有孩子需要学习的最具挑战性的社交技能之一。分享的界限如此模糊。父母不会与邻居分享家里的汽车，孩子却应该这样做。妈妈可以喝一口爸爸的苏打水，但是一个学步期的孩子不应该从别人的瓶子里偷喝饮料。我们会分享一部分东西，但不是所有的东西。这一切都很令人困惑。

孩子越小，分享就越困难。对于学步期的孩子来说，他们只是在学习什么是所有权，他们不想分享。实际上，他们正在经历一个发展阶段，学习什么是"我的"这个概念。

> 史蒂夫说："不错，很高兴了解到这个。圣诞节的时候，我们满足了18个月大的儿子一个工程师的梦，送给他一辆他能玩的儿童大小的小火车。火车汽笛可以响，铃声也能响，如果你按下红色按钮，就会有'烟'从烟囱里冒出来。我喜欢这个礼物，儿子也很喜欢。然而，他太喜欢它了，以至于每次他的表妹靠近小火车时，他都要把表妹从上面拽下来，并且大声吼叫。"

为了保护孩子的名誉，你可以先把小火车收起来，直到表妹回家以后再拿出来。当邀请其他孩子来家里玩时，你可以拿出几辆汽车，一大堆乐高玩具，或者其他可以玩的东西，但是要避免那些需要孩子们轮流玩的玩具。初学走路的孩子在发育上还没有很成熟。事实上，你可能会发现，在几个月的时间里，分享对你的孩子来说是如此困难。他能和其他孩子愉快玩耍的唯一地方是中立区域，比如当地的公园、游乐场或者没有人拥有玩具的其他地方。

大一点儿的孩子可能会分享，但是敏感的孩子，尤其是内倾型孩子，非常倾向于保护自己的财产。你可以教孩子在其他孩子来玩之前，把他不想分享的东西收起来，帮助他选择愿意让别人使用的东西，并聊聊他的感受。尊重孩子的选择，但是要让孩子知道，分享和为别人做好事是友谊的重要组成部分。

当你看到他成功分享时，赞美他。你可以对他说：

- 你让迈卡骑你的自行车时他很激动呢。我觉得你真的让他感觉很开心。
- 你做得很好，和托德分享了你的新球。他似乎很喜欢和你一起玩。
- 我知道你很难让萨拉和你轮流玩，但你做得很好，你与她分享了。

不断强化那些社交技巧！你要帮助他认识到自己所掌握的技巧，并鼓励他更多地去使用它们。

帮适应力慢的孩子克服社交中的转换

社交活动会包括许多转换。有人加入或者离开游戏，这是一个转换。赢得比赛还是输了比赛是一个结束。规则或活动的变化需要快速反应。收拾玩具、出门、问候朋友或者道别都需要孩子调整状态。对于一个适应力不强的孩子来说，应对这些转换可能是非常有挑战性的一件事。

如果你能做到，那就预先告诉孩子社交环境即将发生的变化；但是如果你做不到，就要教他自己认识到这些变化。当他明白他感到不安是因为有人意外地加入了他们的游戏，或者他当下的不安是因为发生了变化，他就能更好地应对。他可以退后一步，深呼吸，或者做任何他需要的事情来控制自己的情绪。他会适当地释放他的挫折感，突然的爆发会慢慢停下来，他在社交场合顺利转换的次数也会增加。

输掉比赛对高需求孩子来说是特别痛苦的转换，因为这是他没有预料到的不好的结果。缓慢的适应能力加上面对潜在情绪爆发的强烈挫败感，高需求孩子需要父母的帮助才能学会有风度地面对输赢。你可以和孩子一起坐下来，向他解释好的胜利者会如何做。让他知道你希望他能和对方握握手、把球放在一边、尊重输队的感受。你也可以和他谈谈输的感觉。你可以告诉他在球场上扔球是不对的，拒绝握手是不对的，抱怨裁判或者队友的表现是不合适的。孩子们不一定知道适当的规则，所以你必须教他们。如果你不知道应该如何帮助孩子应对社交场合的转换，请回顾第 11 章的内容。

了解内倾型和外倾型人格的社交区别

很多时候，当我和担心孩子社交能力的父母交谈时，我意识到真正的问题在于要理解内倾型和外倾型人格的区别。**重要的是你要记住，孩子受欢迎程度或者社交能力是不能用孩子有没有朋友来衡量的。**在第 5 章中，我解释了内倾型和外倾型人格分别是如何与他人互动的。内倾型孩子通常无法因为其社交能力而受到充分的肯定，因为他们对友谊更加挑剔。如果你是外倾型父母，却有一个内倾型孩子，你可能会担心孩子没有朋友，因为他不愿意邀请其他孩子来玩。记住，内倾型孩子会和几个好朋友建立深厚持久的关系。他们的社交能力可能是很好的，只是因为他们更挑剔，需要更长的时间建立关系。如果你的孩子至少和一个孩子玩得很好，你就不必担心。他是有社交技巧的，只是他在运用时非常谨慎挑剔。记住，内倾型人格喜欢独处，也需要独处的时间。对于他们来说，独处和孤独不是一回事。

很多杰出人士，曾经也是高需求孩子

帮助高需求孩子发展社交能力确实需要你花费精力，还需要你有敏锐的眼睛耳朵，但随着时间的推移，当你看到他熟练地解决问题、当选学生会代表或者与他人协商集体决策时，你会觉得付出都有回报。高需求孩子是可以好好和别人相处的。通过学会充分利用他们的热情、毅力和洞察力，他们通常会成长为杰出的领导人和政治家。

在《明尼阿波利斯明星论坛报》（*Minneapolis Tribune*）的一篇文章中，苏珊·法伊德（Susan Feyder）在描述 Tires Plus 的首席执行官汤姆·格拉兹（Tom Gegaz）[①] 时写道："如果你在字典中查'追求极致'这个单词，你可能会在旁边找到汤姆的照片。追求极致的气质让他受益匪浅，尤其是在他刚开始经营轮胎生意

---

① 汤姆·格拉兹是美国企业家、畅销书作家、演说家、天使投资人和慈善家。1976 年，他创立了
  轮胎零售公司 Tires Plus。——编者注

的时候。"

　　在《财富》(*Fortune*) 杂志上，瓦尔特·古扎迪（Walter Guzzardi）写道："肯定还有和约翰·迪尔（John Deere）[①] 同时代的人有过在犁上加些钢的想法，但只有迪尔有智慧坚持这一想法，并且将产品带给农民，宣传它的优点并且合理定价。"

　　我敢说，这些人肯定都曾是高需求孩子！

[①] 约输·迪尔是一位美国发明家和企业家，最为人所知的发明是具有自清理功能的钢制犁。——编者注

第 19 章

顺利度过节假日中的 "高危" 时段

如此敏捷又有活力，我一下就反应过来，肯定
是圣诞老人！

——克莱门特·克拉克·穆尔（*Clement Clarke Moore*），
18 世纪美国作家、希腊文学教授

如果孩子精力旺盛

应付窗口期

　　我从没想过我儿子有生之年的第一个圣诞节是躲在我婆婆家的浴室里度过的，不过那是我自己挑的地方。我已经尽了最大的努力去安抚他，让他停止哭泣，但他的脸绷得紧紧的，在泪水的冲刷下显得脸色很差。我从不记得我姐姐曾带着孩子藏在浴室过。但当我坐在马桶上，沉浸在自我怜悯中，还要努力避免我们俩都被冲进下水道时，我意识到他人生初始的大部分假期都是在这间浴室度过的。从他刚出生的洗礼开始，一直到奶奶的生日、万圣节、感恩节，现在到了圣诞节。

　　一天的开始往往是好的。他会向所有人展示他蓝色的大眼睛，咯咯笑着和大家打招呼。那时坐在我腿上的是万人迷先生，一个为大众服务的政治家。但接下来就不对劲了。我能感觉到他的身体紧靠着我，变得僵硬。他的腿和手画着圈，开始不平稳，就像失去平衡的洗衣机一样。他双手握拳，指关节发白。当他像消防车鸣笛一样号啕大哭时，笑容也从他脸上消失了，唯一能让他平静下来的办法就是带他出去，或者带着他坐在房子里唯一安静的房间，也就是浴室。我会关掉灯，然后轻轻地和他说话，抚摸他的脸。有时候我也会哭出声来。

节假日、生日聚会、家庭聚会、度假和其他庆祝活动对高需求孩子和他们的父母来说，简直就是现实的雷区。这里充满了高危点。那些与高需求孩子的气质格格不入的人、地方和事物，都会让他们变得很疯狂。

现在，请你闭上眼睛，想想孩子上一次生日聚会，再想想万圣节、感恩节和假期，你都踩了哪些雷。

- 圣诞老人，孩子特别怕他。
- 购物。
- 我妈妈的客厅，里面全是玻璃。
- 不属于她的礼物。
- 到了就寝的时间。孩子睡不着，然后就折腾得筋疲力尽。

这个清单越来越长。每个孩子的高危点都是独特的，但也有共性，都和孩子们的气质特质相关。高危点潜伏在餐桌上、人群中、剧院里，因为孩子极度敏感；发生在收礼物和睡觉时段，因为孩子适应力不强。精力旺盛的他们要想安静地坐在礼拜场所、待在奶奶家或者坐在车里都需要付出很大努力。一家旅馆、一个奇怪的枕头以及许多其他看似无关紧要的事物都会造成不和谐，仅仅因为它们是新的、和以前的不同。

在节假日和旅游热点，挑战的特殊之处在于你要让孩子学会与朋友、亲戚和成百上千的陌生人协商沟通。这时，他需要你额外的支持和指导才能做到。

取消一半计划，让自己和孩子放轻松

玛丽莲刚要跨过门槛，两岁的斯蒂芬妮就贴在她的右边大腿上，绊住了她的脚步。她们盯着眼前的地面，而不是身边这群来上"节假日雷区"课程的人的一张张脸。欢呼声不是很明显。我把她们拉到一边，伸手碰了碰玛丽莲的前臂。

"看来这周过得很艰辛。"我先说道，试图表达我的担忧，但又想让她继续话题。

玛丽莲说话时声音平静而疲惫:"我的问题比孩子大。假期太消耗我的精力了。我起床以后要去上班、回家,然后我还得去购物、烘焙、装饰。我知道斯蒂芬妮是个高需求宝宝。我知道她比其他孩子更容易兴奋、更敏感。我明白她需要我,但有时我就是做不到。"

在节假日期间,高需求孩子比以往任何时候都更需要我们的帮助。提供这种支持需要能量。不幸的是,我们经常被做饭、购物、娱乐、家务活、开车或者其他活动弄得筋疲力尽。当孩子最需要我们的时候,我们却不在。有时候为了让假期过得愉快,我们不得不放手。

过节的传统活动本应很有趣,可以和家人聚在一起庆祝。我们在假期过程中一直在收获这种快乐,和原生家庭一起、和配偶的家人一起、和朋友一起,但结果可能是传统活动的超载。我们有太多"应该做的事"而失去了快乐本身。这就是玛丽莲的遭遇。她的聚会单每年都在变长。她没有考虑到照顾一个年幼的孩子,尤其是高需求孩子要耗费大量的精力。结果,她和斯蒂芬妮就像两个弹力球一样,在假期里从一个地方跳到另一个地方。

在你规划庆祝活动或者安排假期时,可以先制订计划,然后将事情减半。请你不要逼迫自己,觉得你可以做完所有事情,或者认为如果你能力更强一点,你就能处理好这件事。要知道你有个高需求孩子,你已经比别人更努力了。你已经探索了更多的感受,教会了孩子更多技能。你在和一个"需要更多"的孩子打交道。

得到允许后,玛丽莲回到家减少了一些"应该做的事",后来她告诉我,一切都是从不做甜曲奇开始的。

"每年我们都必须做甜曲奇,"玛丽莲说,"这是家族传统。"

"我刚把材料拿出来。孩子们在号啕大哭,我丈夫在大声叫他们闭嘴，狗狗在门口的地板上撒尿。这些原本应该是有趣的？我甚至压根不喜欢吃甜曲奇，我丈夫也不能吃。于是我把面团扔进垃圾桶，拿着这个表格坐下来（这时她在我面前舞了舞以示强调）。我把表格分了两栏，'有趣的'和'无聊的'。然后我开始大声喊出来我们要做的事情：'去薇拉阿姨家。'

孩子们齐声喊道：'不，不，不，我们不去。'

我同意了，但那一刻没表态。'做甜曲奇。'我继续说道。

'我喜欢糖霜，'我丈夫说，'但是做面团、擀面太麻烦了。'

我表示同意。我们开始讨论我们所珍藏的所有传统活动，清单很长。但是现在我有一份新的清单——有趣的事情！今年我们决定待在家里，让薇拉阿姨来我们家。我们没有做甜曲奇，而是去面包店买了一些，让孩子们把它们冷冻起来。"

当你对自己诚实，接受自己作为高需求孩子的父母到底意味着什么以后，你可以允许自己早点回家休息，而不是再去一家商店。你可以拒绝在这一方祖父母家里吃饭，而去另一方祖父母家吃。不是所有的事情都必须在今年或者这个假期发生的。随着孩子的成长和他们能力的提高，你们的旅程会变多。今年祖父母需要来看你们，但也许一年以后你和你的孩子都能准备好去看他们。享受这个阶段，并陪伴他们，慢慢地一起成长。你不需要努力找乐子。通过为自己确定切合实际的期望，你将有足够的头脑和远见来帮助孩子顺利走过高危雷区。

了解孩子对节日的期望，避免失望

蒂姆分享了他的经历："我害怕要雕刻南瓜灯。当事情没有像尼萨预期的那样发展时，她就会很沮丧。今年我决定聪明点儿。我建议她拿一张纸，画上不同的南瓜灯的脸，然后找一张她喜欢的。她大约花了20分钟，才找到一个她中意的。然后，她拿起一支可擦洗的马克笔，在南瓜上画了一张脸。她画完后以后，我们开始雕刻。

首先，我按照她画的线挖出眼睛，这没问题。然后我开始雕刻鼻子。她画了一个圆鼻子，上面有两个点代表鼻孔。我没雕好，留下像字母i一样的点，同样她也没有抱怨。我简直不敢相信我的运气。接下来是嘴，我按照她画的样子雕刻起来。她喜欢最后得到的这个南瓜灯，甚至没有发一次脾气！"

高需求孩子永远不会忘记他们最喜爱的传统活动。他们会持续兴奋好几天，直到他们自己都无法忍受。他们的想象力天马行空，一直在憧憬假期应该是什么样的。为了防止他们突然脾气爆发或失望，你可以先和他们聊聊去年的假期和庆典。他们喜欢什么？今年又在期待什么？你可能无法满足他们所有的期望，不过没关系，至少你和孩子一起在家里发现了兴趣点，而不是在满是其他人的房间里。

当你用"错误的"方法雕刻南瓜灯，或者忘记把蔓越莓果冻切成火鸡形状时，提前和孩子聊聊也能避免孩子流下失望的眼泪。这也能给孩子时间去思考自己该怎么做。当然，失望和惊喜还是免不了的，但是越少越好。

帮亲朋理解并尊重孩子的高需求特质

如果你想让孩子表现好，帮助亲戚和陌生人理解并配合高需求孩子至关重要。他们需要知道，伊娃用手去擦掉他们的吻是因为她是一个敏感的内倾型孩子，并不是因为她不喜欢他们。当她到亲戚家时，拒绝脱下外套，也不像她的堂兄妹那样跑向爷爷，是因为她对环境的适应力弱。

伊娃是家里的第一个孙辈。亲戚们所有的注意力都集中在她身上，这真的很棒。但是当我们一进门，亲戚们要来抱她时，她的反应是躲在我们身后，抓着我的腿，如果他们继续推拉，她就上去打他们。她绝对不接受被别人亲，她会赶紧擦掉，冷笑着说，“哦，呸！”。这个举动伤害了我爸爸。我感到很尴尬，我丈夫也很生气。真是一团糟！

大多数人都想和你的孩子建立关系，但他们可能不知道该如何做。他们掌握的只是他们了解的信息，以及从你和孩子身上观察和学到的东西。你要去和他们分享你学到的东西，谈论可行和不可行的方法，并且解释清楚原因。如果他们质疑你的新奇想法，你可以想一想 IBM（国际商业机器公司）在《财富》杂志上刊登的一则广告：“40 年前让一家公司变得伟大的东西，今天会毁掉它。”时代变了，商业和为人父母的方式也发生了改变。学习新技能可以让我们保持领先。

在参加庆典和休假时，每个人需要互相适应。高需求孩子需要学习在这些情况下能表现好的方法。其他人则需要尊重高需求孩子，允许他们有机会练习。

如果其他人不听你的建议，孩子也不适应和他相处，那你可能需要做出一些选择。你可以减少去探望那位亲戚的频率或者缩短探望时间，你也可以邀请他去你家，这样你就可以更好地控制局面。

随着孩子逐渐成熟，更有能力控制自己的情绪，他也能处理更困难的情况。孩子还在学步期时，你会限制亲戚来玩的时间，但这不意味着会永远这样。但是，保持简短、成功的交流比冗长、糟糕的交流要好。每次帮孩子进步一点点，你最终可以帮助孩子成功。

走亲访友时给孩子一点缓冲时间进入新环境

教会孩子如何问候热情的亲戚和朋友可以增进他们之间的感情。如果孩子有一个好的开始，整场活动可能会更顺利。对于高需求孩子来说，和别人打招呼可能是件很难的事，特别当他是内倾型、适应力不强，还有消极的第一反应的时候。

在和别人打招呼的时候，孩子需要你的支持。你尽量不要让他哭出来或者表现出很不情愿，让你难堪。你可以用语言和行动向他传达你会帮助他的信息。你理解他，你也知道他会做好的。

如果孩子还是婴儿或者还在学步期，你可以把他抱在你的腿上。如果可能的话，在他第一次和别人见面或者打招呼时，你要和他坐在一起。当你们都坐在地板上时，他可以随意从你身上爬到别人身上，而不必经历你抱起又放下他的过程。并且你坐在地板上，孩子向其他人走去，然后又跑回来找你时的感受会舒服得多。

如果孩子大一点儿了，你可以教他打招呼、握手，然后带着他找一个舒适的地方观察，直到他准备好。客厅里的大软垫椅是个完美的地方，或者厨房柜台边的凳子也可以。任何地方都可以，只要是能让他稍微退出一点儿，但又不显得不合群的地方就可以。

在进入新环境之前，你可以和他谈谈他需要注意的事情。教他如何让别人知道，他更擅长通过观看来学习，并且在一开始的热身完成以后，他会非常高兴地与大家一起玩。即使职业队员在比赛前也会热身，向大家进行展示。你还可以提醒他过去成功的经验，比如他第一次见到圣诞老人、幼儿园阿姨和老师是怎么做的。让他知道，他比自己想象的更有经验，更善于和人打招呼。

让孩子有时间适应新的环境，然后再去应付新的人，这样就可以减少他的精力消耗。这能帮助他成功适应新环境。

给孩子提前看图片也可以缩短孩子进入状态的时间。学步期的孩子就可以看看叔叔的照片、爷爷奶奶的房子，从而提前进入状态了。你可以从图书馆借一些描述你们即将去的新地方的书，也可以带着孩子上网进行虚拟旅游。总之，你可以先和孩子谈谈你们将会看到的东西、马上要做的事以及可能会遇到的人。

提前想好应对拥挤人群的办法

节假日经常到处都挤满了人。人们排队，挤满了商店、停车场、奶奶家。总之到处都是人。在人群中，高需求孩子会受到一连串感官冲击。像海绵一样，他们会吸收周围成年人的压力。火鸡和土豆泥的气味混合着香水和汗水、闪烁的灯光、刺耳的音乐、叮当作响的铃铛、唱歌、咒骂……这些都被高需求孩子吸收进去了。短短几分钟内，他们就会被充斥全身的感觉淹没。有的孩子只是在你的脚边呜咽着哭泣，而有的孩子会彻底失控，尖叫、大哭、到处乱跑。

每种情况和每个孩子都需要不同的处理方法，在下次你和高需求孩子暴露在人群中时，想想你能做些什么来帮助孩子。你可以压根不去商场，也可以营造一个内部的或者暂时的空间，或者让孩子进行舒缓平静的活动。无论你决定采取哪种方案都没问题，只要提前想好，并采取必要的行动来帮助孩子成功做好。

内倾型高需求孩子特别需要远离人群安静地休息。与人交谈、倾听、回答问题对内倾型孩子来说是很大负担。当你知道你将会和一群人待很久的时候，你需要安排一些活动，让孩子能从人群里逃离一会儿，而且还要尽量避免显得他不合群。你需要教会他提出自己的需求。如果你也是内倾型父母，你也会很需要这样的空间。

如果你或者孩子是外倾型，要明白你们比家里其他内倾型人格更喜欢人群。你需要尊重他们的社交极限，持续关注他们所受刺激的水平。当你玩得开心时，很容易错过孩子快要到达刺激临界点的那些苗头。

拆礼物也可能导致孩子情绪失控

礼物怎么会成为高需求孩子失控的潜在诱因呢？对高需求孩子来说，每一种情感都很强烈，无论是快乐还是失望。礼物要么让我们兴奋，要么粉碎我们的期待。礼物也包含惊喜的成分，适应力不强的孩子就讨厌惊喜。严肃且善于分析的孩子也会在收礼物上遇到问题，因为他们在面对奖赏时不善表达。这可能会让送礼物的人失望，因为他们花了几个小时买东西，寻找合适的礼物，结果孩子板着脸打开礼物，还需要别人提醒他说谢谢。高需求孩子是忘恩负义的讨厌鬼吗？他们被宠坏了吗？并不是的，但是他们确实需要帮助，学习如何优雅地接受礼物。

孩子做了你想要他做的事，你可以买礼物来鼓励他，这样可以帮助孩子做得更好。在明尼苏达州的冬天，孩子可能会想要一辆踏板车或者自行车，然后骑着车穿过客厅。如果你不想让高需求孩子在房子里骑车、跑来跑去，就不要在零下10度的天气给他滑板车或者自行车，等到春天或者夏天的时候再买。如果你不想让他朝所有人"开枪"，就不要给他买玩具手枪。确保你买的书、唱片都是你也喜欢的。不肯罢休的孩子会要求一遍又一遍地听他们最喜欢的音乐。如果你受不了他心爱的音乐，你可能会承受不必要的痛苦。你还要当心电动玩具，它们会给已经非常刺激的环境增加噪声，增加孩子受刺激的压力。

大多数高需求孩子喜欢能让他们发挥想象力的玩具。小玩具人、积木、乐高玩具、过家家玩具、工具包、音乐和故事光盘以及化装服都是他们的最爱。这些玩具可以有多种不同用途，没有标准答案。大多数高需求孩子不会对只有"正确"玩法的玩具多看一眼，包括拼图、棋盘游戏、卡片和洞洞板。如果高需求孩子喜欢拼图，看看他们是怎么玩的。在大多数情况下，他们会把这些碎片假装成食物、宇宙飞船和其他发明创造！

高需求孩子也喜欢运动玩具，比如滑板车、三轮车、蹦床、自行车和丛林健身房。你要确保家里有地方使用和存放它们。在孩子玩锻炼身体类的玩具时，父母要密切监控，防止孩子兴奋过度。当孩子举止开始失控时，他们就该去做些舒缓平静的活动了。

拍立得相机是个完美的礼物。你可以给高需求孩子准备一个，一旦他拿到手里，他就会在房间里四处走动，或者站在楼梯上俯视大家，抓拍照片，而不是坐在桌子旁边。照相机也给了极度敏感的孩子一个 "焦点" 和事件记录者的角色。

对于高需求孩子来说，他们总想立刻打开礼物，结果陷入麻烦，这样的情况比比皆是。所有孩子收到礼物都很兴奋，但是高需求孩子很难控制自己。你可以考虑早点打开几个礼物来分散他的兴奋劲儿。你也可以让他先打开礼物，再去做其他事。无论你做什么决定，都要让孩子知道即将发生什么，帮助他找到一种方法来分散他的兴奋劲儿。

记住，尽管礼物的关键因素是惊喜，但惊喜也是一种转换，适应力不强的孩子不喜欢这种转换。你可以通过给孩子提示来帮助他处理礼物带来的惊喜，给他透露一些信息，帮助他做好心理准备、处理好自己的情绪。

　　8 岁的萨拉非常想要一个带麦克风的音箱作为生日礼物。她喜欢唱歌。她满脑子想的都是录下自己的声音。为了让她放松警惕，她妈妈告诉她，买个音箱太贵了，她不会收到这样的生日礼物的。

　　萨拉的妈妈并不知道，得知这个消息萨拉已经崩溃了，在失望中挣扎了好几天。然而，渐渐地，她好不容易熬过来了，到她生日的时候，她已经准备好接受其他礼物了。当把装有音箱的盒子递给萨拉时，妈妈微笑地看着她，妈妈为自己感到高兴，因为这一次萨拉可以收到自己真正想要的东西。

　　然而，萨拉打开盒子，看了一眼，突然大声哭了起来，然后跑出了房间。她妈妈先是惊讶地喘气，然后是愤怒。让她生气和失望的是，无论她做什么，似乎从来没有取悦到萨拉。

但妈妈不明白的是，萨拉并不是忘恩负义，她只是不知所措。她被迫在短时间里经历了转换，一时无法恢复，只能用逃离的方式来隐藏她强烈的情绪。如果你知道你不能给孩子买预期中的礼物，那就对他坦诚。如果你为他准备了特殊的礼物，也不要撒谎。你可以暗示孩子这个礼物是可能存在的，不要强迫他在别人面前处理自己强烈的失望或惊讶的情绪。

当然，有些时候你也不知道盒子里或者圣诞树下有什么，你不能避免所有的惊喜。但你可以通过玩"如果"游戏来帮助孩子。你可以问："如果你想哭怎么办？你会怎么做？你能去哪里？你会跑进浴室，坐在我腿上，还是去你的卧室？如果你感到兴奋，你会大喊大叫吗？你会在厨房里跑来跑去吗，还是你需要去地下室或者出门？如果弟弟收到一份你觉得比你好的礼物，你会怎么样？如果只有苏茜有礼物会怎么样？你会有什么感觉？""如果"游戏能够帮助孩子处理各种可能性，并做好失望的准备。当他做好准备时，他更有可能表现良好。

最后，谈到礼物，善于分析的高需求孩子需要学习相关礼仪。他们对质量、风格和数量有敏锐的眼光。这种技能在你购买大型电器时很有用，但在生日聚会上可能会让你有点尴尬。善于分析的孩子会不假思索地评论"哦，真讨厌！看看那件衣服！""多难看的衬衫啊""我已经有那张 CD 了"。他说出这种评论会让你脸红，恨不得钻到桌子下面。如果你想让孩子尊重他人、得体地表达，就把你想让他说的准确的表达告诉他，比如"乔治娅阿姨，多有趣的衬衫啊"，或者"奶奶，这是我最喜欢的 CD 之一"。不要让善于分析的孩子在没有指导和缺乏练习的情况下失控。

提前让孩子适应节日服装

过节和参加庆典通常需要穿着考究的衣服，就是那些不用每天穿的、又硬又粗糙、价格还昂贵的衣服。对于适应力不强且对质地敏感的高需求孩子来说，打扮可能是一场噩梦和陷阱，孩子和父母会陷入激烈的争斗。但其实并非一定要这样。

不要让孩子在节日的当天才第一次看到他的新衣服。记住，高需求孩子需要时间来适应事物。你可以在参加活动前几天，就把孩子的衣服放在外面，让他看看、闻闻，甚至试穿一下。你还可以设置一个计时器，这样他要是喜欢这套衣服，不想脱下来的话，你们就不会为能穿多久而争吵了。这样练习了以后，在活动当天，他就不会对这些衣服感到陌生。一旦他克服了消极的第一反应，你就可以期待一个更加配合的孩子。

如果你们确定了他要穿的衣服，可以使用"戏服"这个词指代。学龄前的孩子都在学习什么是真实的、什么不是真实的。想象力丰富的学龄前高需求孩子可能不喜欢这些衣服，因为他们可能不太确定，如果自己打扮成蝙蝠侠或者超凡战队队员，他们是不是会变成蝙蝠侠或者超凡战队队员。即使他们意识到自己不是真正的蝙蝠侠，他们可能仍然会表现得像蝙蝠侠一样。因此，你要选择能够鼓励孩子做出你期望的行为的服装！

当你选择戏服的时候，要考虑孩子的风格。高需求孩子是创造性的思考者。他们对风格的想法可能和你完全不同。你可以允许自己说："我的孩子有他自己的独立人格。我可以教他基本的标准，然后退一步，让他有自己的风格，无须感到尴尬。"高需求孩子有一个好处，那就是让我们提前为孩子青春期做好了准备。当其他人为了衣服和孩子争吵时，我们却早在几年前就已经解决这个问题了。

用安抚物帮助孩子在陌生环境入睡

就寝时间可能是节假日期间最令人头疼的高危雷区之一了，至少对埃伦和儿子戴维来说的确如此。

> "戴维在酒店或者别人家里要花好几个小时才能放松下来，每次都这样。我姐姐的孩子，不管在哪儿，你刚把他放进婴儿床里，他就能睡着。她可以在外面和大家聊天，而我却要和一个哭闹的孩子困在卧

室里。这似乎不公平。最糟糕的是，这让我觉得自己非常没用，我无法让他睡觉。我唯一能做的就是帮他放松。虽然随着他慢慢长大，需要放松的时间会变短，但这仍然是一个漫长而尴尬的过程。"

在节假日期间，充足的睡眠非常重要。孩子休息好了，他才有精力去应付一切，但是高需求孩子在陌生、不同的环境中经常会遇到睡眠问题。

你需要在睡前给他比在家时更多的支持。孩子越小，挑战就越大，因为你没办法跟他解释到底是什么困扰着他。他会花更长的时间放松和入睡。这时你可能需要坐在他身边，或者轻轻摇摇他，免得他被情绪压倒。

一定要带上一些孩子平时的用品，比如他最喜欢的睡前书、他自己的枕头或毯子，以及其他任何能帮助他感觉舒服、提醒他该睡觉的东西。你要尽量让他保持和家里差不多的作息时间，严格确保午睡和晚上睡觉的时间足够，不要错过午睡或者每天都在调整睡觉时间。

随着孩子逐渐成长，你可以和他谈谈在新的环境中放松的必要性。鼓励他自己读书、深呼吸，在睡觉前放松每一块肌肉。让他知道他一切都好，只是有点儿兴奋。

提前做好旅行规划

旅游为节假日增添了另一个问题。长时间待在拥挤的汽车或飞机里会让你在到达目的地之前就患上偏头痛。这就是为什么你要提前为旅程做好规划。

我一直很钦佩我的朋友薇姬，她有充沛的能量和做父母的技巧。但是有一天，她打电话给我，告诉我她把 5 个孩子，分别是两个高需求孩子、三个精力旺盛的孩子放进车里，开了 1 700 多公里到了华盛顿特区，我开始怀疑她到底还清不清醒。在跟我描述这段旅行时，她甚至用了"假期"这个词。我礼貌地问她是不是在医院给我打的电话，但她向我保证她很好，并抢在我发问之前回答了我的下一个问题："孩子们都还活得好好的。"

她是怎么活下来的？是因为她提前做好了规划。这不是偶然，也不是运气，而是准备充分的。她建立了一个奖励良好表现的制度。如果你开车在高速公路上冲后座上的孩子尖叫，这不会是趟轻松的旅程。最好能建立一个奖励系统，鼓励好的行为，这样你才能专注开车。

"我拿了一个煮蛋计时器和一堆扑克筹码，"薇姬告诉我，"我告诉孩子们，在车里每过 15 分钟，只要他们没有打架或者大吵大闹，能安静地玩儿，并一直系好安全带，他们就能得到一个扑克筹码。"

她说到这儿时，我简直怀疑她孩子的智力，他们怎么这么好哄，不过她还没说完。

"当他们攒了 4 个筹码以后就可以换成美元。"现在我有了些认同。

"连两岁的孩子都喜欢这样，我把煮蛋计时器设定为 15 分钟。铃声响时，任何表现好的人都会得到一个筹码。我尝试了一下，把间隔调整到 20 ～ 30 分钟，但是没有成功，必须是 15 分钟。当有人开始说话时，我要做的就是问一句：'你赚到筹码了吗？'他们很快就能安静下来。"

"这花了你多少钱？"我问。

"每人 21 美元，"薇姬说，"这是他们这次旅行的零花钱。简直太棒了，没有人再为这个或者那个唠叨了。我告诉他们，这是他们自己的钱，他们想怎么花就怎么花。这还帮助他们理解了一美元的价值。8 岁的孩子会问我这个或者那个需要多少钱，然后他带了 15 美元回家，因为他想攒钱买些特别的东西。4 岁和 6 岁的孩子凑钱买了一个毛绒动物玩具。"

奖励为配合奠定了基础。奖励那些好的行为而不是坏的行为。当我第一次听到这个想法时，我觉得有点像贿赂，但我丈夫提醒我，他的老板也会告诉他，如果他做好自己的工作，就会得到相应的薪水。奖励是种积极的激励。

然而，仅有奖励是不够的。煮蛋计时器、扑克筹码和钞票也不能完全换来你在车里的几个小时安宁。薇姬承认还有更多的方法。比如，她每两个小时就停下来，让每个人摆脱束缚，四处奔跑。他们不去餐馆，而是在公园或者休息站吃路边餐，孩子们可以奔跑、攀爬、玩随身带的球。每个孩子都带着一塑料桶的纸、蜡笔、马克笔、书和简单的游戏用具。他们唱歌、玩小游戏、提问一些熟悉的童谣和大孩子都知道的故事。由于刺激水平太高，你要避免让孩子在车里玩电子游戏和看 DVD 影片。晚上他们是在有游泳池的酒店度过的。

为了确保你在到达度假地或者祖母家时不会疲惫不堪，请提前为旅程做好规划。安排一些活动，可以给孩子唱歌、讲故事，知道什么时候该停下来休息休息。很多时候，节假日的最大乐趣反而是在旅途中。

行程中加入旅游驿站

去年，你租了一栋古色古香的小别墅，享受了两个星期的阳光。你的高需求孩子在湖里游泳、挖沙子，过了第一夜之后都睡得很香。这是一次美妙的假期。

今年你决定玩得更"野"一点。你开车游历东海岸，每晚都去新的酒店、新的城市。结果这真是一场灾难。孩子非常崩溃，你也是。

这到底为什么呢？当变化和新体验来得太快时，适应力不强的孩子和有消极的第一反应的孩子是无法应对的。为了帮助孩子表现好，你可以考虑创造一个旅游驿站，比如酒店、亲戚的家、野营地，你可以在那里住两三天，然后再去下一个驿站。通过建立旅游驿站，你可以让孩子有时间适应新的地方。他有机会搞清楚状况并且感到安全。他会睡得更好，有更多的精力去处理问题。

你也可以扩展你的驿站，买些零食，在公园或者购物中心野餐，或者在连锁品牌而不是去当地餐厅吃饭。敏感的孩子对新的食物、水的变化都会有所反应。对环境和食物越熟悉，他就越容易适应。

孩子越小，旅游驿站对他来说就越重要。随着时间的推移，大一点儿的孩子会更灵活，驿站就变得不那么重要。孩子两岁时，你可以花一周时间待在熟悉的度假地，因为你知道他在那里会表现得更好，但不要认为以后的 10 年你们都必须在那里度假。他会成长、会改变。成功是建立在原来成功的基础之上。很快，他就能准备好和你去全国旅行。

旅行也要腾出时间锻炼

山姆是个游泳健将，所以当他妈妈带他去参加会议时，他们制订了一个计划。坐飞机，然后开车两小时，到达目的地以后，他们的第一个活动就是在游泳池里游泳。这正是他们两人在紧张的旅途后放松的方式。之后，他们吃了些家常健康食品，然后前往晚宴。6 岁的山姆在当晚备受瞩目，他是一个完美的绅士。

这一切都要归功于游泳。游泳让他的身体充满了舒缓、镇静的激素，提前吃的健康食品也让他肚子不饿。锻炼使我们的身体平静下来，让我们更容易适应新的环境、应对人群、耐心等待。你可以每天都安排锻炼的时间，每个人都会从中受益。

为假期后的失落做准备

高需求孩子往往在庆祝和度假时过于兴奋，但在假期结束后，就会非常失落。他们真的可以走极端。你要做好准备。不要把自己逼得太紧，不然你会没有精力帮助孩子回归正常的生活状态。大一点儿的孩子可以制订自己的计划。11岁的克丽告诉妈妈："我喜欢圣诞节，但我讨厌圣诞节之后的感觉。我要把这份礼物留着，等我心情不好的时候再打开。"她的确做到了。

作为高需求孩子的父母，你确实需要为节假日、庆典和度假做出更多规划，有时你会觉得要做的事太多。但当你一切都安排妥当后，与高需求孩子一起参加的这些活动会充满特别的乐趣。他们的热情、激情和活力让一切变得丰富多彩。只要想想那个小小的高需求孩子，那个可以发出很大声响，让每个人都从床上起来看看发生了什么事的小孩，还有那个活泼、敏捷、吹着口哨、大喊大叫的小孩。当然了，他就像圣诞老人！没有他，一切都会不一样了！

第 20 章

如何为孩子选择合适的学校

我不想让他受到别人的非议，我希望他能被
珍视。

——凯茜，两个孩子的妈妈

　　为什么说送孩子上学不是件容易事？别以为父母会很高兴，感激有机会能喘口气。也许对有些人来说是这样的，这是一种解脱，一个里程碑。尽管如此，当孩子第一次独自踏上校车，或者松开父母的手走进幼儿园教室、把父母甩在身后时，做父母的可能还是会眼里充满泪水、视线模糊。他现在需要独自面对这个世界了。你咽了口唾沫，希望他会遇到珍惜他的人，而不是被当成讨厌鬼或者麻烦制造者来讨论。但是你不知道到底会怎样，你只能站在那里祈祷他会被善待，他会喜欢学校，能交到朋友，向老师微笑而不是皱眉。

　　高需求孩子可以在学校里茁壮成长。你会发现他们能担任学生会主席，在学校戏剧中担任主角，成为获胜团队的成员，参加培优学习班。他们无论是在蒙特梭利学校，还是在当地公立学校或私立学校，都会做得很好。学校的类型和位置并不重要，重要的是孩子的个体差异需要得到尊重，而且父母、老师和孩子能齐心协力、一起努力。在这样一所学校里，你能看到、感觉到、听到孩子因为自己的气质特质而大放异彩。

　　高需求孩子面临的挑战是，他们只占总人数的 10% ～ 15%，这意味着他们需要可供自由选择的丰富的教学设备和功能灵活的教室，否则他们总是要被迫适应不属于他们自己风格的事物。不断被要求适应的孩子永远无法感到彻底的安全舒适。结果则是，他们精疲力尽、灰心丧气，最后可能会失控或者放弃抵抗。幸运的是，高需求孩子并不需要完全契合他们气质的完美教室，教室只要在大部分时间能满足他们的需求就可以了。所有孩子都是如此。只要孩子在大部分时间里可以按照自己喜欢的方式做事，即使不得不配合团队按照自己不喜欢的方式做事，他们也不会有太大问题。如果你可以择校，你可以找一个高需求孩子多的学校。如果你没得选，你可以帮助创造那种氛围。

收集相关信息，观察学校是否适合孩子

如果你住在大城市，你可能会有一系列可供选择的学校。请充分利用这个优势。当你不仅知道孩子会去哪里上学，而且孩子对比还感觉很好时，看着他自己离开时你的感受会好得多。那么如何给孩子找到合适的学校呢？

上网搜索

登陆目标学校的网站看看。学校的教学目标是什么？开发网站需要时间和精力，所以你要注意他们引以为豪的地方和特别强调之处。网站上是否有老师、学生、父母的评价？照片、配图、表达的词语是否体现了对个体差异的尊重和欣赏，比如使用了"多样性""独特性"或"个体"这些强调优点的词语？学校是否强调社区、家庭和公共利益？孩子需要感到安全，需要得到社区的关爱和支持才能健康成长。同时，学校还需要知道自己也有责任为社区福祉做出贡献，并记下他们这样做的时刻。学校还要寻找一种凝聚力、一个共同目标，确保每个孩子都受到鼓励，并期望他们能够最大限度地发挥自己的潜力。

浏览学校网站的时候，你也要看看学生的考试分数。明尼苏达州罗斯芒特市罗斯芒特苹果谷学校（Rosemount-Apple Valley-Eagan Public Schools）的基础教育主任、教育学博士朱莉·奥尔森（Julie Olson）说："有时，学校会努力为学生的学习打下坚实的基础。这可能需要更多的时间，但最终学生们会走得更远。因此，当你考察一所 5 年制学校的学生分数时，如果三年级学生的分数很高，那很好。然而，更有价值的是五年级学生的分数，也就是这所学校学生的最终成绩。"

同时，网站上还会显示学校在某个特定领域的分数。对孩子来说更重要的是在教育家口中的"思考技能"，比如解决问题和理解事物的能力。

上网搜索只是考察的开始。有的学校的网站可能非常复杂，而另一所的可能不那么精致，但那所学校的某些东西可能会引起你的兴趣。尊重你的直觉。你对一所学校的感受比官方资料告诉你的更重要。完成初步筛选后，接下来你就该拿起电话了。

打电话咨询并和工作人员交流

尽管是孩子要去上学，但作为父母，你必须对学校的工作人员感到舒适和信任。如果你感觉不到热情的欢迎，孩子也会察觉到你的担心。只需打个电话，你就能立即感受到学校的氛围。

一天晚上，帕蒂在课堂上大声说道："的确如此，我们已经搬了几次家了。虽然我总是从上网搜索开始，但我喜欢打电话和学校办公室的人聊天。我会告诉他们我们要搬到这个地区，并咨询他们学校情况和每日生活制度。我想从他们的角度来了解学校试图实现的目标，以及在学校的感受。我最喜欢问的问题是他们是否会把自己的孩子送到这所学校。有时，在生硬的回答之前会有一个非常明显的停顿。更常见的是，会有非常热情的人说，'哦，是的，我女儿喜欢来这里。'然后我知道是时候去参观学校了。"

现场参观

教室里突然传来一声沉重的叹息。我看向谢丽，一位年轻的单身母亲。"我应该去看什么呢？"她问，"我不是教育学硕士。我也不知道什么是好的课程。我甚至不确定我认识一位好老师。"

"这很简单，"我回答，"因为你了解你的孩子。"

选好学校不需要硕士学历。你所要做的就是走进教室，找到一个能让你想起自己孩子的学生，然后找个地方坐下观察他。

谢丽疑惑地看着我。"真的吗？"她问，"但这会告诉我什么？"

"它会告诉你，这个像你的孩子一样的高需求孩子在这个教室里的感受和行为。"我回答道，"首先你可以关注孩子们的关系和学习情况。听听教室里的对话。你有没有听到这个孩子和其他孩子热烈地讨论、分享和辩论？他是否和大家一起做事，熟练地谈判并满怀信心地解决当天的问题？"

这些学生对老师说了什么，老师又是如何回应他们的？他们看起来是相处融洽还是互相害怕？当老师执行规则时，他对老师的指示有什么反应？你是否感觉到老师向他伸出援手，尊重和倾听，引导他走出纠结的情绪，并建议他下次如何做得更好？你是否听到他兴奋地叫着"老师，老师"，渴望分享他的发现或者寻求老师的帮助和关注？他是否眼睛闪闪发光，抬头挺胸，充满对学习的兴奋感？

然后你可以注意他是如何与教室的资源和环境互动的。他是否能深入接触教学材料，并受到鼓励去探索和发现？停下来，深呼吸，闻一下房间的气味。关注照明和温度。这个孩子是否皱着鼻子、眯着眼睛，或表现出其他不适或愤怒的迹象？看看墙上挂着什么。是否展示了孩子们正在学习的知识？你看到他很骄傲地展示自己的作品了吗？在这个教室里，是否每个孩子都被期待能成功？每个孩子都被珍视了吗？

"我这周要去一所学校看看，"谢丽回答道，"我来试试。"

接下来的一周，我急切地想知道谢丽的经历，小组里的其他人也是如此。

"太棒了！"到了下一周，我们还没来得及坐下，她就脱口而出。

"我观察了同一所学校的两间教室。差别真大！在这两间教室里，我都能找到让我联想到我儿子马克的学生，其中一个甚至还跟他长得很像，他们都喜欢像马克一样在房间里蹦蹦跳跳。在一间教室里，老师似乎对孩子们在教室里走动感到很自在，孩子们从这张桌子走到另一张桌子，在不同的学习中心转来转去。他们都深深地投入课程中，活跃地交谈着。教室里很吵，但他们都非常专注。老师从讲台上下来，和他们一起走来走去，开着玩笑，哈哈大笑。她似乎真的喜欢所有人。我听到她问我正在观察的那个小男孩，他的小弟弟怎么样了，然后她问另一个男孩，他爸爸是否还在日本。她知道一个孩子家里新养了一只小狗，也知道另一个孩子的祖母生病了。她的真诚和热情显而易见。

　　我观察的那个学生尼克，会蹦蹦跳跳地穿过房间，给老师看他写的一行字母 A。'看！'他说，'我做了苹果！'老师意识到他只理解了一节课的部分内容，但她一点也没怪他。'哇，太棒了！你把字母 A 写出来了，'她拉长了 A 音，继续说道，'Aaaaaple，以字母 A 开头。'然后她提出，'让我们检查一下字母表，看看你的 A 和表上的是不是一样。'尼克认真地翻看字母表，寻找匹配的字母。当他终于找到时，他高兴地跳了起来，得意洋洋地指着对应的字母。老师和他击掌，他就去写更多的 A 了。

　　休息的时候，我问她尼克的情况。她笑着说，'他是我最好的跑腿，而且他很有幽默感'。

　　在第二间教室，我找到了亚历克斯，另一个让我想起马克的男孩。在这间教室里，孩子们坐在椅子上的时间要比上一间的孩子长得多。亚历克斯绝对在磨咬他的铅笔。这间教室的老师看起来和颜悦色。她没有说任何刻薄的话，但你可以看出，当她和一群非常安静的女孩在一起的时候最高兴。和男孩子们在一起，尤其是和坐不住的男孩在一起时，她变得更加严厉和严肃。"

像谢丽一样，你也可以找到适合孩子的教室。你可以通过简单地观察一个和你的孩子很像的孩子，看他在教室里的活动，从而感受和观察这是不是适合你孩子的教室。看看能否听到温暖的谈话，来证实这位老师是否了解每个孩子。不要让名声或道听途说的情况扰乱你的视野或者阻碍你的直觉。由于孩子的气质不同，对一个孩子来说很棒的教室可能对另一个孩子而言是灾难。这就是为什么你不能只依赖邻居的建议，尤其是在你的孩子的气质和隔壁孩子完全不一样的时候。你必须走进教室，找到适合你的孩子的课程。如果他适应力不强，你要注意他的转换。黑板上是否有当天的日程安排，以便每个人都知道会发生什么？有没有可预测的生活规律？在转换发生之前，你有听到老师事先提醒孩子吗？有多少次转换？跟你的孩子相似的同学是愉快地度过了呢，还是磕磕绊绊？

如果孩子追求极致，你可以看看学校都有什么活动可以消解追求极致的情绪，以及孩子是否经常被催促去做事。追求极致的孩子讨厌被人催促。如果你的孩子极度敏感，你可以听听老师发出的指令，它们是否清晰明了？是否有肢体语言来配合口头表述？如果孩子精力旺盛，学校允许他们在房间里走动吗？他们每天有体育课和课间休息吗？极度敏感的孩子需要知道他会在哪里吃午饭。如果学校没有餐厅，孩子们需要在自己桌上吃饭，那这个孩子一下午都会在香蕉、金枪鱼和洋葱味薯片的气味中挣扎着度过。也别忘了内倾型孩子需要在房间里找个地方休息一下，享受片刻的安静，获得一些空间。无论孩子有什么样的气质，你都可以看看他们在这个特殊的教室里是如何接受管理的。

现实中，学校校长、老师都想和父母配合。他们也希望孩子在学校能表现好。你可以给校长写一封信，描述孩子的气质，以及你认为他最适合的老师类型。这是完全正确的做法，也是非常可取的。例如，谢丽可以这样写一封信：

亲爱的校长：

　　我的儿子马克今年 9 月将来到贵校上学。我想让您了解一下他。他精力非常充沛、体格健壮。他喜欢踢足球和打篮球。看起来，他跟着一个不介意孩子们在教室里活动，并且愿意创造更多活动机会的老师会表现得最好。他也很敏感，对说话声音温柔的老师会很好地回应。老师声音太大的话会吓着他。

最近我有幸参观了贵校。詹森老师身上似乎有许多能与马克合拍的品质。我希望您在决定马克的教室安排时能考虑这一点。如果他无法被安排在詹森老师的班上，而您能安排他到风格类似的老师班上，我也将不胜感激。

谢丽·恩斯特罗姆敬上

在能力范围内，大多数校长都会尊重你的要求。他们希望你和孩子能如愿，真的会尊重你的意见。你最好在春天的时候给校长写信，因为这时候他还能灵活安排孩子。收到你的信的时间越晚，校长就越难把孩子安排进特定的班级。你的信要简明扼要，让校长知道对你的孩子来说最重要的一件事，同时也要给校长做出不同选择的机会。你要相信校长了解自己的老师。也许在读完你的信或者见过你的孩子以后，他会意识到你的孩子最适合的老师是另外一位。他了解的詹森老师或许比你参观时看到的更全面一些。你们要像一个团队一样配合，相信你们都在努力为孩子打造最合适的教育资源。

在孩子上学之前，花时间找到适合他的班级，你将会杜绝很多潜在的问题。你会找到一个能滋养孩子的环境。你会信任这里，孩子也会。因为在任何问题出现之前，沟通的桥梁已经搭建好了。

如果不能选择学校怎么办

即使你不能选择孩子在哪个班级，或者能上哪所学校，你仍然可以为他的成功做好计划。你可以和孩子聊聊学校的情况。他对什么感到兴奋？他又在担心什么？

如果孩子要需要乘坐校车，确保他不是在上学第一天才第一次看到校车。你可以看看哪里有公共汽车厂，然后先带孩子去参观一辆校车。学区交通部门的工作人员对待他们的工作非常认真。他们为自己的工作感到自豪，所以通常会非常乐意让你看一眼校车。

你也可以咨询当地的公园、社区教育部门、教会团体或者其他项目，看看他们是否有计划组织乘坐校车去野外旅行。有的话你就报名吧，让孩子第一次乘车时有他最信任的人陪在身边。

如果孩子走路去上学而不用坐校车，那你可以和他一起熟悉步行路线。

很多学校会在开学前公布教室设计图，但如果你选择的学校没有，你可以在开学前一周左右打电话问清楚孩子的老师是谁以及教室房间号。你也可以问问老师什么时候布置教室，然后和孩子一起去学校，参观他的教室，看看卫生间、饮水机、餐厅、操场、媒体中心和体育馆都在哪儿，并会见老师和校长。这种放松、舒适的参观可以为适应力不强或者第一反应消极的孩子减轻大量压力。

无论你是带孩子乘坐公车、找出孩子教室中的其他同学、挑选衣服，还是会见老师，做孩子需要的事情，这样他在上学第一天就会感到很自在。如果你帮他减轻了压力，他将有更多的精力专注于手头的任务，并为今后的学业奠定一个良好的基础。你甚至可以考虑推掉整个 9 月的其他事，这可以帮助你适应力不强的孩子集中精力适应他的新班级。

优先考虑家庭聚餐和睡眠

你还可以让孩子在体能上做好准备，这样也会增加他在学校取得成功的几率。心理学家加恩·法伦（Gahan Fallone）说："**如果父母希望孩子学业有成，让他们按时睡觉和让他们按时上学一样重要。**"虽然这点对所有孩子都适用，但对高需求孩子来说尤其重要。

家庭聚餐也很重要。**研究表明，与参加体育、艺术活动相比，家庭聚餐是**

能让孩子取得更好学业成就的指标。 也许和你在一起的课余时间会让高需求孩子平静下来，增加他们摄取营养食物的可能性，饭间交谈也扩充了他们的词汇量。你可以制作一个家庭时间表，包括固定的就寝时间和用餐时间，然后坚持下去！

与学校建立联系

多年的研究一致表明，**父母参与学校教育的孩子比父母不参与的孩子更成功。** 请你尽量利用一切机会参加孩子的学校活动。当然，你可能会被其他事情限制，但还是请你所能参加会议、家庭招待会和演出，志愿参与班级工作、参加聚会。你参与得越多，就越有可能和学校建立良好的沟通渠道。你可以在聚会晚餐上花几个小时与校长交流，或者见见班上的其他孩子和他们的父母，这可能有助于你预防问题发生。如果确实出现问题，晚餐聚会时友好的交流可能会持续产生作用，帮助你更快、更诚恳地解决问题。

了解孩子在学校的表现

> "我能提醒老师吗？"本开玩笑说，"说真的，我该怎么跟克里斯托弗的老师说呢？我应该保持沉默，让她自己发现？还是告诉她克里斯托弗在家里是什么样的？我不想偏袒她，但我想尽我所能帮助她。"

你不需要提醒孩子的老师，但你确实也想让他了解孩子更多信息。开学的第一天，老师和班上的孩子见面了，一群孩子被分配给他，他必须迅速了解每个人的独特之处。你可以和他分享情况。不过你在分享的时候，要记住我们在第 2 章中关于"贴标签"的讨论，使用突出孩子优点的词语，尽量少强调他的缺点。

> 凯茜插嘴道："嘿，那我做对了。埃里克的学校安排了一个上午时间，要求父母带着孩子一起去。那天和他老师交流的时候，我简单提了一下他是什么样的人。我告诉老师，刚开始上学对他来说可能会有些困难，如果有任何需要我配合的事就尽管告诉我。我还发现下周会

有一个'小丑'来给全班拍照。我告诉老师，埃里克害怕小丑，可能需要更多的帮助。第二周，我打电话给她，询问事情进展。她说我是对的，他确实不喜欢小丑，不过因为她提前知道了，所以他们已经做好了计划，老师安排埃里克站在她旁边。他成功克服了恐惧，并为自己感到骄傲。"

"我让林赛的老师知道她是一个非常明显的内倾型孩子，"帕蒂补充道，"我告诉她，如果林赛能够把课桌和班上其他同学分开一些，她通常会表现得最好，我感觉这让老师松了一口气。"

通过描述孩子的典型反应、分享与他相处的有效技巧，你会为老师提供有助于提高工作效率的信息。这样每个人都有一个好的开端，因为老师意识到你在支持他，并愿意帮助他教育孩子。

当孩子在学校遇到问题时

"刚才我们谈到的点我都做到了，"特丽莎说道，"去年还有用，但今年嘛……我们刚去参加了汤米的第一次家长会。老师在前 5 分钟都在说他是如何爬上爬下、靠在椅子上的。'年底前他肯定就把椅子弄坏了。'老师说。我和丈夫坐在那儿，咬紧牙关，耳朵都快冒烟了。真是难以置信，一把椅子的事说了 5 分钟。我想说，老师，这难道不是在告诉你孩子需要多走动吗？老师希望他坐下来做练习册、写作和阅读，我却希望他有更多的机会起来走动。他唯一的休息时间是午饭后，但很多时候因为天气寒冷、潮湿或者下雨后地上泥泞，他们又不得不坐在餐厅里，玩纸和铅笔。但这不是汤米处理生活的方式！"

"你试过……"我的话还没说完就被打断了。特丽莎非常沮丧地厉声说道："是的，我试着和老师沟通过，但感觉她认为我只是在为孩子找借口。每次我说话的时候，她都在思考要怎么回答而不是在倾听。"

孩子在学校遇到问题，这很让人伤心难受。你可能还会很尴尬，也可能会想起自己在学校的经历，想起那时的无能为力和痛苦。这些情绪会制造障碍，让每个人都处于防守状态。老师知道你生气了，但老师也是人。他们一方面要承受来自孩子父母的压力，另一方面每天还要教育 25 个甚至更多的孩子。如果你在对待老师的方式上考虑不周，提的要求可能会让老师感到压力很大、难以承受，这反而会让你失去老师的支持。

与老师意见不和时，父母可以怎么做

我从孩子的房间借了一个巨大的地板拼图，每一片都被涂上鲜艳的红色、绿色、蓝色和黄色，上面还有凹口和凸起。我给班上每个父母都发了一块。

"给我讲讲你的拼图，"我说，"你喜欢它什么？它哪里特别？"

"我的是一块红色的，"本觉得这游戏有点傻，但还是愿意继续玩，"它有三个凹口，一个凹起。我觉得它是在找朋友。"

"我这块一定是你那块的朋友，"贝蒂加入，"我这一块上有一个凹口，看起来很适合你那块上面的凸起。那一边是红色的，但是从红色渐变到橙色再到黄色。"

他们把拼图放在桌子上，果然组合在一起了。我们继续围着桌子，描述每片拼图。有些有平边，有些有凸起和凹口。我们把它们一块块拼接起来。慢慢地，一幅微笑着的恐龙的图画就呈现在我们眼前。但当每块拼图都还在我们自己手里的时候，这个图画还没有出现。

"这就是你把高需求孩子送去学校的感觉，"我说，"从你的手中给出了一片拼图，也就是你的孩子，他与其他孩子组合，会形成完全不同的东西，也就是他的班级、一群孩子。老师在教室里看到的画面可能和你在家里看到的有很大不同。"

当我们与孩子的老师交流时，记住我们有不同的观点是很重要的。他可能会先看到整个班级的概况，然后才看到组成班级的个人。但你首先看到的是你的孩子，然后才是整个班级。为了真正倾听对方，我们必须考虑双方的观点是从个人和整个班级的不同角度出发的。

"特丽莎，"我说，"上周你告诉我们汤米的老师想让他坐在椅子上，而你希望他能多走动走动。现在请试着想象一下老师的观点。想象一下 25 ～ 30 个孩子在房间里走来走去，而你原本应该控制场面，你的直觉会是什么？"

"这是板上钉钉的事，"她承认。"但是，"她反驳道，"汤米动不了的时候就是这种感觉。"

"那也是真实存在的，"我回应道，"你和老师都是对的。你们都有合理的观点。你们的问题在于找到一个适合所有人的解决方案。"

在第 8 章中，我谈到了 PIECE 方法，这是通过寻找共同关注点来解决问题的方法。同样的原则也适用于父母与老师沟通的情况。特丽莎希望汤米能够活动，而老师却要求他做练习册。她们都局限在了自己的视角。

"你最关切的是什么？"我问。

特丽莎回答说："我希望汤米过得舒适，在学校学得好。"

"你觉得老师关心的是什么？"我问道。

一年级老师帕姆回答："她可能担心失去对整个班级的控制，或者如果允许一个孩子四处走动，其他孩子会说什么。也许她只是想完成自己的工作。"

"有什么解决方案？"我继续说道。

"她可以像詹森老师一样利用学习中心，"谢丽提议道，"孩子们可以在不同的桌子上做实验、拼图案、读书、写作。房间里到处都是孩子，有的躺在地板上，其中一个甚至在桌子下，躺在一堆枕头里。"

"让他给老师跑腿怎么样？"汤姆说。

"确保他上学前充分锻炼。"萨拉补充道。

似乎潜在的解决方案有无数个，但特丽莎仍然感到困惑。"你们说得对。我也觉得这些都是很棒的解决方案，但我怎么能让老师听进去呢？"她提出要求。

如果你想让别人听你说话，首先你可以找一个你能认同的观点。这可以是任何事情。例如，特丽莎可以说，"我们发现汤米在家里也很活跃"或者"我相信很多孩子都觉得坐在椅子上做练习册效率很高"。即使你不得不将消极的表达转变为积极的陈述，你也可以像那位妈妈一样，在老师说她儿子"固执"时说："是的，我们发现他的确很固执。"通过找到一个共同点，你们已经奠定了合作的基调。这时对方的思想会为了倾听而敞开。

找到共同点并不意味着你需要用欺骗解决问题。重要的是你要让老师知道你关注的是什么，而不是你的立场。例如，特丽莎可以说："我的关注点是想办法让汤米既能活动，又能完成作业。"或者"这种方法似乎对汤米不起作用，我们还能做什么？"通过把关注点放在利益上，你们可以避免责备对方。这样你们就卸下了防御，可以转而寻求创造性的解决方案。

如果你不知道你的利益是什么，也不要只说你不开心，回顾一下我们讲过的气质特质，这可能帮助你确定问题出在哪里。孩子在开学的时候哭是因为正在经历转换吗？孩子排队时打架是因为他是一个需要更多空间的内倾型孩子吗？他是因为洞察力强，座位却在窗户旁边而分心吗？发现了问题，就能找到你们的共同利益。你还可以让孩子也参与调查过程，问问他在上学时想什么，或者他经历了什么。他的回答可能会让你大吃一惊。

当你和老师交谈时，不要预设他熟悉气质特质。气质研究在大学课程中经常只是被简单介绍。因此，你可能了解很多他不掌握的信息。你可以和他分享这本书。让他知道了解这些信息对你是有帮助的。他甚至可能没有想到将行为表现的问题与对气质特质的误解联系起来。

仔细听老师说话，尽你所能，把你自己的利益先放在一边，同时努力发现他的利益。如果他说的话你不理解，你可以让他再解释。例如，如果老师告诉你孩子没有完成作业，那就让他给你举个例子。这是每堂课都有的问题，还是只有数学作业？是发生在特定的日子、某个时间段，还是每天、一整天都这样？了解全面事实会帮助你找到共同利益。

像其他专业一样，教育中也充满了术语，教育工作者可能会让父母蒙在鼓里，因为他们会用"教育术语"交谈。如果老师使用了你不熟悉的缩写或者首字母缩略词，你可以要求老师解释。如果你不知道EBD①或ECSE②是什么意思，是无法发现老师的利益的。

一旦你明确了共同利益，你就可以继续探索可能的解决方案。孩子的教室是最好的着手点。

如果你能在教室里观察，你可以指出老师已经对孩子做的事。例如，你可以说："我注意到你让汤米躺在地板上时，他真的能集中注意力。"最好的解决方

---

①EBD 的全称是 Emotional and Behavioral Disorders，形容在学校环境中有重大行为或情绪问题的学生。——编者注
②ECSE 的全称是 Early Childhood Special Education，指为年龄在 3～5 岁有特殊需求的儿童提供的教育服务，包括语言治疗、行为干预等。——编者注

案是那些老师已经在做的事情，这时他只需要做更多就可以了。其次是他已经在做的事情，但是如果以不同的顺序呈现，效果会更好。例如，你可以说："我注意到，你在课堂进行一半时要求做练习，在那之后汤米还得坐着。可以在课堂一开始的时候做练习吗？"

如果孩子在教室里进展不顺利，你也没有找到其他有用的办法，可以试着在过去的成功经验里找找。你可能会说："去年，詹森老师利用学习中心教学时，汤米就能完成好作业。你有可能也用这种方法吗？"或者"汤米如果能和同学配合的话，他的单词拼写好像就能做好。"另一个可能的解决方案是让孩子在家学习，但要确保这些做法在集体上课时也能有用。

请记住，在你提供解决方案时，老师也是有脾气的。他们的第一反应可能会是消极的，他们或许没有马上理解，或者很容易钻牛角尖。这时候你就不要强行解决问题。你可以先提出你的想法，然后给老师空间，并且同意在双方都有时间思考时再谈谈。

同时你也要注意自己的气质特质。如果你追求极致，你要意识到你可能会很难保持冷静。带上朋友或者配偶，他们会说话，也会倾听，这样你就可以在需要的时候退出谈话，深呼吸。如果你的第一反应是消极的，你可以提醒自己先思考，然后再判断解决方案。如果你是一个内倾型人格，需要时间来处理信息，那就和老师再约一次会面。

如果你非常努力地尝试了，但发现自己还是无法与孩子的老师沟通，那就利用你的其他资源，比如请校长、学校心理医生或者社会工作者与你一起和老师会面。幼儿园老师、祖父母或者其他熟悉你孩子的人，他们可能也能提供帮助。

当孩子遇到问题时，你要想办法找到解决方案。大多数老师都非常忠于自己的职业。他们也希望孩子在课堂上表现好，并愿意和父母配合。当你和老师配合的时候，要灵活、有创造性。记住，高需求孩子并不需要100%契合他们气质特质的完美教室，只要在大部分时间里合适就行。

如果孩子在学校持续遇到问题，需要关注其健康状况

戴夫轻轻叹了口气。他瘫坐在椅子上，一边说话一边慢慢地搓着手掌："如果问题还没解决该怎么办？卡拉现在缺课的次数比她上学的次数还多。一开始我们以为她是因为流感病毒所以缺课，但我知道不仅仅是流感。我们觉得她害怕她的老师。她以前从来没有接触过男老师，而这个男老师喜欢吼叫。他倒是没有朝她大喊大叫，但她太敏感了，只要想到有人可能会生气，她就会感到不安。我们已经和老师谈过这个问题了，但似乎没有什么变化。我们也请来了校长，但校长只会说，'她在生活中总会遇到困难，她需要学会如何应对'。你知道，事实的核心的确如此，但我的小女儿受到了伤害，很严重的伤害。可是我能指望整个机构为了一个孩子而改变吗？"

戴夫的痛苦是真实存在的。我们都感觉到了。他耷拉着脑袋，萎靡不振的样子诉说着为人父母的痛苦。当你担心自己无法保护孩子，却又不知道该做些什么来帮助他时，那种深深的、令人心痛的扭曲会让你窒息，让你喘不过气来。

我向他保证："有时，尽管我们尽了最大努力，但孩子在学校的问题可能会持续存在。为了找到解决办法，作为父母，你必须捍卫你的孩子。你必须提出问题，寻找答案，寻求你所需要的支持来帮助孩子取得成功。做捍卫者并不容易，需要花费大量的时间、精力和感情耐力。有时你可能会感到无能为力，但其实你不是。作为父母，你肯定可以做一些事情来帮助孩子。"

"想一想，"我对大家说，"你们能为自己的孩子做些什么？"

"不要认为有过一次不好的经历就会有另一次，"凯尔回应道，"去年，我没办法和我儿子的学校和校长配合。我尝试了，但确实做不到。

我开始对整个教育系统感到不安。但后来有人告诉我，去和校长的老板谈谈。我成功了。那家伙人很棒。他给了我很多书面资料，还和我讨论了这个问题，然后把校长和我约在一起坐下来，帮我们解决了这个问题。直到今天，我都很感激他。"

当孩子在学校持续遇到问题时，你可能会发现自己正按捺着想要发脾气的冲动，这是一种猛烈的冲动，让你想去找某个人、某件事来发泄责备。但现在并不是指责的时候。现在，你比以往任何时候都更需要运用你良好的沟通技巧，与学校工作人员和其他资源合作。不要让与某个人相处的负面经历影响了你对整个学校或者校区的感情。只要看得远一点，你就会找到那个愿意和你配合、有爱心、有责任感的人。

> "你还需要看看，孩子是不是有健康方面的问题，"本补充说，"米歇尔得过严重的胃病。我们觉得这是因为压力，但在学校为我们做出调整以后，她还在疼。结果查出来她有严重的肾脏问题，需要做手术。"

气质特质是孩子在学校表现良好的一个关键因素，也是需要被探索的重要因素。然而，它不是万能灵药。如果孩子在学校持续遇到问题，这可能是因为他的气质特质和学校不匹配，但也可能是因为学习差异、健康状况不佳或者其他因素。你可以安排孩子去做一个全面的身体检查和心理检查。在决定如何改进之前，你需要先全面掌握所需信息。

> "我们必须在家放松一下，"布伦达主动提出，"里基每天早上都为上学的事大发脾气，但一旦他到了学校，他就没事了。我想起他刚上幼儿园的时候，我也见过他这样，但那只是一周三天或者几个半天的情况，而且就算他生气也没有发过这么大脾气。他的老师建议，他需要花些时间提前热身，父母也应该在他升入一年级时更多地支持他。现在每天早上，我开始花更多的时间帮助他做准备。这种额外的支持

似乎正是他需要的。大约三周后，他就不再发脾气了。"

当孩子在学校遇到问题时，你的第一反应可能是在家里严加管束，变得更严厉，或者对他提出更多要求。但是，如果孩子已经在学校或学校相关的地方感受到压力了，这时他需要的家是个避风港，一个安全的能够重塑自我的地方。你应该再审视一下他的责任和对外的承诺。现在是时候让孩子从一些责任中解脱出来了，而不是增加他的负担。你能为孩子腾出时间也很重要，花更多的时间和孩子在一起，陪他聊天，帮助他一起完成作业，让他每天早上都有一个良好的开端。

"我们最后去做了家庭咨询，"鲍勃提出，"萨拉在学校越来越放纵，但真正的问题是我妻子芭芭拉和我的夫妻关系，我们让萨拉受到了影响，并且在学校表现了出来。这真的和班上发生的事情无关。"

记住，高需求孩子是全家的情绪"晴雨表"。如果你的家庭关系正面临重大压力，你必须先解决这个问题，然后孩子在学校的问题才能被顺利解决。

你可以让孩子学校的辅导员参与进来。他可以和孩子配合，帮助他处理父母离婚、亲人离世或者其他问题。有的学校甚至还为在人际关系中遭受痛苦的孩子专门成立了帮助小组。

随着我们讨论的继续，父母能为孩子提供支持的清单也越来越长，包括：

- **要求换老师。**如果正好有其他合适的老师可选，或者孩子换班以后班级规模不会因此严重失衡，这个办法就非常可行。

- **请一位家庭教师。**一个能提高孩子技能和增强他自尊的人。如果你请不起成人家教，可以考虑请高中生或大哥哥、大姐姐，他们可以帮助孩子感觉良好，并强化他所掌握的技能。

- **用音乐、体操或特殊课程让孩子接触其他老师。** 有时，如果你的孩子在一个班里遇到困难，但能在音乐课或者特定的数学小组中受到重视，那他在这个班级和老师那里感受到的良好体验会延续到不太理想的情况中，为他提供处理问题的能量。

　　芭芭拉专注地听着我们谈话，直到最后才提出建议。她脱口而出："搬家。"其他人转过身来看她，敬畏于她话语的力量和这个建议的重要性。"我一直坐在这里倾听，"她说，"仔细考虑了每一个建议。我的儿子布兰登遇到了困难，我也经历了所有这些事情，现在我意识到是时候搬家了。他需要一所不同的学校。我内心一直都在和这个想法抗争。我担心我们负担不起，但现在我意识到我不能要求他回到学校。我不能要求他每天都回到一个让他觉得自己很失败的地方。"

　　如果你住在大都市，重新再找一所学校还相对容易一些。这不意味着失败，这仅仅是承认每个人是独立的个体，每个人的需求是以不同的方式得到满足而已。如果你住在一个小社区，没有其他学校，那么你需要考虑搬家。这需要迈出很大一步，但这可能对孩子的幸福至关重要。搬家的成本看似不可逾越，但如果孩子在学校不顺利，你们将要付出的代价可能会更大。审视你的资源，创造性地思考，找到一个能让孩子快乐的学校。

　　在我们的讨论接近尾声时，我转过去看戴夫，他正坐在椅子上。"嗯，我肯定不是唯一经历过这种情况的人，对吗？"他虚弱地笑了笑，"谢谢你们的想法。"当他走出门时，其他人点点头，拍了拍他的肩膀，因为他们也曾经历过这些。

　　维护孩子可能是一个非常消耗精力的过程。你需要记住，你不是唯一面临这样挑战的父母，要照顾好自己。你需要提醒自己，你是一个好父母，追求进步而非完美才是我们的目标。你可以花时间做些运动和其他减压的活动，找一些理解你的人。最终你的努力是会有回报的。你会知道你已经尽你所能为孩子争取了，你已经在他成功的过程中助他一臂之力了。

过了三个星期，我才再次见到戴夫。他自信地大步走进教室。"我们重新回到学校，准备提出支持而不是责备。"他说。他强调了"支持"和"责备"两个词，表达出对它们的不适，但同时也意识到它们有所帮助。"我试图找到合适的方式表达我的担忧，"他说，"当我坐在旁边看孩子上游泳课时，我意识到，孩子学游泳时，我们没有让他们从深水区开始，而是从浅水区开始的，在浅水区孩子可以成功做到。我回到校长那里，同意了他的意见。我说，'你说得对，她的确是总得见到一些她合不来的人。'他很高兴我这么说，然后我说，'但是，我们教孩子游泳时，不会一下子把孩子放到没过头顶的水里。我认为教孩子如何与他人相处也是同样的道理。我觉得卡拉现在就是在没过头顶的水里，她快要淹死了。'校长居然听进去了！他把老师叫了进来，我们都坐了下来。我们一起决定为卡拉换班，并不是因为老师糟糕，而是因为这种办法对卡拉不起作用。每个人都同意了，效果立竿见影。卡拉在过去 10 天里没有一天缺课。"

高需求孩子可以在学校获得成功。父母、老师和孩子可以共同努力，都理解高需求孩子的特点，并且知道如何管理孩子自身气质，这样一来学校生活会成为孩子积极而有趣的经历。在这里，个人风格得到尊重和欣赏，高需求孩子得到滋养。如果你今年还没有成功做到，那就再试一次，继续努力，不要守株待兔。方法就在那里！我知道，也见过。你可以大胆尝试。

未来，属于终身学习者

我们正在亲历前所未有的变革——互联网改变了信息传递的方式，指数级技术快速发展并颠覆商业世界，人工智能正在侵占越来越多的人类领地。

面对这些变化，我们需要问自己：未来需要什么样的人才？

答案是，成为终身学习者。终身学习意味着永不停歇地追求全面的知识结构、强大的逻辑思考能力和敏锐的感知力。这是一种能够在不断变化中随时重建、更新认知体系的能力。阅读，无疑是帮助我们提高这种能力的最佳途径。

在充满不确定性的时代，答案并不总是简单地出现在书本之中。"读万卷书"不仅要亲自阅读、广泛阅读，也需要我们深入探索好书的内部世界，让知识不再局限于书本之中。

湛庐阅读 App: 与最聪明的人共同进化

我们现在推出全新的湛庐阅读 App，它将成为您在书本之外，践行终身学习的场所。

- 不用考虑"读什么"。这里汇集了湛庐所有纸质书、电子书、有声书和各种阅读服务。
- 可以学习"怎么读"。我们提供包括课程、精读班和讲书在内的全方位阅读解决方案。
- 谁来领读？您能最先了解到作者、译者、专家等大咖的前沿洞见，他们是高质量思想的源泉。
- 与谁共读？您将加入优秀的读者和终身学习者的行列，他们对阅读和学习具有持久的热情和源源不断的动力。

在湛庐阅读 App 首页，编辑为您精选了经典书目和优质音视频内容，每天早、中、晚更新，满足您不间断的阅读需求。

【特别专题】【主题书单】【人物特写】等原创专栏，提供专业、深度的解读和选书参考，回应社会议题，是您了解湛庐近千位重要作者思想的独家渠道。

在每本图书的详情页，您将通过深度导读栏目【专家视点】【深度访谈】和【书评】读懂、读透一本好书。

通过这个不设限的学习平台，您在任何时间、任何地点都能获得有价值的思想，并通过阅读实现终身学习。我们邀您共建一个与最聪明的人共同进化的社区，使其成为先进思想交汇的聚集地，这正是我们的使命和价值所在。

CHEERS

湛庐阅读 App
使用指南

读什么
- 纸质书
- 电子书
- 有声书

怎么读
- 课程
- 精读班
- 讲书
- 测一测
- 参考文献
- 图片资料

与谁共读
- 主题书单
- 特别专题
- 人物特写
- 日更专栏
- 编辑推荐

谁来领读
- 专家视点
- 深度访谈
- 书评
- 精彩视频

HERE COMES EVERYBODY

下载湛庐阅读 App
一站获取阅读服务

湖南省版权局著作权合同登记章字：18-2024-77 号

图书在版编目（CIP）数据

发现高需求孩子的优势 /（美）玛丽·希迪·柯琴卡
著；吴红进译. —长沙：湖南教育出版社，2024.4
书名原文：Raising Your Spirited Child
ISBN 978-7-5754-0099-2

Ⅰ．①发… Ⅱ．①玛… ②吴… Ⅲ．①家庭教育
Ⅳ．① G78

中国国家版本馆 CIP 数据核字（2024）第 065967 号

FAXIAN GAO XUQIU HAIZI DE YOUSHI

发现高需求孩子的优势

出 版 人：刘新民
责任编辑：陈逸昕
封面设计：章艺瑶
出版发行：湖南教育出版社（长沙市韶山北路443号）
网　　址：www.jiaxiaoclass.com
微 信 号：家校共育网
电子邮箱：hnjycbs@sina.com
客服电话：0731-85486979
经　　销：全国新华书店
印　　刷：河北鹏润印刷有限公司
开　　本：710mm×965mm　1/16
印　　张：26
字　　数：270千字
版　　次：2024年4月第1版
印　　次：2024年4月第1次印刷
书　　号：ISBN 978-7-5754-0099-2
定　　价：119.90元

本书若有印刷、装订错误，可向承印厂调换。